Alfred Schlicht

Gehört der Islam zu Deutschland?

Alfred Schlicht

Gehört der Islam zu Deutschland?

Anmerkungen zu einem schwierigen Verhältnis

orell füssli Verlag

Umschlaggestaltung: Hauptmann & Kompanie Werbeagentur, Zürich
Druck und Bindung: CPI books GmbH, Leck

ISBN 978-3-280-05644-8

Die Deutsche Nationalbibliothek verzeichnet diese Publikation in der Deutschen Nationalbibliografie; detaillierte bibliografische Daten sind im Internet unter www.dnb.de abrufbar.

MIX
Papier aus verantwortungsvollen Quellen
FSC
www.fsc.org
FSC® C083411

Inhalt

Für meine Frau und meine Tochter und für die Opfer des Terrors in aller Welt.

»Der Islam gehört zu Deutschland« – dieser Satz hat vielen Bürgern Angst gemacht, weil nicht wenige den Islam nur mit (ultra)konservativen Verbänden und ihren männlichen Vorstandsriegen verbinden. Die vielen Muslime, die sich für unsere Gesellschaft täglich einsetzen, sind es wert, dass Politik und Gesellschaft sie als unterschiedliche Individuen wahrnehmen. (Aziz Bozkurt, Bundesvorsitzender der AG Migration und Vielfalt der SPD)

»Offenbar ist es heute ein Verbrechen, die Wahrheit über den Islam zu sagen.« (Ayaan Hirsi Ali, somalische Frauenrechtlerin und Islamkritikerin)

»Dabei müssen wir wohl zugeben, dass weder die Muslime noch die Nichtmuslime ausreichend darauf vorbereitet sind, das nicht Tolerierbare einer gewaltbereiten und intoleranten Auslegung des Islam in die Schranken zu weisen.« (Sigmar Gabriel, SPD-Vorsitzender)

»Sharia has been promised by the Prophet Mohammed and it will come either by embracing Islam because it is the fastest growing religion in the country or by an Islamic country conquering Britain or by elements embracing Islam and imposing it.« (Anjem Choudari, islamischer Fundamentalist)

»Die Silvesternacht in Köln ist… kein Einzelfall… Köln war nur der Anfang… Das war ein kulturell verankerter Racheakt.« (Bassam Tibi, deutscher Politikwissenschaftler syrischer Herkunft)

»Der Islam befindet sich in einer Sinnkrise, in einem pathologischen Zustand. Diese Sinnkrise ist hausgemacht und bedarf eines Therapieprozesses auf Basis der Aufklärung.« (Abdel-Hakim Ourghi, deutsch-algerischer Islamwissenschaftler)

»Es wäre grundfalsch, den Islam reflexartig mit dem politischen Islam zu identifizieren oder gleichzusetzen.« (CSU-Leitantrag, 27.10.2016)

»Man kann nicht kategorisch behaupten, islamische Gesellschaften seien demokratieunfähig.« (Heinrich August Winkler, Historiker)

1. »Die Ungläubigen sind Schmutz«

Tötet die Heiden, wo ihr sie findet! (Koran, Sure 9,5)

Im Namen der Toleranz sollten wir uns das Recht vorbehalten, die Intoleranz nicht zu tolerieren. (Karl Popper)

Viele islamische Rechtsgelehrte neigen dazu, die Menschenrechte nur im Rahmen der Scharia, also des göttlichen Gesetzes, gelten zu lassen. Sie bejahen nicht die unveräußerlichen Menschenrechte, ihre Haltung ist mit der Allgemeinen Erklärung der Menschenrechte durch die Vereinten Nationen ... nicht vereinbar. (Heinrich August Winkler)

»Die Ungläubigen sind Schmutz« – Dieses wörtliche Zitat aus dem Koran (Sure 9, 28)[1] verdeutlicht, wie Gott nach islamischer Auffassung die Nichtmuslime sieht. Von Anfang an stand der Islam im Konflikt mit seinem nichtmuslimischen Umfeld und musste sich in einem feindlichen Milieu behaupten. Schon früh – seit der Hidschra (mit der die islamische Zeitrechnung beginnt), als der Prophet des Islam, Mohammed, Mekka verlassen, sich in Yathrib (Medina) etabliert und einen islamischen Ur-Staat gegründet hatte – waren Auseinandersetzungen zwischen den gläubigen Muslimen und den Nichtmuslimen bestimmender Faktor der islamischen Geschichte. Hieraus ist auch die vielfach negative Grundhaltung, die uns im Koran gegenüber Nichtmuslimen begegnet, verständlich. »Diejenigen von den Leuten der Schrift und den Heiden, die ungläubig sind, werden im Feuer der Hölle sein.« (Koran, Sure 98, 6)

Mohammed[2] war nicht angetreten, den Islam als eine »neue« Religion zu verkünden, sondern er verstand sich als Mahner, der – wie andere Propheten vor ihm – zur Rückkehr zur »Urreligion Abrahams« aufforderte. Er sah sich als Verkünder des Wortes Gottes, das bereits vor ihm Juden und Christen von ihren jeweiligen Propheten verkündet worden war. Aber eines unterscheidet Mohammed von seinen Vorgängern: Er ist das »Siegel der Propheten« (Koran, Sure 33,40) – nach ihm wird kein weiterer Prophet mehr folgen. Daraus ergibt sich, dass seine Version von Gottes Wort die abschließende ist. Der ihm offenbarte Koran ist unzweifelhaft endgültig. Da, wo die Lehren der Juden oder Christen von ihm abweichen, ist Gottes Wort bewusst gefälscht, missverstanden oder im Lauf der Zeit verändert worden. Aber es gilt auch: »In der Religion gibt es keinen Zwang.« (Koran, Sure 2,256). Im Machtbereich des Islam dürfen Juden und Christen als »Leute des Buches«, d. h. als »Besitzer einer heiligen Schrift«, gegen Zahlung einer besonderen Steuer leben und, mit Einschränkungen, ihre Religion ausüben – so ist dies bereits im Koran festgelegt (Koran, Sure 9,29). Das unterscheidet sie von den wirklichen Ungläubigen, die ihr Leben verwirkt haben, sofern sie sich nicht zum Islam bekehren – diese Problematik wird uns noch bis hinein in die Gegenwart beschäftigen. Die iranischen Zoroastrier wurden den »Schriftbesitzern« gleichgestellt (wohl auch, weil es praktisch unmöglich war, sie alle als »Ungläubige« zu behandeln).

Die Duldung der Juden, Christen und Zoroastrier durch die Gemeinschaft der Gläubigen kann natürlich keine »Gleichberechtigung« bedeuten. Ein als »Gemeinschaft der Muslime« definierter und konzipierter Staat kann Menschen, die dieser »Gemeinschaft« (Umma) nicht angehören, nicht als vollwertig und gleichberechtigt akzeptieren und aufnehmen. Die Muslime und nur sie sind das eigentliche »Staatsvolk« – der Staat ist eine islamische Institution. Der Islam gibt die Bedingungen vor, unter denen Nichtmuslime mit Muslimen zusammenleben.[3] Nichtmuslime werden lediglich toleriert, sofern sie nach den Regeln, die ihnen die Muslime auferlegen, leben. Diese Rahmenbedingungen spiegeln den Geist des Islam wider, das Überlegenheitsgefühl seiner Anhänger, den Anspruch, die

Lehre Gottes in ihrer reinsten Form zu kennen, zu vertreten und durchzusetzen. Für den Muslim sind Nichtmuslime Menschen zweiter Klasse. Vor allzu engen Beziehungen zu Christen und Juden warnt der Koran die Muslime ausdrücklich: »Ihr Gläubigen! Nehmt euch nicht die Juden und die Christen zu Freunden!« (Koran, Sure 5,51) und »Schmach trifft sie, wo man sie auch findet« (Koran, Sure 3,113).

Zwar gibt es im Koran durchaus auch positive Äußerungen (meist aus der mekkanischen Frühzeit) zu Nichtmuslimen, gerade zu den »Leuten der Schrift«, doch war ihre Lage prekär. Sie hatten mit zahlreichen Nachteilen zu rechnen und auch unter mangelnder Rechtssicherheit zu leiden. Der Status von Christen und Juden im Bereich des Islam ist oft als »autonom« bezeichnet worden. Die Autonomie bestand darin, dass Juden und Christen ihre Kirchenangelegenheiten und ihre personenstandsrechtlichen Probleme in eigener Verantwortung regeln konnten – etwa im islamischen Spanien aufgrund des Westgotischen Rechtsbuchs »liber iudiciorum« aus dem 7. Jahrhundert oder später im Osmanischen Reich in dem stärker formalisierten und institutionalisierten »Millet-System«.

Die Autonomie war in allen Bereichen jedoch beschränkt: Natürlich konnte sie im Recht nur dort Gültigkeit haben, wo kein Muslim beteiligt war. War ein Anhänger des Islam involviert, kam automatisch das islamische Recht zur Anwendung. Das jeweilige Recht der Nichtmuslime konnte in einem konkreten Rechtsfall ausgehebelt werden, wenn einer der Beteiligten sich an ein muslimisches Gericht wandte (oder aus Opportunitätsgründen zum Islam konvertierte). Vielfach war das, was vordergründig nach »Autonomie« aussah, auch nur das Delegieren von Aufgaben an die Institutionen der Nichtmuslime: Es war z. B. nützlich, die Eintreibung von Steuern den Kirchen zu übertragen oder die Kirchen für das Wohlverhalten ihrer Gläubigen in die Pflicht zu nehmen. In der juristischen Theorie wie in der Praxis wurde die Lage der Nichtmuslime unter islamischer Herrschaft zunehmend schwierig. In der Phase der muslimischen Expansion, der Eroberung weiter Teile Westasiens, Nordafrikas und Südeuropas, gab es anfangs viele einzelne Verträge mit den Bewohnern einer Stadt oder einer Region, die oft noch relativ liberal waren, den Nichtmuslimen zahlreiche Freiheiten ließen und Rechte einräumten. Im akuten Kriegszustand der Frühzeit des Islam waren die vorrückenden Muslime auf die Unterstützung oder zumindest die wohlwollende Neutralität der einheimischen Bevölkerung angewiesen – anders wäre eine so schnelle Ausbreitung der islamischen Herrschaft aufgrund der Zahlenverhältnisse gar nicht möglich gewesen. Ein Arrangement mit den Christen, Juden oder – in Iran – Zoroastriern war Voraussetzung für einen erfolgreichen Dschihad (siehe Kapitel 2). Im Laufe der Entwicklung jedoch, als sich die islamische Herrschaft zunehmend konsolidierte und der islamische Staat seine Kontrolle über alle eroberten Regionen mehr und mehr festigen konnte, änderte sich die Stimmung. Gudrun Krämer, eine der heute führenden Expertinnen für den Islam, konstatiert folgende Faktoren für die Stellung der Nichtmuslime in den Ländern des Islam, denn deren Status in der islamischen Gesellschaft war durchaus einem ständigen Wandel unterworfen und veränderte sich die Jahrhunderte hindurch: Die jeweilige Lage im Inneren der islamischen Welt oder des jeweiligen islamischen Staates beeinflusste naturgemäß die Position der Nichtmuslime, genauso aber die Beziehungen zu anderen, vor allem christlichen, Mächten (wie etwa den Kreuzfahrern, Byzanz oder den modernen Staaten des Westens); wesentlich war aber auch für die Behandlung der Nichtmuslime deren Nützlichkeit für den islamischen Staat. Folglich ist es nicht verwunderlich, dass wir eine weitgefächerte Bandbreite von Toleranz und Liberalität einerseits bis hin zu Demütigung, Schikanen und Unterdrückung andererseits finden.

Deutlich sollte den Nichtmuslimen selbst und den Muslimen die untergeordnete Stellung der Nichtmuslime vor Augen geführt werden. Und war es noch lange nach der islamischen Expansion nötig, Christen in der Verwaltung des Kalifats zu beschäftigen, so schien dem Kalifen Omar II. (717–720) eine Beendigung dieses missliebigen Zustands nötig: Man habe ja seit der muslimischen Eroberung auf Christen zurückgegriffen, da diese über besondere Fachkenntnisse im Finanzwesen verfügten. »Aber diejenigen, die Gottes und seines Propheten Zorn herausfordern, haben weder Erfahrung noch

Urteilsfähigkeit ... Wenn ich erfahren sollte, dass Ihr in Eurer Provinz einen Beamten beschäftigt, der einer anderen Religion als dem Islam angehört, würde ich ihn absetzen und durch einen Muslim ersetzen. Der Zeitpunkt ist gekommen ..., sie auf den Platz ... der Erniedrigung herabzudrücken, den Allah ihnen zugewiesen hat.«[4] Dies wurde dann auch eifrig und gerne über einen Zeitraum von 1400 Jahren praktiziert. Zwar ist unbestreitbar, dass es auch – regional und zeitlich begrenzt – abweichend davon tolerante, liberale und weniger restriktive oder frei von Verachtung geprägte Verhaltensweisen der islamischen Gesellschaft gegenüber Nichtmuslimen gegeben hat. Doch die demografische Entwicklung macht deutlich, dass der Nichtmuslim durch den ständigen Druck, dem er in vielfältiger Form ausgesetzt war, letztlich zumindest indirekt zur Konversion gedrängt wurde. Stellten vor allem Christen,[5] im Osten Zoroastrier, in den ersten Jahrzehnten der islamischen Herrschaft die große Mehrheit der Bevölkerung unter einer dünnen islamisch-arabischen Herrenschicht, so nahm ihre Zahl bald drastisch ab – sie wurden von der Mehrheit zur Minderheit. Die Muslime wurden ihrerseits durch zahlreiche Konversionen zur Mehrheitsgesellschaft – gleichzeitig arabisierten sich die Länder des Islam.

Seit den Tagen des Propheten in Medina war es zu repressiven Maßnahmen der »Gemeinschaft der Gläubigen« gegenüber Nichtmuslimen gekommen. Die jüdischen Stämme der Stadt Medina wurden vertrieben, versklavt oder getötet – die jüdischen Banu Kuraiza sollen mit Mekka, der Vaterstadt des Propheten, mit der er von Medina aus im Dauerkonflikt lag, kollaboriert haben; deshalb verfielen die Männer dem Tod, Frauen und Kinder gerieten in Sklaverei. Unter dem Kalifen Omar wurden 640 die Christen aus der Stadt Nadschran vertrieben. Immer wieder wurden Kirchen zerstört oder in Moscheen umgewandelt. 1009 beispielsweise ließ der Fatimidenkalif al-Hakim die Grabeskirche in Jerusalem abreißen. Wurde eine Stadt gewaltsam erobert, war es in Einklang mit islamischem Recht, Gotteshäuser anderer Religionen zu zerstören oder anderen Zwecken zuzuführen (also etwa, sie in Moscheen umzuwandeln oder sie zu profanieren); die Grabeskirche hatte jedoch ihre Funktion als christliche Kultstätte weit über 300 Jahre seit der islamischen Eroberung beibehalten.

So wie die Zahl der Nichtmuslime unter dem Islam stetig sank, so ging auch die Zahl der Kirchen zurück; im Istanbuler Stadtteil Galata etwa von 25 Kirchen im Jahr 1453 (Zeitpunkt der islamischen Eroberung) auf acht Kirchen im Jahr 1700.[6]

Ganz allgemein besteht im Rahmen des Rechtsinstituts der Dhimma, das die Existenz der Nichtmuslime regelt, theoretisch wie praktisch die Neigung dazu, den Vorrang des Muslims zu betonen sowie die daraus resultierende Unterordnung des Nichtmuslims. Nichtmuslime mussten sich in ihrer Kleidung von Muslimen unterscheiden und wurden teilweise zum Tragen besonders lächerlicher oder hässlicher Kleidungsstücke gezwungen;[7] dies waren keine willkürlichen Schikanen, sondern derartige Vorschriften waren durch die juristische islamische Literatur abgesichert. Nichtmuslime hatten Muslimen auf öffentlichen Straßen Platz zu machen, mussten ihnen ggf. ihre Sitzplätze zur Verfügung stellen und durften sich nicht in einer Weise verhalten, die der Muslim als »Belästigung« empfinden konnte: Weder Wein noch Schweine dürfen an den Häusern der Muslime vorbeigebracht werden, christliche Prozessionen sind untersagt, Kreuze in der Öffentlichkeit zu tragen oder mit akustischen Signalen zum Gottesdienst zu rufen (Kirchenglocken etc.), ist ebenfalls verboten. Auch der Neubau von nichtmuslimischen Gotteshäusern ist unzulässig – während die Nichtmuslime prinzipiell diejenigen Kultgebäude, die sie zum Zeitpunkt der Unterwerfung hatten, behalten dürfen. Amüsant ist vor diesem Hintergrund ein Referendum, in dem sich die Schweizer im Jahr 2009 für ein Verbot des Neubaus von Moscheen in ihrem Land aussprachen.

Selbstverständlich erscheint in diesem Kontext, dass Nichtmuslime im Fastenmonat Ramadan nicht in der Öffentlichkeit essen oder trinken dürfen. Auch ist es dem Nichtmuslim untersagt (im Gegensatz zum Muslim), Waffen zu tragen. Nichtmuslime dürfen ihre Glaubensgenossen nicht von einer Konversion zum Islam abhalten. Solange sich die Nichtmuslime an diese umfangreichen Regelungen halten, bleibt die Dhimma, der »Schutzvertrag«, die Grundlage für ihre Existenz im Dar al-Islam, also im Machtbereich des Islam ist, in Kraft. Verletzt aber ein Nichtmuslim eine dieser Bestimmungen, hat die Dhimma keine Gültigkeit mehr für ihn, und er verliert ihren Schutz: Sein Schicksal ist ins Ermessen des islamischen Staates gestellt; er kann, entschließt er sich nicht rechtzeitig dazu, zum Islam zu konvertieren, der Todesstrafe verfallen. Auch die Herabsetzung des Islam, des Koran oder des Propheten stellt einen Grund dar, jemanden aus der Dhimma zu entlassen, wodurch er rechtlos wird.

Ist die Stellung des Nichtmuslims also eine inferiore gegenüber dem Muslim im islamischen Staat, so ist ganz allgemein die Dhimma keine Vereinbarung zwischen gleichberechtigten Partnern, sondern stellt bereits ihrem Wesen nach eine Vereinbarung zwischen ungleichen Vertragsparteien dar. Ein Staat schließt einen Vertrag mit einer Bevölkerungsgruppe ab, deren Unterwerfung Teil dieses Vertrages ist. Weigern sich die betroffenen Nichtmuslime, die Dhimma anzunehmen, besteht zwischen ihnen und der »Gemeinschaft der Gläubigen« Kriegszustand, d. h., schlimmstenfalls verlieren sie ihr Leben oder werden versklavt. Auch kann der islamische Staat die Dhimma einseitig kündigen, wobei die muslimischen Behörden und Institutionen alleine darüber befinden, ob eine solche Kündigung oder Auflösung angebracht ist. Die verschiedenen »Rechtsschulen« des Islam sind dabei unterschiedlicher Auffassung bezüglich der Gründe, die Anlass zur Auflösung der Dhimma geben. Ibn Taimiya, ein Hauptvertreter der hanbalitischen Rechtsschule des 13./14. Jahrhunderts, geht am weitesten und vertritt, ebenso wie andere Autoritäten (etwa der Historiker at-Tabari), die Ansicht, die Dhimma solle nur Bestand haben, solange sie für die Muslime nützlich sei, was als »Ausbeutungsprotektorat« interpretiert worden ist.[8]

Die Art und Weise des Islam, Angehörige anderer Religionen zu sehen und zu behandeln, ist keinesfalls besonders intolerant oder menschenverachtend, brutal oder ungewöhnlich. Betrachtet man das Schicksal der Nichtmuslime in der muslimischen Welt, so wird man bis in die Neuzeit hinein zahlreiche Parallelen im christlichen Europa finden. Teilweise war dort das Schicksal der Juden weit schlimmer – als die Juden am Ende der Reconquista sich im wieder christlich gewordenen Spanien nicht mehr halten konnten, wanderten viele von ihnen in islamische Länder aus, wo sie ihre spanischsprachige Kultur noch bis in die Gegenwart hinein pflegen. Diese Entscheidung der direkt Betroffenen spricht für sich: Die spanischen Juden rechneten sich ganz einfach in der islamischen Welt größere Überlebenschancen aus als im Spanien der Inquisition. Bezeichnend ist auch, dass sie nicht nach West- oder Mitteleuropa flohen, sondern nach Nordafrika und ins Osmanische Reich.

Auch beim Vergleich des Schicksals der Ureinwohner Amerikas nach der spanischen Conquista mit der Lage der Bewohner Südosteuropas bei der osmanischen Eroberung ergibt sich kein Grund, den Islam des 15./16. Jahrhunderts als besonders unduldsam oder gewaltbetont zu betrachten. Nur eine ahistorisch-anachronistische Sicht des Islam kann zu einer Verurteilung oder scharfen Kritik der islamischen Politik gegenüber Nichtmuslimen im Mittelalter oder in der Epoche der osmanischen Eroberungen auf dem Balkan Anlass geben.

Aber auch genuine Toleranz war dem Islam fremd: Die »Leute des Buches« – Juden und Christen – waren aus der Sicht des Propheten Menschen, die einen dem Islam verwandten Glauben hatten; deshalb kam ihnen zumindest ein Existenzrecht – durchaus keine Gleichberechtigung – zu, sofern sie sich nicht gegen den Islam stellten.

Eine besondere Duldsamkeit oder gar Liberalität des Islam hieraus abzuleiten, wäre ebenso anachronistisch und würde den Geist des Islam verkennen. Dominierend bleiben letztendlich das islamische Überlegenheitsgefühl und die Verachtung der »Schwesterreligionen«.

Im 20. Jahrhundert setzte zunächst eine Entwicklung in Richtung säkular-laizistischer Gesellschaften in den einzelnen muslimischen Staaten ein, in denen Nichtmuslime, vor allem Christen, eine juristisch und gesellschaftlich verbesserte Stellung erhielten, sich entfalten konnten und vielfach Vermögen und Einfluss erlangten. Die Atmosphäre zwischen Islam und Christentum schien entspannter und weniger problematisch. Die Entwicklung des »Salafismus«[9] allerdings, der sich auf die »Vorfahren« beruft und den Islam der »Prophetengenossen«, also der Muslime, die zur Zeit Mohammeds lebten, als Ideal sieht, keinerlei »Neuerungen« duldet und nur den Ur-Islam anerkennt, hat gegen Ende des 20. Jahrhunderts zu einer Trendwende geführt. Der vom saudi-arabischen Wahhabitentum inspirierte Salafismus, der in der Gründung der ägyptischen Muslimbrüder in den 1920er-Jahren seine früheste organisierte Form fand, wendet sich vehement gegen jede Besserstellung der Nichtmuslime, sieht aber auch die weniger radikalen, moderaten Muslime, die einen eher an die veränderten Zeitverhältnisse angepassten Islam vertreten, als »Kuffar«, also als Ungläubige an. Die Methode des »Takfir«, also einen Muslim zum »Ungläubigen« zu erklären, wird von den Salafisten gerne und häufig angewandt – lassen sie doch nur ihre eigene rigide, archaische Version des Islam gelten. Islamische Gewalttäter und Terroristen finden im Salafismus einen Nährboden für ihre Ideologie; die Methode des Takfir dient ihnen als Rechtfertigung und Begründung für ihre Anschläge und Massenmorde, die sich gegen andere Muslime richten. Ihre Ziele sind aber auch immer wieder Nichtmuslime allgemein und bevorzugt Christen. Im »Weltverfolgungsindex 2016«, einer Rangliste von Ländern, in denen Christen Verfolgung erleiden, sind unter den 16 ersten Plätzen 14 muslimische Länder. Seit dem Sturz Saddam Husseins und dem »arabischen Frühling« geraten Christen im Irak und in Syrien zunehmend unter Druck. Einzelbeispiele machen deutlich, wie unsicher sich Christen neuerdings in ihren nahöstlichen Heimatländern fühlen, in denen sie bereits Jahrhunderte gelebt hatten, bevor der Islam seine Herrschaft antrat:[10] Über 100 000 Kopten verließen Ägypten im Jahr nach dem Sturz von Präsident Mubarak. Im Irak lebten 2003 1,4 Millionen Christen, im Jahr 2015 waren es noch 200 000. Dies ist nicht zuletzt ein »brain drain«, denn Christen waren im Nahen Osten besonders gut ausgebildet und überproportional in der geistigen und wirtschaftlichen Elite ihrer Länder vertreten.

In der Mitte des 20. Jahrhunderts galt das koptisch-muslimische Zusammenleben in Ägypten als beispielhaft – damals waren radikale muslimische Gruppen strenger Überwachung unterworfen und die Organisation der Muslimbrüder verboten. Damals – noch zur Regierungszeit von Präsident Mubarak – waren christliche Feste wie

z. B. Weihnachten und Ostern offizielle Feiertage, um Gleichberechtigung und Zusammenhalt der Religionen zu demonstrieren. Als unter Präsident Sadat in den 1970er-Jahren eine Lockerung der Restriktionen für islamistische Gruppierungen stattfand (die letztendlich zur Ermordung des Präsidenten führte), kam es zu konfessionellen Reibereien und antikoptischen Ausschreitungen. Wo immer der Islam wieder stärker zur Geltung kommt, wird die Lage der Christen prekär, kommt es zu antichristlichen Erscheinungen: 2011 wurde ein Christ zum Gouverneur der Provinz Qina (Oberägypten) ernannt, die einen hohen christlichen Bevölkerungsanteil aufweist. Unter dem Druck der Massenproteste, die daraufhin durch die Muslimbruderschaft organisiert wurden und die zu so drastischen Aktionen führten wie zur Blockierung der Bahnstrecke nach Kairo, machte die Regierung die Ernennung wieder rückgängig. Fast schon selbstverständlich mutet die Fatwa (Religiöses Gutachten) des ägyptischen Religionsgelehrten Abu Ishaq al-Huwaini aus dem Jahr 2014 an, in welcher er die konservative mittelalterliche Rechtsauffassung bestätigt, dass der »Abfall vom Islam« – modern ausgedrückt: der Religionswechsel – mit dem Tode zu bestrafen ist (was klassischer islamischer Rechtsauffassung entspricht).

Geradezu bizarr sind gewisse Aktionen salafistischer Mörder: Nidal Malik Hasan, ein Militärpsychiater der U.S.-Armee palästinensischer Herkunft, der am 5.11.2009 auf dem Militärstützpunkt Fort Hood 13 Menschen erschoss, richtete einen Brief an den Papst mit der Aufforderung, den Islam anzunehmen.[11]

Zusammengefasst: Religionsfreiheit, Gleichberechtigung der Angehörigen anderer Religionen und Rechtsnormen, wie sie in rechtsstaatlichen Demokratien heute selbstverständlich sind, sind für Salafisten indiskutabel. Dass dies nicht nur Theorie, sondern Praxis ist, sehen wir an den Verhältnissen, die in manchen islamischen Ländern herrschen, die den Salafismus weltweit unterstützen.[12]

Auch im Kontext der großen Flüchtlingswelle, die in den vergangenen Jahren aus dem Nahen Osten und Afrika nach Europa kam und die ihren Höhepunkt 2015 erreichte, setzte sich die Diskriminierung von Christen durch Muslime fort: Christen wurden von

Flüchtlingsbooten ins Meer geworfen und in deutschen Flüchtlingsheimen kam es zu so starken Anfeindungen und Ausschreitungen gegen orientalische Christen seitens ihrer muslimischen Landsleute, dass immer wieder Christen solche Unterkünfte verlassen und durch örtliche Kirchengemeinden, wie z. B. die Dreieinigkeitskirche in Berlin-Steglitz, beherbergt werden mussten.[13]

2. »Kämpft gegen diejenigen, die nicht an Gott … glauben« (Koran, Sure 9,29)

Die Demokratie ist nur der Zug, auf den wir aufsteigen, bis wir am Ziel sind. Die Moscheen sind unsere Kasernen, die Minarette unsere Bajonette, die Kuppeln unsere Helme und die Gläubigen unsere Soldaten. (Recep Tayyib Erdoğan)

Hat eigentlich die Skepsis auf die Schlachtfelder geführt oder der Glaube? (Karlheinz Deschner)

Gott macht mit diesem Vers den Dschihad, den »Heiligen Krieg«, gegen die Nichtmuslime den Muslimen zur Pflicht. Dieser Vers wird immer wieder als Begründung für islamische Gewalt in allen Teilen der Welt verwendet. Seitdem Mohammed von Mekka nach Yathrib (Medina) ausgewandert war und dort den islamischen Staat gegründet hatte,[14] stand der Krieg gegen die Nichtmuslime im Mittelpunkt des Handelns und Denkens der »Umma«, der Gemeinschaft der Gläubigen. Sie hat den Auftrag, die Herrschaft des Islam über die Welt auszudehnen, die Nichtmuslime zu unterwerfen. Ein unmittelbarer Bekehrungsauftrag ist damit nur bedingt verbunden, da ja zumindest die Schriftbesitzer (nur) solange bekämpft werden sollen, bis sie kleinlaut Tribut bezahlen (hierzu Kapitel 1). »Unterwerfung«, nicht »Bekehrung« ist das Ziel des »Heiligen Krieges«. Durch den Dschihad soll das »Dar al-Harb«, das »Haus des Krieges« zu einem Teil des »Dar al-Islam«, des »Hauses des Islam« werden. Zumindest theoretisch ist die Welt des Islam in dauerndem Kriegszustand mit der (noch) nichtislamischen Welt. Ein dauerhafter Frieden mit der nichtislamischen Welt ist im islamischen Staats- und Völkerrecht nicht vorgesehen. Friedensschlüsse vorübergehender Natur sind erlaubt, sofern die Muslime unterlegen sind. Solche (taktischen) Friedensschlüsse mit nichtmuslimischen Mächten aufzukündigen, ist nicht nur erlaubt, sondern wird, nach Ansicht mancher muslimischer Juristen, zur Pflicht, wenn der Friedensbruch der muslimischen Seite nützt. Waffenstillstände und Friedensschlüsse werden von einigen muslimischen Juristen geradezu als zulässige (Kriegs-) List oder Täuschung charakterisiert,[15] die den Zweck haben, den Krieg gegen die Ungläubigen (erfolgreich) wieder aufnehmen zu können. In jedem Fall ist die göttliche Weisung, Krieg zu führen gegen die Ungläubigen, wörtlich und militärisch gemeint gewesen und genauso verstanden und umgesetzt worden. Die Geschichte der islamischen Expansion belegt dies eindrucksvoll. Mohammed selbst soll, als seine Herrschaft über die Arabische Halbinsel gesichert schien, Schreiben an die Herrscher benachbarter Länder gerichtet haben mit der Aufforderung, sich zu unterwerfen. Nach dem Tod des Propheten hat der Staat gewordene Islam, sobald eine Revolte der arabischen Stämme gegen die muslimischen Herren niedergeschlagen worden war, einen beispiellosen Siegeszug nach West- und Zentralasien, durch Nordafrika bis an den Atlantik sowie nach Spanien, Süditalien und Südfrankreich angetreten. 635 fiel Damaskus in muslimische Hand, 638 Jerusalem, das Ende des persischen Sassanidenreiches war 642 gekommen und 670 waren die islamischen Heere bis ins heutige Tunesien vorgedrungen. 711 eroberten die Muslime die Iberische Halbinsel, 751 schlugen sie die Chinesen am Talas-Fluss, in Sizilien fassten sie im 9. Jahrhundert Fuß. In weniger als einem Jahrhundert hatten die Muslime im Auftrag ihrer Religion ein Reich erobert, das von Zentralasien bis Südeuropa, vom Atlantik bis zum Indus reichte. Der »Dschihad« war eine politisch-militärische Realität von drastischer und umfassender Wirkung. Nur aufgrund dieser Expansion wird heute in Beirut, Kairo, Algier und Casablanca arabisch gesprochen und heute noch in Teheran und Karachi mit arabischen Buchstaben geschrieben.

Dieser Angriffskrieg hat die Welt nachhaltig verändert.

Ein neuer machtpolitischer Faktor, das Reich der Kalifen von Damaskus (bis 750) und Bagdad (ab 750), beherrschte die Schnittstellen zwischen Afrika und Asien, zwischen Indischem Ozean und Mittelmeer, im Zeichen einer neuen Religion: »Europa«, so wie wir es heute kennen, entstand unter den Zwängen der veränderten geopolitischen Lage.[16] Das Mittelmeer, das »mare nostrum« der Antike, das nicht trennte, sondern verband, dessen Küsten einander zugewandt gewesen waren, an dessen Nord- und Südküsten gleichermaßen Christen lebten, die vielfach Latein oder Griechisch sprachen, wurde zum Konfliktfeld, zur Arena christlich-muslimischer Auseinandersetzungen – freilich auch zum Medium wirtschaftlichen und kulturellen Austausches. Ein praktisch weltweites Handelsnetz entstand, dessen wichtigste Knotenpunkte und Verbindungswege in islamischer Hand waren. Die islamische Welt spielte eine führende Rolle im Welthandel – bis zum Zeitalter der großen Entdeckungen an der Wende vom 15. zum 16. Jahrhundert, als Europa zu neuen Ufern aufbrach, die Globalisierung einleitete, weltumspannende Kolonialreiche sowie globale Handelsnetzwerke[17] und damit den »Weltmarkt« unter europäischer Ägide schuf.

Das ganze Mittelalter hindurch hat es nur zwei große christliche Gegenbewegungen gegen den permanenten und unmittelbar militärischen muslimischen Druck auf das werdende Europa gegeben: Einerseits im Westen die Reconquista, die über sieben Jahrhunderte gegen die islamische Herrschaft auf der Iberischen Halbinsel anstürmte und die 1492 mit dem Ende des letzten islamischen Staates auf spanischem Boden erfolgreich abgeschlossen wurde; andererseits die Kreuzzüge[18] im östlichen Mittelmeer – der erste energische und (temporär) erfolgreiche Gegenschlag des »christlichen Abendlandes« gegen die islamische Welt nach gut 450 Jahren islamischer Aggression. Zwei Jahrhunderte gelang es dem christlichen Europa, Teile des »Heiligen Landes«, welches 635–640 durch die arabisch-muslimische Eroberung der christlichen Welt genommen worden war, wieder unter christlich-europäische Kontrolle zu bringen. Die Gründe für die Kreuzzugsbewegung waren vielfältig. Einer der auslösenden Anlässe waren Christenverfolgungen durch das Fatimidenreich im 11. Jahrhundert, vor allem auch in Jerusalem; ein anderer das Vordringen der muslimischen Türken nach Kleinasien. Im 20. Jahrhundert wurden die Kreuzzüge im Westen zunehmend negativ gewertet als antiislamische Aggression Europas. Eine solche rein negative Betrachtungsweise (auch bedingt durch Grausamkeiten der Kreuzfahrer) lässt außer Acht, dass Jerusalem, Syrien und Palästina seit Langem christlich gewesen waren, als sie im 7. Jahrhundert durch einen Eroberungskrieg der muslimischen Araber in islamische Hand gerieten; sie übersieht, dass heute von uns als »erzarabisch« betrachtete Städte wie Damaskus einst christliche Metropolen gewesen waren und dass es in Ägypten in den Jahrhunderten vor der arabisch-islamischen Eroberung die blühende christliche Kultur der Kopten gegeben hatte. Die Sprache der syrischen Christen, Aramäisch, wurde noch bis ins 21. Jahrhundert im Örtchen Maalula im Antilibanon gesprochen, bevor der IS diesem kulturhistorischen Phänomen ein Ende bereitete.

Ganz anders im islamischen Spanien:[19] Dort hatten sich sofort nach der arabisch-berberisch-islamischen Eroberung ganz im Norden der Iberischen Halbinsel christliche Widerstandsnester gebildet, die auch schon früh in die Offensive gehen konnten. Die Schlacht von Covadonga im Jahr 722 gilt als erster Erfolg der Reconquista.[20] Christlich-spanische Staaten entstanden, der christlich-muslimische Konflikt wurde ein Dauerthema in der Geschichte der iberischen Halbinsel. Die »Reconquista« wurde zum Mythos, zu einer wesentlichen Komponente des sich entwickelnden spanischen Nationalgefühls. Fast acht Jahrhunderte bestanden islamische Staaten auf der Iberischen Halbinsel[21] und praktisch ebenso lange dauerte die Periode der Reconquista. Das Ende des letzten islamisch-iberischen Staates, des Emirats von Granada, fiel zusammen mit dem Aufbruch »Columbus«[22] zu seiner Entdeckungsreise 1492 nach »Indien«, die als unbeabsichtigtes Resultat die Entdeckung Amerikas brachte. Aus der Tradition der Reconquista, die immer auch Glaubenskrieg war, kamen die Konquistadoren, die unter Brutalität und Grausamkeit Kolonialreiche in Amerika eroberten sowie autochthone Kulturen und Staaten dort zerstörten.

War also der Krieg gegen den Islam im Westen erfolgreich, so setzten die Muslime ihrerseits den Dschihad, der religiös begründet und somit eine Art »Heiliger Krieg« war, gegen das christliche Europa im Osten mit Energie und Entschlossenheit fort. Knapp 40 Jahre vor dem siegreichen Abschluss der Reconquista eroberte der osmanische Sultan Mehmed II. im Jahr 1453 Konstantinopel – ein Meilenstein in der Ausdehnung osmanischer Herrschaft nach Europa. Wenig später ging das Byzantinische Reich endgültig unter.

Seit dem seldschukischen Sieg über Byzanz 1071 bei Manzikert war das bislang griechische Kleinasien (Anatolien) der türkischen Durchdringung geöffnet, im 13. Jahrhundert konnte der osmanische Staat als Grenzfürstentum gegen Byzanz entstehen und expandieren, der spätestens Mitte des 15. Jahrhundert zur Großmacht wurde und zur ernsten Bedrohung für das christliche Europa. Der koranische Eroberungsauftrag hatte nichts von seiner Aktualität und Dynamik verloren, die osmanische Expansion in Europa ging unbeirrt weiter.

1529 haben die Osmanen das gesamte Südosteuropa unterworfen und stehen erstmals vor Wien. Die Belagerung scheitert, aber Ungarn und Serbien, Bosnien und Albanien bleiben unter türkischer Herrschaft. Bereits 1480 waren die Türken auf dem italienischen Festland gelandet und hatten einen Brückenkopf in Otranto errichtet, der nur aufgrund des Todes von Sultan Mehmed II. nicht ausgebaut wurde. Die Osmanen blieben eine Größe in der europäischen Diplomatie – und in Kriegen sowie Bündnissen Europas ein Machtfaktor. So schmiedete gerade der französische König Franz I., der sich »allerchristlichster König« (le roi très chrétien) nennen ließ, eine Allianz mit der Führungsmacht der islamischen Welt, um osmanische Unterstützung zu mobilisieren in seiner Rivalität mit den Habsburgern, die unmittelbare Nachbarn des Osmanenreichs waren und seine Hauptgegner. Eineinhalb Jahrhunderte später haben die Osmanen immer noch genug Dynamik und Potenzial, Wien im Jahr 1683 ein zweites Mal anzugreifen. Erneut scheitert der Versuch, auch nach Mitteleuropa vorzudringen; aber erst an der Wende zum 18. Jahrhundert ist die osmanische Expansion definitiv zum Stillstand gekommen, Europa kann in die Offensive gehen. Im 19. Jahrhundert wird die Türkei »der kranke Mann am Bosporus« und sinkt endgültig vom Subjekt zum Objekt des weltpolitischen Geschehens herab.

In Nordafrika hatten sich seit dem 16. Jahrhundert in loser Abhängigkeit vom Osmanischen Reich Korsaren(Seeräuber)-Staaten[23] gebildet, die europäische Schiffe überfielen, deren Besatzungen und Passagiere töteten oder versklavten und für besonders »lukrative« Geiseln Lösegelder erpressten. Die Handlung von Mozarts Oper »Entführung aus dem Serail« spielt in diesem historischen Kontext. In der Person des letztendlich gütigen und weisen Selim Bassa ist Rousseaus »edler Wilder« zum »edlen Orientalen« mutiert. Diese Barbareskenstaaten konnten ihre Aktivitäten bis weit ins 19. Jahrhundert hinein fortsetzen, bis europäische Marineinterventionen ihnen ein Ende bereiteten. Eine Operation gegen libysche Piraten führte zur ersten Aktion der US-Marine im Mittelmeer (1810) und hat im amerikanischen Marinezeremoniell bis heute Spuren hinterlassen.

Es sind lediglich machtpolitische Veränderungen, der Aufstieg Europas im Zeichen seines technisch-naturwissenschaftlichen Fortschritts, der die muslimische Aggression verebben lässt. Doch es gibt weiterhin Beispiele für den militanten Geist des Islam: Der Aufstand des Mahdi im Sudan (1881–1899) wird vorübergehend zu einer Bedrohung für europäische Kolonialambitionen. In seiner extrem konservativen Dschihad-Mentalität erinnert er an heutige islamistisch-salafistische Bewegungen.

Im 19. und 20. Jahrhundert gerieten fast alle Länder der islamischen Welt direkt oder indirekt unter westliche Kontrolle oder westlichen Einfluss. Dieses Schicksal teilte jedoch die islamische Welt mit praktisch allen Weltregionen. Im »zweiten Kolonialzeitalter« dehnte Europas Macht sich weltweit aus – nur wenige Regionen blieben verschont. Seit der Mitte des 20. Jahrhunderts[24] befreiten sich die islamischen ebenso wie auch die anderen Länder des weltumfassenden europäischen Kolonialsystems aus Bevormundung und Fremdherrschaft, errangen nach und nach ihre Unabhängigkeit, teilweise nach langen, äußerst verlustreichen Konflikten, wie im Fall Algeriens. Doch die stärkste Belastung für die Beziehungen zwischen Europa und der islamischen, besonders der arabischen Welt wurde die Gründung des Staates Israel im Jahr 1948 auf dem Territorium des historischen Palästina. An-Nakba, »die Katastrophe«, nannten die Araber diese Gründung eines jüdischen Staates auf, wie sie es sahen, arabischem Territorium (ohne daran zu denken, dass dieses Land erst 636–638 durch gewaltsame Eroberung arabisch-islamisch geworden war – was allerdings nach islamischem Recht ein ganz legaler und nach islamischer Weltsicht ein völlig legitimer Vorgang war). Zwischen dem Ende des Ersten Weltkriegs, als das Osmanische Reich aufgelöst wurde, und der Gründung Israels kontrollierte Großbritannien Palästina, das ihm als Völkerbundsmandat übertragen worden war. Seit den 1930er-Jahren tobte ein Bürgerkrieg in Palästina, wobei die Bemühungen Großbritanniens um eine gerechte Lösung von beiden Seiten – Juden und Arabern – nicht gewürdigt und anerkannt wurden. Die meisten westlichen Staaten, allen voran die USA, unterstützten die Gründung eines jüdischen Staates in Palästina. Damit war ein dauerhafter Konflikt zwischen der sich betrogen und verraten fühlenden arabisch-islamischen Welt und dem Westen vorprogrammiert – ein Konflikt, der unter gewandelten Vorzeichen und veränderten Rahmenbedingungen bis heute fortdauert.

Einerseits belastete der Konflikt zwischen Israel und den Arabern das Verhältnis zwischen dem Islam und dem Westen, der für die Gründung und Fortexistenz Israels verantwortlich gemacht wurde, andererseits war die quasikoloniale Vergangenheit noch sehr präsent, sahen sich doch die Araber als Opfer eines gebrochenen Versprechens des Westens: Im Ersten Weltkrieg hatten die Alliierten den Arabern einen Nationalstaat versprochen, sofern sie sich gegen die mit den Achsenmächten verbündeten Osmanen erheben würden. Die Araber sahen sich jedoch für ihren antiosmanischen Aufstand nicht ausreichend honoriert – ein umfassender arabischer Nationalstaat entstand nicht, vielmehr kamen weite Teile der früher osmanisch beherrschten arabischen Länder unter französische und englische Kontrolle (als Völkerbundsmandate).

Es entstanden zunehmend revolutionäre Bewegungen in der islamischen Welt, die sich im Namen europäischer Ideologien gegen ihre eigenen erzkonservativen, korrupten und ineffizienten Regime erhoben. So war das Verhältnis zum Westen durchaus ambivalent. Zahlreiche Ressentiments, Ablehnung und Enttäuschung bestimmten die Haltung vieler Muslime zu den USA und Europa. Andererseits erreichten auch die revolutionären Regime des europäisch inspirierten arabischen Sozialismus und der säkular-sozialistischen Baath-Partei, nachdem sie z. B. in Ägypten und Syrien die Macht übernommen hatten, nicht die gesetzten Ziele. Weder waren Erfolge gegen Israel zu verzeichnen noch verbesserte sich die wirtschaftliche Lage der Massen. Vielmehr war westlicher Lebensstil den Eliten vorbehalten und die Mehrheit der Bevölkerung blieb von den Luxusgütern des Westens ausgeschlossen und lebte fern vom modernen, internationalen Lebensstil, den man in Kairo und anderen islamischen Metropolen durchaus pflegen konnte. Ganz allgemein entstand überall in der islamischen Welt eine Stimmung, die sich gegen gescheiterte importierte Ideologien, unglaubwürdige Regime, fehlgeschlagene Verwestlichung, erfolglose sozialistische Modelle und die in vieler Hinsicht negativen – oder negativ empfundenen – Einflüsse der westlichen Welt richtete. Die Zeit war Ende der 1970er-Jahre gekommen für eine Rückkehr zu den Traditionen, für eine Wiederbelebung des Islam – auch als politische Kraft. Der Westen war darauf nicht vorbereitet. Dort fragte man sich nur, ob sich in der islamischen Welt Demokratien westlicher Prägung oder aber Volksrepubliken sowjetisch-osteuropäischen Musters durchsetzen würden – mit dem Islam rechnete kaum jemand.

Die islamische Revolution, die 1979 Iran erschütterte, das prowestliche Regime des Schahs hinwegfegte und eine »islamische Republik« errichtete, war deshalb für viele eine völlige Überraschung – und für die USA ein Schock. Man hatte den Islam und seine Vitalität, sein Gewaltpotenzial, seine gesellschaftliche und politische Relevanz unterschätzt. Es blieb nicht beim »Fall« Irans, eines Eckpfeilers westlichen Einflusses in der islamischen Welt. Die Errichtung eines schiitischen »Gottesstaates« in Iran war nur der aufsehenerregende Beginn einer Entwicklung, die bis heute andauert. In der gesamten islamischen Welt wurde das Gefühl, von prowestlichen Regierungen oder sozialistisch inspirierten Regimen verraten, von europäisch-amerikanischen Ideologien enttäuscht und von den USA und Europa, aber auch von der Sowjetunion hintergangen worden zu sein, immer stärker. Die Rückwendung zur eigenen Identität, zu den eigenen Traditionen, und die Rückbesinnung auf den Islam als Bezugssystem in allen Lebensbereichen schien vielen die folgerichtige, ja die einzig mögliche Konsequenz. Die Entorientalisierung, die Verwestlichung der islamischen Welt, war eine Erscheinung an der Oberfläche gewesen, von sich aufgeklärt gebenden und fühlenden politischen Bewegungen und Regimen vertreten und teilweise durchgesetzt. Große Teile der Bevölkerung in der islamischen Welt hatten diese Entwicklung kaum mitgemacht und lebten weiter in einer Realität, die weitgehend islamisch war – woraus sich auch der oftmals schnelle Erfolg der Re-Islamisierung erklärt.

Die Ermordung des ägyptischen Präsidenten Sadat (1981), der Versuch militanter Islamisten, gewaltsam die Kontrolle über die heiligen Stätten des Islam in Saudi-Arabien zu erlangen (1979), und die Machtübernahme der Taliban in Afghanistan (1994/96) waren besonders spektakuläre muslimisch-fundamentalistische Aktionen, die dieser Stimmung Ausdruck verliehen. Hatten antieuropäische und -amerikanische Ressentiments sich bislang im Geiste von Antikolonialismus, Sozialismus oder linksprogressiver Befreiungsideologien ausgedrückt, so äußerten sie sich jetzt zunehmend traditionalistisch-konservativ und unter der Flagge des Islam.

Die radikalislamischen Kräfte, die sich jetzt überall entfalteten, richteten sich gegen europäische und amerikanische Einflüsse und Positionen im Bereich der islamischen Welt, Christen und andere Nichtmuslime (die Gewalttaten gegen Juden in vielen arabischen Ländern nach der Gründung des Staates Israel sind heute weitgehend in Vergessenheit geraten) in den islamischen Ländern sowie gegen nahöstliche Regime und politische Gruppen, die ihrer Ansicht nach nicht oder nur vordergründig und zum Schein muslimisch waren. Zunehmende Intoleranz und Gewalttätigkeit kennzeichneten die

Renaissance des Islam. Nicht nur politische Gegner, auch Einzelpersonen, die in irgendeiner Form nach der Auffassung der Islamisten den Islam missachtet oder auch nur islamische Vorschriften gebrochen hatten, gerieten ins Visier der Fanatiker. Salman Rushdie etwa, ein britisch-indischer Autor, hatte in seinem Roman »Satanische Verse« den Islam und den Propheten angeblich »beleidigt«, worauf der Führer der iranischen Revolution, Khomeini, in einer Fatwa 1989 seine Ermordung forderte. Rushdie hat zwar aufgrund aufwendiger Schutzmaßnahmen bis heute überlebt, der japanische Übersetzer seiner Werke jedoch wurde 1991 ermordet. Dabei griffen die Islamisten immer häufiger zu Mitteln des Terrors, vielfach zu Gewalttaten, die keine unmittelbare Finalität mehr hatten. Ganz allgemein sollten vermeintliche Feinde und Gegner des Islam »bestraft« oder vernichtet, sollten Angst und Schrecken verbreitet werden.

Mit zunehmender Radikalisierung der Islamisierung rückte die Auseinandersetzung mit der nichtislamischen Welt immer mehr in den Mittelpunkt. Polarisierung, Abgrenzung und aus dem Geist des Islam abgeleitete Gegnerschaft gegen »Ungläubige« bestimmten stärker und stärker die Gedankenwelt der Islamisten. Dabei wurde auch die Perzeption der »nichtislamischen Welt«, also der potenziellen »Feinde« verändert. Waren zunächst Israel oder »die Juden«, die USA oder der Westen ganz allgemein die Feinde, so ging man bald dazu über, die (muslimischen) Regierungen der nahöstlichen Staaten auch als »Ungläubige« zu sehen. Paktierten sie nicht mit den USA, kooperierten sie nicht mit den Staaten des Westens, wandten sie nicht »bürgerliche« Rechtssysteme statt der Scharia, dem religiös fundierten islamischen Recht, an? Hatten sich nicht in der Gesellschaft unter dem Vorwand der Modernisierung und der Reform Praktiken verbreitet, die nicht mit dem Islam vereinbar waren? In den Supermärkten vieler islamischer Länder wurde Alkohol verkauft, in den Hotels der Touristenorte konnte man freizügig bekleidete Frauen sehen; auch in den Straßen der Städte trat die Muslima ohne Schleier auf (vor 40 Jahren traf man in türkischen oder ägyptischen Großstädten kaum Frauen mit Schleier) – die »Verwestlichung« war in allen Lebensbereichen spürbar. Als »Ungläubige« oder – noch schlimmer – als Apostaten, als vom (wahren) Islam Abtrünnige, waren die liberalen Muslime wie Feinde des Islam zu behandeln – ihnen mit Gewalt zu begegnen, war nicht nur legitim, sondern Pflicht. Durch ihren vermeintlichen »Abfall« vom Islam hatten sie ihr Leben verwirkt. Und war der vom Westen initiierte Dialog, in dem über Menschenrechte, Frauenemanzipation und Rechtsstaatlichkeit diskutiert werden solle, nicht ein »Kreuzzug« mit anderen Mittel, nur dazu begonnen, muslimische Ideale aufzuweichen und islamische Prinzipien zu untergraben?

So entstand das – nur oberflächlich als paradox erscheinende – Phänomen, dass der militante Islam nur desto stärker und unbeugsamer wurde, je enger islamische und westliche Staaten zusammenarbeiteten und je mehr versucht wurde, Austausch, Diskussion und interkulturellen Diskurs zu fördern. Diesen Dialogansatz kommentierte der deutsch-ägyptische Politologe Hamed Abdel-Samad wie folgt: »Wer meint, ... den Terror durch interreligiösen Dialog einzudämmen, der irrt.«[25] Neben dem aufgeklärten, offenen und zur Koexistenz bereiten Mehrheitsislam waren Strömungen erstarkt, deren Gefährlichkeit der Westen nicht rechtzeitig erkannte, weil er immer noch in einem Geist falsch verstandener Toleranz gegenüber anderen Kulturen befangen und durch die eigene Geschichte von Imperialismus und Kolonialismus, die auch der muslimischen Welt viel Unglück gebracht hatten, verunsichert war. Schon Thomas Mann hatte betont, »dass Toleranz zum Verbrechen wird, wenn sie dem Bösen gilt«.

Die militanten Tendenzen im Islam haben inzwischen ihren Ausdruck in verschiedenen terroristischen Organisationen gefunden, die praktisch überall in der muslimischen Welt aktiv sind und zunehmend auch Europa, Amerika und Australien, aber auch Länder wie etwa China zu ihren Aktionsfeldern machen im Sinne eines »neuen Dschihad«.[26]

3. »Der Islam ist eine Religion des Friedens«

Die nichtfundamentalistische muslimische Mehrheit ist ja das erste Opfer dieser Fanatiker. (Alice Schwarzer)

Wie die Bibel kann der Koran auf vielerlei Weise gelesen werden. (Gudrun Krämer)

Der Islam hat im spätantiken-frühmittelalterlichen Zusammenhang seiner Entstehung und Ausbreitung keineswegs eine besonders gewalttätige, militante oder intolerante Linie verfolgt, sondern entsprach dem Kontext der Epoche – gerade wenn wir das Schicksal der Juden im christlichen Europa und in der islamischen Welt vergleichen, wird dies deutlich (siehe Kapitel 1). Auch das Christentum, heute als Religion der Nächstenliebe und Duldsamkeit zelebriert, hat andere Seiten, die weniger friedfertig sind. »Denkt nicht, ich sei gekommen, um Frieden auf die Erde zu bringen. Ich bin nicht gekommen, um Frieden zu bringen, sondern das Schwert«, lesen wir im Neuen Testament (Matthäus 10,34). Das Christentum allerdings hat sich inzwischen von seiner – auch in der Praxis – eher gewalttätigen Vergangenheit abgewandt, von Scheiterhaufen und Folter losgesagt und sich von seiner wissenschaftsfeindlichen obskurantistischen Haltung – wenn auch langsam, spät und mit Mühe – distanziert.[27] Der karitative Aspekt, Nächstenliebe und humanitäre Ziele haben innerhalb des christlichen Diskurses an Bedeutung gewonnen. Das Christentum – vor allem das der offiziellen Kirchen – wirkt für viele in der westlichen Hemisphäre zwar heute noch erzkonservativ, anachronistisch, reformbedürftig und rückwärtsgewandt; aber es hat sich, in unterschiedlichem Maß, doch unzweifelhaft weiterentwickelt, sich – wenn auch zaghaft – Diskussionen geöffnet und Bemühen gezeigt, sich mit aktuellen Fragen und Problemen zumindest auseinanderzusetzen. Dagegen setzten sich in der islamischen Welt mehr und mehr Neigungen durch, den Islam wortwörtlich und buchstabengetreu wie im 7. Jahrhundert zu verstehen, zu interpretieren und vor allem auch zu praktizieren. Der Islam hat seit jeher dazu tendiert, sich rückwärts zu orientieren: War es nicht sinnvoll und richtig, sich an der Handlungsweise des Propheten (sunna) zu orientieren?

Der islamische Theologe Abdel-Hakim Ourghi postuliert: »Der heutige Islam ist nicht mehr der des 7. Jahrhunderts.«[28] Mohammed war zwar nur Mensch und beanspruchte keinerlei göttliche Attribute, aber Gott hatte ihn auserwählt als sein Sprachrohr. War es nicht naheliegend, ihn als Beispiel und Vorbild für das Handeln und Denken der Muslime zu nehmen? Deshalb spielten Überlieferungstexte aus der Frühzeit des Islam (hadith) von jeher eine besondere Rolle, denn viele Muslime waren überzeugt, dass auch die Vorschriften des Koran ganz wörtlich zu nehmen waren. Das, was im 7. Jahrhundert Geltung gehabt hatte und Gottes Befehl gewesen war, konnte nicht einfach relativiert, diskutiert, einem vagen Zeitgeist angepasst und von Menschen geschaffenen Doktrinen von Demokratie und Menschenrechten untergeordnet werden. »Reformbewegungen« waren in der islamischen Welt deshalb oft weniger geprägt von wirklichen »Reformen« im Sinne von Anpassungen an die Moderne, von »Modernisierung« veralteter Dinge, Methoden und Gedanken, sondern von »Erneuerung« im Sinne einer Wiederherstellung des Ur-Islam, wie ihn der Prophet und seine Zeitgenossen gelebt hatten. Die konservativste Rechtsschule des sunnitischen Islam, die sich auf Ahmad Ibn Hanbal (9. Jahrhundert) gründet und ihre weitere Ausprägung durch den äußerst konservativen Theologen Ibn Taimiya (13./14. Jahrhundert) fand, diente einer Richtung als Inspiration, die bis heute als besonders archaische Ausprägung des Islam gilt und ihrerseits zahlreiche radikalislamische Gruppen beeinflusst hat – der al-Muwahhidun-Bewegung des Muhammad ibn Abd al-Wahhab, die auf das 18. Jahrhundert zurückgeht und auf deren Grundlage Saudi-Arabien entstand. Auf dieser Ausrichtung des Islam beruhen auch der Salafismus und die Ideologien einiger islamischer Organisationen, die buchstabengetreu islamische Konzepte durchsetzen wollen. Auch radikalislamische Bewegungen der Gegenwart ließen sich davon inspirieren.

Vielfach drängt sich bei diesen modernen islamistischen Terrorgruppen der Eindruck auf, Gewaltexzesse stünden im Vordergrund und würden nachträglich islamisch legitimiert. Frustration, Rat- und Hilflosigkeit werden notdürftig in ein (pseudo)islamisches Konzept umgestaltet, das als Rechtfertigung für Gewaltakte dient, für die man oft vergeblich konkrete Zwecke oder Ziele sucht.

Den radikalen Muslimen geht es nicht darum, geistige Konzepte oder gesellschaftliche Modelle zu entwickeln, den Islam mit der Moderne kompatibel zu machen, so wie es beispielsweise islamische Reformer des 19. Jahrhunderts versucht hatten.[29] Ihr Islam ist nicht der von mittelalterlichen Denkern wie Ibn Ruschd (Averroes), al-Ghazzali oder Ibn Sina (Avicenna),[30] die keine Hemmungen hatten, sich von antiker Philosophie inspirieren zu lassen, denn ihnen geht es nicht ums Fragen und Denken, sondern ums Hauen und Stechen.

Sie bestehen darauf, unreflektiert und unhinterfragt eine Art Steinzeitislam anzuwenden, der sich erschöpft in der sturen Umsetzung von Rechts- und Strafnormen des 7. Jahrhunderts. Statt inhaltlicher Beschäftigung mit der Religion wollen sie die geistlose und dumpfe Anwendung leerer Formeln, altertümlicher Vorschriften und Regeln. Damit zeigt sich uns das Bild einer Unterschichtreligion, die durchaus Parallelen mit dem uninspiriert-geistlosen Ideologiebrei europäischer und amerikanischer Populisten aufweist. Diese intellektfeindliche, tumb-archaische und auf bloße Formalismen beschränkte Religiosität, die noch dazu häufig mit Gewalt verbunden ist, haben die radikalmuslimischen Gruppierungen gemeinsam. Gemeinsam ist ihnen auch die antiwestliche Stoßrichtung. Sie sind aus dem Gefühl geboren, vom Westen, von der nichtmuslimischen Welt, betrogen, attackiert, ausgebeutet, ja sogar existenziell bedroht zu werden. Ein Mensch mit rudimentärer Bildung, wenig entwickelten analytischen Fähigkeiten und ohne mentales Rüstzeug zum Verständnis einer zunehmend komplexen Welt wird zum leichten Opfer für Ideologen und geistige Brandstifter, zumal dann, wenn er selbst in prekärer materieller Situation und Perspektivlosigkeit lebt. Weit gefährlicher als völliges »Nichtwissen«, ist das im Zeitalter der elektronischen Medien so weitverbreitete Teil- oder Pseudowissen. Ist es nicht wahr, dass arabische Palästinenser ständig von Israelis schikaniert und misshandelt sowie seit Jahrzehnten ihrer Rechte beraubt werden? Trifft es nicht zu, dass Amerikaner und Europäer immer wieder ihre imperialistischen Interessen gegenüber der islamischen Welt mit Waffengewalt durchsetzen? Stehen ihre Soldaten nicht am Hindukusch und in Bagdad, kooperieren sie nicht eng mit Israel? Kam und kommt es nicht immer wieder im Rahmen der westlichen Interventionen in Afghanistan, im Irak, in Syrien oder an anderen Krisenherden zum Tod völlig Unbeteiligter und Unschuldiger? Nimmt der Westen nicht bei dem vorgeblichen Versuch, Terror zu bekämpfen und Menschen vor Extremismus zu schützen, Kollateralschäden mit zahlreichen zivilen Opfern – vor allem unter Muslimen – in Kauf? Gibt es nicht doch eine geheime umfassende Verschwörung des »Westens« gegen »den Islam«? Derartige Vorstellungen fallen auf besonders fruchtbaren Boden bei denjenigen Muslimen, die in Armut und Ignoranz in europäischen Slums leben – in Molenbeek, St. Denis, Neukölln. Kleinkriminelle, Gelegenheitsarbeiter, Schulabbrecher und Sozialhilfebezieher ohne Ausbildung nehmen nicht die zahlreichen Angebote wahr, die auch ihnen die westlichen Gesellschaften bieten – Ausbildung, Umschulung, zweiter Bildungsweg, Berufsbildungsmaßnahmen und Existenzgründungsdarlehen. Sie gefallen sich vielmehr in der Pose der Unterprivilegierten, Marginalisierten, Unverstandenen, Diskriminierten. Sie verbinden gerne dieses Selbstmitleid mit der subjektiv empfundenen weltweiten Kampagne gegen den Islam und betrachten sich keineswegs als kleine Versager und gescheiterte Existenzen, sondern als Opfer der antiislamischen Stimmung in den Gesellschaften Amerikas und Europas und einer islamfeindlichen Politik, deren Opfer die islamische Welt in ihrer Gesamtheit ist.[31] Aus dem erfolglosen, integrationsresistenten Migranten (oft schon der zweiten Generation) wird das geradezu erhabene Opfer einer weltweiten Verschwörung und Phobie. Persönliches soziales Scheitern wird verknüpft mit dem desolaten Zustand der islamischen Welt, der als persönliche Kränkung empfunden wird. Frustration, Wut, Ohnmacht in Verbindung mit Armut und vermeintlicher Chancenlosigkeit führen zu einem Ressentiment-Islam, zu Radikalisierung und Gewaltkult. Nicht der bei seinen nichtmuslimischen Patienten beliebte libanesische Arzt, der von seinen ethnodeutschen Geschäftspartnern respektierte türkischstämmige Geschäftsmann oder der wegen seiner Tüchtigkeit anerkannte iranische Ingenieur sind Vorbilder für die Unterschichtler mit Migrationshintergrund. Ihre »Helden« sind Selbstmordattentäter/innen aus dem Internet oder weltweit gesuchte Massenmörder, die sich aus irgendeinem sozialen Brennpunkt aufgemacht haben, um im Namen eines Islam, von dem sie nur eine vage Vorstellung haben, sinnlose Gewaltexzesse zu begehen und damit eine traurige »Berühmtheit« erlangt haben. Der vermeintliche Schahid, also Glaubensmärtyrer, hat für viele junge Muslime der Unterschicht Idolcharakter. Die radikalisierten Muslime aus der bildungsfernen Unterschicht sind froh und dankbar, von Rattenfängern radikalislamischer Organisationen eine simplifizierte Minimalideologie, eine Art vereinfachten »Primitiv-Islam« angeboten zu bekommen, der ihrem eigenen einfachen geistigen Zuschnitt gerecht wird. Der in Deutschland praktizierende Psychologe und ehemalige Islamist Ahmad Mansour, der viel mit radikalen Muslimen arbeitet, sieht in ihnen »Außenseiter, die mental nicht angekommen sind in der Gesellschaft. Und dann kommt so eine Ideologie und gibt ihnen Sicherheit, vermittelt ihnen zum ersten Mal das Gefühl, dass sie einer Elite angehören, von Gott geliebt werden, angekommen sind«.[32] Es sind nicht ausschließlich bildungsferne »primitive Ignoranten«, die sich radikalisieren. Immer wieder begegnen uns unter islamischen Terroristen auch Akademiker. Bei ihnen steht oft weniger ein persönliches Dilemma im Vordergrund als vielmehr der politisch-militärische Kontext, die bereits erwähnten Militäraktionen gegen »den Islam«, oder das kollektive Scheitern der islamischen Welt, das gerade einem gut informierten Muslim nicht entgehen kann. Das düstere Bild, das etwa der Human Development Index der Vereinten Nationen von den Entwicklungsparametern der islamischen Welt entwirft, deren wirtschaftlicher Fortschritt ebenso wenig zu Optimismus Anlass gibt wie ihre geistig-kulturelle oder soziale Entwicklung, die Tatsache des Rückgangs der wirtschaftlichen Bedeutung des Erdöls im globalen Kontext, die weiter abnehmende Wettbewerbsfähigkeit islamischer Gesellschaften und Volkswirtschaften – all dies ist dem Unterschicht-Muslim nicht wirklich bewusst, und er kann sein vages Unbehagen angesichts einer unbefriedigenden »Weltlage« auch nicht adäquat artikulieren. Wohl aber der muslimische Student oder Akademiker: Je besser er informiert ist, je mehr er sich mit der Lage »seiner« Welt, der islamischen, auseinandersetzt, desto schmerzhafter kommen ihm deren Defizite ins Bewusstsein. Historisches und politisches »Hintergrundwissen«, angereichert durch negative Alltagserfahrungen, können sich mit diesem problematischen Bild der islamischen Welt in der Gegenwart zu einer explosiven Verbindung zusammenfügen, welche zu Resultaten führt, die wir auch beim simplen Unterschicht-Islamisten feststellen. Hilf- und Ratlosigkeit, Ressentiment und Wut suchen nach einem Ventil: So kann auch der akademisch gebildete Muslim zum Terroristen werden[33] – wie etwa anlässlich der Anschläge auf das World Trade Center und das Pentagon (»9/11«). Zentral ist hier die Dschihad-Ideologie, die Rechtfertigung und Anreiz für Gewalttaten bietet; das islamische Gebot zum Heiligen Krieg gegen alle Nichtmuslime muss als Begründung für jede Form der Gewalt herhalten. Dabei ist es gar nicht nötig oder erwünscht, die eigene Lage, die Situation der Familie, das Schicksal der islamischen Welt zu verbessern oder andere komplexe Aufgaben in Angriff zu nehmen. War der historische Dschihad noch darauf ausgerichtet, nichtislamische Länder der Herrschaft des Islam zu unterwerfen, sind die Gewalttaten der »Neodschihadisten« ohne echte Finalität – sie dienen keinem weiterführenden Zweck, wollen lediglich Terror verbreiten und haben kein anderes Ziel als das Tötens um des Töten willens, will man nicht eine vage Destabilisierungsintention ernst nehmen, auf die sich viele terroristische Gruppen berufen. Den radikalen muslimischen Organisationen gelingt es aber, durch ihr geschicktes Eingehen auf soziale Bedürfnisse und seelische Befindlichkeiten, nicht nur Muslime anzulocken, sondern auch auf junge Europäer ohne Migrations- oder Islam-Hintergrund eine starke Anziehungskraft auszuüben. Wer sich ihnen anschließt, wird Teil einer »besonderen« Gemeinschaft, einer (wenn auch nur selbst ernannten oder so empfundenen) Elite – er gehört zu den wenigen, die den Islam, die endgültige und abschließende Religion, richtig verstanden haben. Er wird aufgenommen in eine Gruppe, die ihm Geborgenheit, Sicherheit und Selbstbewusstsein vermittelt. Er findet Zugang zu einer leicht verständlichen Religion/Ideologie, zu einer martialisch-militanten Organisation, die nicht in der Beliebigkeit und auf der Grundlage von menschengemachten Ideen und Konzepten, sondern im Auftrag Gottes agiert.

Eindeutig, apodiktisch, unhinterfragbar und bestechend simpel sind Auftrag, Ziel und Inhalt. Für einen labilen jungen Menschen, der mit der Spielekonsole aufgewachsen ist und die Welt durch das Fadenkreuz einer automatischen Waffe im Videospiel zu sehen gelernt hat, ist es reizvoll, mit einer »echten« automatischen Waffe den Gottesstaat durchzusetzen, zu einer furchteinflößenden Mörderbande zu gehören, Macht zu haben und im Namen Gottes und einer nicht anfechtbaren Wahrheit Angst und Schrecken zu verbreiten. Auf viele übt Gewalt eine besondere Faszination aus; sie bietet die Chance, sich abzureagieren. So schlagen auch labile Charaktere, gescheiterte Existenzen und notorische Versager aus nichtmuslimischem Umfeld den Weg zum islamischen Terror ein, wo sie Bestätigung, Sinn, Solidarität, Anerkennung und Respekt finden. In Frankreich ist eine kontroverse Debatte entstanden um die Positionen von Gilles Kepel und Olivier Roy – den Protagonisten der beiden Lager –, die auf die zugespitzten Kernthesen »Radikalisierung des Islam« (Kepel) vs. »Islamisierung der Radikalität« (Roy) reduziert worden sind. Die religiöse Dimension steht für Kepel im Mittelpunkt, und es sei der radikalisierte Islam, angereichert durch eine »antikolonialistische« Komponente – hier ist immer noch der Algerienkrieg in den Köpfen präsent –, der die Terroristen mobilisiere und motiviere. Dagegen steht für Roy die Entwurzelung und Bindungslosigkeit einer »verlorenen Generation«, die bereits in Frankreich geboren oder aufgewachsen ist, im Vordergrund. Junge Menschen, die zwar in Europa herangewachsen, aber nie wirklich dort »angekommen« seien, ohne wirkliche Identität und ohne viel Wissen über den Islam, würden im islamischen Extremismus eine Identität und für ihre diffusen Rachegelüste eine »Heimat« finden. Andere Fachleute, wie François Bourgat oder Jean-Pierre Filiu, betonen die nahöstlichen Einflüsse auch auf die europäischen Dschihadisten. Mag es bei derlei Debatten letztlich immer auch um Eitelkeit und Profilierung sowie um die französische Lust an intellektuellen Kontroversen gehen, so haben doch alle Thesen der an der Diskussion Beteiligten auch etwas für sich und sind nicht von der Hand zu weisen – was damit zu tun haben könnte, dass es weder eine einzige Standardschablone für Extremismus oder Radikalisierung noch einen einzigen Weg gibt, der zum einen oder anderen führt. Der Journalist Stefan Brändle hat daher sicher recht mit seiner Annahme, dass sich die »Standpunkte eher ergänzen als ausschließen«.[34] Im Zuge dieser Debatte sind auch psychologische Faktoren erwähnt worden, die bei der Radikalisierung von Muslimen eine Rolle spielen. Hamed Abdel-Samad versucht in seinem Buch über den Propheten des Islam ein Psychogramm Mohammeds zu erstellen[35], wie es schon viele vor ihm getan haben – ein sehr gewagtes Unterfangen, betrachtet man nur allein die zeitliche Distanz und die Quellenlage. Mag man also skeptisch sein bezüglich der Möglichkeit einer treffenden Mohammed-Analyse aus 1400 Jahren Abstand, so wird man dennoch nicht umhinkommen, einige Elemente aus Abdel-Samads Argumentation als auf heutige Radikale zutreffend anzuerkennen. Hier stößt man immer wieder auf einen ähnlichen Menschentyp, bei dem Hybris und Frustration zu Allmachtsfantasien und Nihilismus führen.[36] Während kleine Mädchen oft in muslimischen Familien früh die Rolle der Hausgehilfin einzuüben gezwungen sind, werden Jungen vielfach als kleine Prinzen oder Paschas behandelt und sozialisiert. Hier wird das Koranwort, nach dem Männer über Frauen stehen, Lebenswirklichkeit. In der rauen Realität des Alltags, in den der heranwachsende Muslim, durch seine »Erziehung« zum Narziss geworden, dann nach und nach gerät, erfährt dieser zwangsläufig eine tiefe Frustration, die er vor allem entlang den Linien einer kulturell-religiös-ethnischen Trennung erlebt. So wird er, zunehmend paranoid, anfällig für muslimische Radikalisierung, auch wenn er wenig vom Islam weiß. Es ist daher nicht zuletzt die Mehrheitsgesellschaft, die ihn – durch die (von ihm subjektiv empfundene) Diskriminierung und Ausgrenzung – zum Muslim gemacht hat. Und aufgrund seiner, wie er es empfindet, Zuschreibung von außen – nämlich durch die Mehrheitsgesellschaft – zu einer bestimmten religiös-ethnisch-kulturellen Gruppe sucht und findet er genau hier dann seine »Rache«. Rache an dieser unserer Gesellschaft dafür, dass er in ihr nicht auf seine Kosten kommt, dass die Erwartungen, die er hatte, nicht erfüllt werden, dass er nicht erhält, was ihm »zusteht«. Und eben diese Rache ist oft für das Handeln des delinquenten Muslims wesentlich, wie Bassam Tibi, selbst Deutsch-Syrer, erläutert.[37] Insofern ähneln die Gewalttäter im Namen des Islam zuweilen auch sehr den Amokläufern in Schulen oder Einkaufszentren unserer westlichen Welt, auch wenn bei ihnen zu Hybris, Frustration, Wut und Enttäuschung noch eine religiös-kulturelle Komponente hinzukommt. Man werfe nur einen Blick auf den Attentäter von Orlando, Omar Mateen. Seine Selbstverliebtheit ist offensichtlich, und auch bezüglich seiner unerfüllten Ambitionen passt er gut ins Schema. Er träumte davon, einer Eliteeinheit anzugehören oder zumindest Polizist zu werden. Gereicht hat es aber nur zum Wachmann bei einem privaten Sicherheitsdienst. Bereits sein Vater lebte im Spannungsfeld zwischen Wunschträumen und Realität: Er gab sich als afghanischer Exilpolitiker und gerierte sich als afghanischer Präsidentschaftskandidat. Ein vorzügliches Beispiel für Radikalisierung aufgrund verletzter Eitelkeit ist auch der berüchtigte britische Extremist Anjem Choudari, der zunächst als Partylöwe und Womanizer in Erscheinung getreten war und erst aufgrund einer erfolglosen Bewerbung zum radikalen Islamisten mutierte. In diesem Kontext kann er jetzt seine Ressentiments ausleben und durch radikale Äußerungen auch die Aufmerksamkeit der Medien erreichen.

»Islam« ist kein Synonym für »Terror« und die 1,6 Milliarden Muslime auf der Welt sind nicht alle Verfechter einer Gewaltideologie; sie stellen vielmehr selbst die große Mehrheit der Opfer islamistischen Terrors dar. Dennoch werden die allermeisten Terroranschläge weltweit im Namen des Islam verübt. Selbst der EKD-Vorsitzende Bedford-Strohm, ein Mann ausgewogener Urteile und versöhnlicher Gesinnung, gelangte zu der bitteren Einsicht: »Momentan geht Gewalt unter Berufung auf Religion hauptsächlich vom Islam aus.«[38] Eine unüberschaubare Vielzahl radikalislamistischer Organisationen begeht fast täglich im Namen des Islam und mit vermeintlich authentisch islamischer Begründung Massenmorde von Sumatra bis Mali, von Paris bis Sydney, von Orlando bis Urumtschi. Die meisten dieser Anschläge gelangen, da sie in Nigeria, Bangladesh oder im Irak verübt werden, gar nicht wirklich ins Bewusstsein des westlichen Medienkonsumenten. Je weniger »weiß« die Opfer sind, je weiter die Anschläge von unserem Kulturkreis entfernt stattfinden, desto geringere Medienaufmerksamkeit finden sie, desto weniger werden sie vom Normalbürger wahrgenommen.

Die radikalen Muslime argumentieren genuin islamisch. Ihre Rechtfertigung und Begründung ihrer Taten beziehen sie aus den zentralen Texten des Islam – Koran, Sunna, Rechtsliteratur (Scharia). Sie können sich dabei auf unzählige Präzedenzfälle aus der Geschichte und Praxis des ur-islamischen Gemeinwesens von Medina, das der Prophet selbst gestaltet hat, und ebenso auf eine 1400-jährige Tradition berufen, die den Islam nach Kairo, Aleppo, Teheran, Barcelona, Sarajevo, Wien und Bari sowie bis nach China und Sumatra gebracht hat. Aus dieser Praxis der Glaubenskriege seit dem 7. Jahrhundert wird deutlich, wie Koran und Sunna zu verstehen sind. »Terror« betrachten die Vertreter des radikalen Islam heute als legitimes Mittel des (militärischen) Dschihad, wie er Jahrhunderte hindurch praktiziert wurde. Daran ändert auch nichts, dass viele moderne Muslime ein anderes Islamverständnis entwickelt haben, ein defensives Dschihad-Konzept favorisieren und einen Islam praktizieren, der durchaus mit der modernen Welt kompatibel ist. Die Gewährsleute der Salafisten jedenfalls – also die Generation des Propheten und die Generationen unmittelbar danach – waren nicht von einem defensiven Dschihad-Verständnis und einem gewaltfreien Islam beseelt, dies belegt die Historie des Islam unzweideutig.[39] Die Geschichte des Islam ist eine Geschichte der kriegerischen Expansion, wie sie der Koran vorschreibt und wie es der Prophet vorgelebt hat. Der Islam ist also nicht prinzipiell »die Religion des Friedens«, wie so gegensätzliche US-Präsidenten wie Barack Obama und George W. Bush verkündet haben. Es handelt sich bei solchen Äußerungen nicht um Sachaussagen, sondern um politische Statements. Die USA brauchten und brauchen islamische Staaten als Alliierte, sei es bei der Irak-Invasion, beim »Krieg gegen den Terror«, in Afghanistan oder im Syrien-Konflikt. Deshalb müssen sie ihren Verbündeten, aber auch ihren Wählern, eine positive Einschätzung des Islam vermitteln, zumal auch in den USA Muslime keine vernachlässigbare Rolle mehr spielen und längst in der Mitte der Gesellschaft angekommen sind, in Zeiten von islamischen Anschlägen aber in den USA auch zu Opfern von »hate-crimes« wurden.

Wenn heute Mouhanad Khorchide[40] und andere gemäßigte, liberale und moderne Muslime überall auf der Welt einen Islam propagieren, der mit unserer Gesellschaft, unseren Werten und mit der Gegenwart vereinbar ist, und wenn sie nicht länger bereit sind, die Deutungshoheit über den Islam Steinzeitregimen, Terror-Imamen und Mörderorganisationen zu überlassen, ist das zwar tröstlich und ein Hoffnungsschimmer für die Zukunft. Es kann aber nicht darüber hinwegtäuschen, dass der Islam in seiner Gesamtgeschichte oft nicht friedlich war. Dies zu ignorieren, zu beschönigen, zu verdrängen, zu relativieren oder wegzudiskutieren, ist einfältig-naiv oder verantwortungslos. Bei jeder islamisch motivierten Gewalttat stereotyp die Phrase »Das hat aber nichts mit dem Islam zu tun« zu wiederholen, ist kein Zeichen von Toleranz oder interkultureller Sensibilität, sondern von Ignoranz und ideologischer Verbohrtheit – denn weltweit werden ständig Massenmorde verübt im Namen des Islam und mit islamischer Begründung.

Zu eindeutig ist, dass kein anderer Kulturkreis mit solcher Intensität Gewalt und Terror generiert und dies mit den Lehren und Grundsätzen der zweitgrößten Weltreligion – und nicht etwa einer abwegigen Sekte oder marginalen Ideologie – begründet. Dies verstört und verunsichert Muslime und Nichtmuslime gleichermaßen. Es kann, es darf nicht sein, dass eine Religionsgemeinschaft, zu der sich weltweit über eineinhalb Milliarden Menschen bekennen, die weltanschauliche Grundlage bildet für die schlimmste Terrorwelle der Weltgeschichte.[41] Viele Muslime und Nichtmuslime sind sich einig: Diese brutale Gewalt kann nicht von »echten« Muslimen ausgehen, die Täter berufen sich zu Unrecht auf den Islam, verfälschen ihn, interpretieren ihn in illegitimer Weise, missbrauchen eine »Religion des Friedens«.

Es ist im Westen üblich geworden, zwischen »Islam« und »Islamismus« zu unterscheiden. Die Vorstellung ist weitverbreitet, es gebe mehrere »Arten« von Islam, die scharf voneinander abgrenzbar und säuberlich zu trennen seien. In unserer Gesellschaft besteht bei vielen das Bedürfnis, »›gute‹ Muslime von ›bösen‹, mit dem politischen Geltungsanspruch des Islam Ernst machenden Muslimen zu unterscheiden«.[42] Die Argumentation der sogenannten »Islamisten« jedoch stützt sich auf Kerntexte des Islam, auf Koran und Sunna, die allen Muslimen gemeinsam sind und zur unumstrittenen Essenz des Islam gehören. Es gibt keinerlei Möglichkeit für die »gemäßigten« Muslime, am Koran oder etwa an der überlieferten Praxis des Propheten im ersten islamischen Staat in Medina, Kritik zu üben – sie würden sich damit außerhalb des Islam stellen.

Einige muslimische Autoren der Gegenwart neigen aber dazu, beispielsweise die Aufforderung zum Dschihad rein defensiv zu interpretieren bzw. sie im damaligen historischen Kontext zu sehen. Die heutigen radikalen »Islamisten« allerdings sehen, wie auch die Muslime selbst es in ihrer großen Mehrheit jahrhundertelang getan haben, die Pflicht zum Dschihad als buchstäblich gültig an, und dies in einem offensiven Sinne. Wenn Yusuf al-Qaradawi, Vorsitzender des Europäischen Fatwa-Rates, Selbstmordattentate islamischer Terroristen positiv bewertet,[43] kann dies zwar von Muslimen, die seine

Auffassung nicht teilen, kritisiert werden; aber eine Handhabe, eine solche Aussage in verbindlicher Form als »unislamisch« einzustufen, gibt es nicht. Fraglich ist allerdings, ob die Pflicht zum Dschihad derlei Gewalttaten wirklich rechtfertigt, bei denen unklar ist, wie sie dem eigentlichen, ursprünglichen Ziel des Dschihad, nämlich der Umwandlung nichtislamischer Gebiete (Dar al-Harb) in islamisches Territorium (Dar al-Islam), dienen sollen. In dieser Frage gibt es Fatwas in beiderlei Richtung. Und ebenso fragwürdig ist die Praxis des »Takfir«, also des Erklärens von Muslimen zu Nichtmuslimen, denn damit wird ihnen praktisch Apostasie (Abfall vom Islam) vorgeworfen, wodurch ihre Tötung gerechtfertigt wird – weil eben Extremisten nur ihre eigene Lesart des Koran als den allein »wahren Islam« anerkennen.

Das Problem ist also die Interpretation. Hier existiert kein wirkliches Instrument oder Argument gegen eine von uns als »radikal« empfundene Auslegung: Im Islam gibt es keine Instanz, der die Deutungshoheit über die heiligen Texte zukäme und die also autoritativ festlegen könnte, dass »das« mit dem Islam nichts zu tun habe.[44]

Die Interpretation der »radikalen« Muslime liegt also genauso im Rahmen des Möglichen wie die der »guten« Muslime. Auf der Grundlage einer relativ schmalen Textbasis, die der Koran und die Sunna (welche aus den »gesunden«, also in etwa »kanonischen« und damit allgemein als authentisch anerkannten Hadithen besteht) darstellen, hat sich eine umfangreiche Scharia-Literatur entwickelt, in der unterschiedliche, auch sich gegenseitig widersprechende Auslegungen nebeneinander bestehen. Jede Seite kann die für sich selbst einschlägigen Belege finden und für die eigene Argumentation heranziehen. Aber gerade so entstehen auch Spielräume, aufgrund derer eine zeitgemäße, d. h. nicht zwingend wortwörtliche Deutung des Islam weder unmöglich noch »unislamisch« wäre. Zwar gibt es auf der einen Seite diejenigen Muslime, die die wörtliche Geltung von Koran und Sunna (also des Sprechens und Handelns des Propheten) postulieren und einen Staat nach dem Muster von Medina, wie es Mohammed im 7. Jahrhundert entwickelt hatte, wollen, und auf der anderen Seite Muslime, die eine Interpretation dieser Texte im Licht der modernen Entwicklung für nötig halten – wie z. B. der bereits genannte Mouhanad Khorchide, aber auch Ebrahim Moosa, Abdel-Hakim Ourghi oder Mohammed Murtaza, der »eine ethisch-rationale Lesart des Koran«[45] fordert, und viele andere. Doch es gibt keinerlei objektive Kriterien, die einen als die Verfechter des »echten« Islam zu sehen und die anderen als die Vertreter des »falschen« Islam zu verurteilen. Wo ist die Grenze zwischen »Islam« und »Islamismus«, wenn beide sich auf die Kerninhalte des Islam berufen?[46] Auch ein in westlichen Medien entschärftes Islam-Bild, das unserer Wunschvorstellung entspricht und oft einhergeht mit emotionalen Attacken gegen jede kritische Haltung gegenüber dem Islam, kann nicht hinwegtäuschen über eindeutige Aussagen im Koran – der für alle Muslime das Wort Gottes ist, nicht nur für »Islamisten« (man lese etwa dazu die Koranstellen, Sure 9,1–17; 2,62; 7,160–168; 5,59 sowie die oben in Kapitel 1 und 2 zitierten Koranstellen). Wir müssen hoffen, dass immer mehr Muslime ihr Verständnis dieser Aussagen an die Moderne anpassen. Denn man tut dem Propheten keineswegs Unrecht, wenn man ihm zugutehält, dass er gesprochen und gehandelt hat, wie es seiner Zeit entsprach; und man missachtet den Islam nicht, wenn man versucht, ihn heute in der dem 21. Jahrhundert entsprechender, zeitgemäßer Weise zu verstehen. Der Islamkritiker Hamed Abdel-Samad sagt: »Der Islam ist keine Religion des Friedens. Die Muslime müssen ihn erst dazu machen.«[47]

4. Variationen des Terrors

Der Mann vieler Bücher ist tolerant, der Mann eines Buches ist intolerant. (Kamel Daoud)

Wir Muslime leben nun mal im 21. Jahrhundert und sollten endlich aufhören, Verschwörungstheorien zu pflegen. (Abdel-Hakim Ourghi)

Weltweit haben sich in den vergangenen Jahren und Jahrzehnten islamistisch-dschihadistische Organisationen gebildet, die – mit ähnlichen Ideologien – im Namen des Islam den Dschihad betreiben. Ziele und Schauplätze ihres Terrors oder ihrer Kriegsführung liegen vor allem in ihren Ursprungsländern, also in den Regionen der islamischen Welt selbst, wenden sich aber zunehmend auch gegen Europa, die USA und die westliche Welt insgesamt.[48] Gegner dieser Organisationen sind die vermeintlich unislamischen Regierungen ihrer Länder, diejenigen gesellschaftlichen Segmente, die sich nicht ausreichend Islam-konform verhalten und nicht den »wahren« Islam praktizieren, sondern verwestlichte Lebensformen annehmen, sowie nichtislamische Bevölkerungsgruppen. Einzeltäter oder kleine Gruppierungen, die ihre eigene »Geschichte« haben und sich ihr eigenes Narrativ geschaffen haben, verüben im Namen und im – wirklichen oder vermeintlichen – Auftrag islamistischer Organisationen oder auch in gänzlich eigener Regie, für den Islam Gewalttaten – in der islamischen Welt, in Europa oder in den USA, Kanada und selbst in Australien.

Nicht nur der »Dschihad« im engeren Sinn, der seit dem 7. Jahrhundert andauert und zur Ausdehnung der Herrschaft des Islam über weite Teile Asiens, Afrikas und Europas geführt hat, auch der islamische Terrorismus hat eine lange Tradition. Bereits im Mittelalter (11./12. Jahrhundert) begingen Anhänger der ismailitischen (schiitischen) Sekte der Assassinen unter dem Einfluss von Rauschgift (daher ihr Name »Haschischiyun«, von dem die Bezeichnung »assassin«, »asesino« etc. für »Mörder« in vielen europäischen Sprachen abgeleitet ist) Anschläge in Syrien, die denen heutiger Selbstmordattentäter ähneln.

Im Kontext der jüdisch-arabischen Auseinandersetzungen um Palästina im Vorfeld der Gründung Israels kam es zu Terrorakten beider Seiten. Ein Konflikt, der im Zusammenhang mit antikolonialistischen Revolutionen zu sehen ist, war der Algerienkrieg, der sich aus der anachronistischen Verbohrtheit einer Kolonialmacht ergab, die sich weigerte, die Zeichen der Zeit zu erkennen, sich darauf versteifte, ein erst 1830 vereinnahmtes Territorium als untrennbaren Bestandteil des Kernlandes zu betrachten und lieber einen langen, blutigen Krieg in Kauf nahm, als die Forderungen (zunächst nur nach Gleichberechtigung, später erst nach Unabhängigkeit) der Algerier, die damals im eigenen Land immer mehr Anhänger und in der westlichen Welt Verständnis fanden, anzuerkennen. Auch hier kam es zu Terror von beiden Seiten.

Besonders aufsehenerregend waren die Anschläge, mit denen die Palästinenser seit der zweiten Hälfte der 1960er-Jahre ins Rampenlicht der Weltöffentlichkeit gelangten und Aufmerksamkeit für ihre Ansprüche und Rechte erhielten, die bis dahin wenig Beachtung gefunden hatten. Ihre Anschläge – wie etwa die Geiselnahme israelischer Sportler bei den Olympischen Spielen in München 1972[49] oder verschiedene Flugzeugentführungen – waren spektakulär und blieben international im Bewusstsein. Seither war »Terror« ein Phänomen, das eine Konstante bildete auf der Bühne internationaler Konflikte und für die Weltöffentlichkeit besonders verbunden war mit der islamischen Welt. Bei weitem nicht alle, aber die Mehrheit der weltweit verübten Terroranschläge stand in Zusammenhang mit Krisenherden und Problemen der islamischen Länder. Nicht nur politische Gruppierungen islamischer Prägung, sondern auch islamische Regime – also Regierungen souveräner Staaten – benutzten den Terror als politisches Mittel (Libyen, Iran), wobei sie auch europäische Terrorgruppen (wie etwa die deutsche RAF) unterstützten oder mit ihnen zusammenarbeiteten. Der Islam lieferte zwar immer häufiger die Begründung für die Anschläge und Morde, die zunehmend zum Mittel der Durchsetzung politischer Ziele wurden, aber anfangs gab es noch zahlreiche Terroristen, die im Namen säkular-nationalistischer oder marxistischer Ideologien (z. B. viele Palästinensergruppen) mordeten. Im Laufe der Jahre erfolgte im Zeichen der Re-Islamisierung eine konsequente Islamisierung, Intensivierung und Radikalisierung des Terrors,[50] und zwar vor dem Hintergrund vermehrter westlicher oder auch anfangs noch sowjetischer Einmischung in der islamischen Welt.

Al-Kaida

Al-Kaida[51] (»die Basis«) ist die »Mutter« aller modernen militanten islamistischen Institutionen. Als erste ihrer Art entstand sie 1988/89 aus dem islamischen Kampf gegen die Sowjetpräsenz in Afghanistan und gegen die von der Sowjetunion unterstützte afghanische Regierung; damit erhielt sie Modellcharakter.

Der saudi-arabische Milliardärssohn Osama bin Laden gilt als Gründer der Organisation; er mobilisierte Hilfen aller Art – vor allem auch beträchtliche Geldsummen[52] – bei reichen Saudis und anderen arabischen Spendern als Beitrag zum antisowjetischen Krieg der afghanischen Taliban, die von arabischen Freiwilligen unterstützt wurden. Der Schauplatz Afghanistan und der Krieg dort waren nur ein Anfang und bildeten den Anstoß zur Gründung einer Bewegung, die in ihrer Ideologie und ihren Aktionsfeldern bald sehr viel ambitionierter wurde. Die ideologische Grundlage von al-Kaida stellt das Werk Sayyid Qutbs[53] dar, des Cheftheoretikers der ägyptischen Muslimbrüder: Da die Scharia (šarīʿa) nicht mehr angewandt werde, habe die islamische Welt ihren muslimischen Charakter verloren, sei in die Dschahiliyya zurückgesunken, eine Periode der »Unwissenheit«, wie die Zeit vor dem Islam in der muslimischen Geschichts- und Heilslehre genannt wird. Deshalb sei es nötig, wahrhaft islamische Staaten zu gründen, in denen wieder die Scharia Grundlage des Rechts sei. »Importierte« Staats- und Gesellschaftsmodelle, wie sie Sozialismus und Nationalismus beispielsweise seien, sollten in der islamischen Welt vernichtet werden. Die islamische Welt sieht sich in der Perzeption von al-Kaida mit einer christlich-jüdischen Verschwörung konfrontiert; deshalb ist der Staat Israel zu liquidieren. Feinde, denen man kompromisslos begegnen muss, sind darüber hinaus aber nicht nur die USA, Israel oder »der Westen« schlechthin. Auch viele vermeintliche Muslime (also all diejenigen, die nicht den radikalen Islam von al-Kaida befürworten) sind ja in Wirklichkeit nicht mehr Anhänger des Islam, sondern Apostaten, wodurch sie nach islamischem Recht der Todesstrafe verfallen sind. Anfangs unterstützten die USA al-Kaida, da deren antisowjetische Kriegführung gut ins amerikanische Konzept zu passen schienen. 3 Mrd. Dollar aus den USA sollen über pakistanische Dienste an die Mudschahidin verteilt worden sein. Es war eine traditionelle amerikanische Fehleinschätzung, konservative islamische Bewegungen als natürliche Verbündete zu betrachten. Schon früh wendeten sich die Empfänger generöser Zuwendungen jedoch gegen die USA. Die Strategie von al-Kaida war ebenso einfach wie wirkungsvoll: Der Westen und insbesondere die USA sollen zu Interventionen in der islamischen Welt provoziert werden; dabei sollten sie in einen ständig expandierenden Dauerkonflikt involviert werden; die muslimische Bevölkerung sollte sich dann gegen die Aggressoren aus dem ungläubigen Westen erheben. Weltweit würden dann von al-Kaida inspirierte Aktionen nach gleichem Muster und unter al-Kaida-Etikett durchgeführt werden. Erwartet wird als Folge der globalen Destabilisierung, die man voraussetzt, ein Zusammenbruch der US-Wirtschaft im Jahr 2020 und ein rapider Niedergang des Westens, wodurch der Boden bereitet wird für einen weltweiten Dschihad. Dieser wird in letzter Konsequenz zur Entstehung eines universellen islamistischen Kalifats führen. Derartige utopische, unrealistische Zukunftsvisionen und entsprechend überzogene Versprechungen an ihre Rekruten und Sympathisanten sind typisch für die Ideologien der dschihadistischen Terrororganisationen. Geistig anspruchsvoll oder gar »philosophisch« ist die al-Kaida-Ideologie nicht und ähnelt auch hierin den Lehren anderer radikaler Bewegungen – sie alle bieten simple Konzepte für eine einfache Klientel. Teilweise finden sich Anklänge an die Nazi-Doktrin, die weit über eine legitime oder zumindest verständliche Gegnerschaft zu Israel hinausgehen: New York hat als Terrorziel besondere Bedeutung, da es Zentrum des »Weltjudentums« ist, das auch alle westlichen und (anfangs noch) sozialistischen Staaten beherrscht. Im Westen, besonders in den Truppen westlicher Staaten, welche in islamischen Ländern stehen, sieht al-Kaida »Kreuzfahrer« am Werk; die Kreuzzüge spielen eine Schlüsselrolle in der Propaganda von al-Kaida. Man bezieht sich dabei vor allem auf das Massaker von Ma'rat al-Numan, bei dem sich im Jahr 1098 Kreuzfahrer besondere Grausamkeiten zuschulden kommen ließen. Der Westen wird jedoch nicht nur aus politischen Gründen angegriffen, auch aufgrund seines »verkommenen« Lebensstils mit außerehelicher Sexualität, Alkohol- und Musikgenuss zieht er den Zorn von al-Kaida auf sich. Die Bandbreite von al-Kaida-Terrorakten ist eindrucksvoll, aber auch nachvollziehbar angesichts der oben skizzierten Ideologie und Feindbilder: Der Muslim, der Hotels oder Restaurants besucht, in denen Alkohol ausgeschenkt oder Musik gespielt wird, in denen eine Bauchtänzerin auftritt oder wo Frauen in Bikinis am Pool liegen, ist ebenso todeswürdig wie der Muslim (oder der Nichtmuslim), der für ein gottloses Regime, eine jüdisch gesteuerte Firma oder in einem Anwalts- oder Consultingbüro arbeitet, das Geschäftsbeziehungen zu den USA oder Israel unterhält, oder der als Bus- oder Taxifahrer verderbte westliche Touristen transportiert, genauso wie die vom Glauben abgefallenen Muslime insgesamt. Zumal Osama bin Laden geäußert hat, »Zivilisten« (die etwa zu schonen seien) gebe es für ihn nicht. Nahezu jedes denkbare Terrorziel wird somit legitim. Die Vielzahl der al-Kaida-Anschläge macht eine auch nur annähernd vollständige Aufzählung der Massenmorde, die im Namen von al-Kaida weltweit in den letzten zweieinhalb Jahrzehnten verübt wurden, unmöglich. Nur einige Fälle sollen besonders hervorgehoben werden:

Am 26.2.1993 fand der erste Anschlag auf das World Trade Center in New York statt. Bei dem Anschlag vom 17. November 1997 im oberägyptischen Luxor, bei dem Touristen das primäre, der ägyptische Fremdenverkehr und damit der wichtigste Wirtschaftszweig des Nillandes das sekundäre Ziel waren, gab es 68 Tote. Am 7.8.1998 forderten Bombenanschläge auf die US-Botschaften in Kenia und Tansania 224 Todesopfer. Im Rahmen von »9/11« forderten Anschläge 2001 in New York, Washington und an anderen Orten über 3000 Tote. Diese Reihe von Terrorakten hat nicht nur einen besonderen Charakter durch die hohe Zahl an Opfern, sondern auch durch ihre Symbolkraft: Die USA waren auf ihrem eigenen Territorium angegriffen worden, besonders signifikante Ziele, die Prestige und Macht der USA verkörperten, waren getroffen und damit die Verletzlichkeit der Weltmacht deutlich geworden.

Am 12.10.2002 gab es bei einem Anschlag auf Diskotheken auf der indonesischen Insel Bali über 200 Tote. Am 2. Februar 2004 forderten zwei Selbstmordanschläge im kurdischen Irbil 117 Menschenleben – darunter viele Vertreter der kurdischen Führung. Damals begann sich nach dem Sturz Saddam Husseins ein autonomes Kurdistan zu konstituieren, gegen dessen Führung der Anschlag gerichtet war. Genau einen Monat später fanden anlässlich des schiitischen Aschura-Festes Anschläge auf Schiiten in Bagdad und auf die heilige Stadt der Schiiten, Kerbela (Grab Husains, des Enkels von Ali), statt, die 178 Tote forderten. Das Ziel, die sunnitisch-schiitische Koexistenz im Irak zu torpedieren, wurde erreicht, da die Anschläge eine Welle schiitischer Gegengewalt auslösten. Nur wenige Tage danach (11. März 2004) fanden Anschläge auf Vorortzüge in Madrid statt – genau am Tag einer Wahl, die entscheidend war dafür, ob Spanien sich weiter militärisch im Irak engagieren würde oder nicht. Die Zahl der Opfer lag bei über 190 Toten. Ein vergleichbarer Anschlag wurde am 7. Juli 2005 in London auf Ziele im Personennahverkehr verübt – mit 56 Todesopfern. Erneut waren Nahverkehrszüge das Ziel eines Anschlags in Mumbai am 11.7.2006, wobei 209 Menschen ums Leben kamen. Besonders schrecklich war der Massenmord an 800 Jesiden, der durchaus Genozid-Charakter hatte, welchen al-Kaida im Sindschar-Gebiet im Nordirak am 14.8.2007 verübte. Hier ging es darum, eine Bevölkerungsgruppe zu treffen, die nach der strengen Auffassung von al-Kaida gar keine Existenzberechtigung hat – die Jesiden sind weder Muslime noch »Leute des Buches« (also Christen oder Juden).[54] Am 26. November 2008 begann in Mumbai ein besonders umfassender Angriff der al-Kaida-Terroristen, der erst nach einigen Tagen völlig niedergeschlagen werden konnte. Bei den Schießereien und Bombenexplosionen starben 174 Menschen. Stark haften geblieben im öffentlichen Bewusstsein Europas sind vor allem die Anschläge, die am 7.1.2015 in Paris gegen die Redaktion des Satiremagazins *Charlie Hebdo* und einen jüdischen Supermarkt verübt worden sind, obwohl die Zahl der Todesopfer vergleichsweise gering war. Europa sah grundlegende westliche Werte attackiert, wertete die Anschläge als Angriff auf das hohe Gut der Meinungs- und Pressefreiheit und auf die Sicherheit und Unversehrtheit von Juden mitten in der Hauptstadt des Landes, das mit der französischen Revolution Europa auf den Weg zu Gleichheit, Freiheit, Demokratie und Rechtsstaatlichkeit gebracht hatte und in dem die größte jüdische Gemeinschaft Europas lebt. *Charlie Hebdo* hatte Karikaturen des Propheten Mohammed veröffentlicht und damit das Sakralgefühl der Täter verletzt. Spott und literarischer Hohn haben in der arabischen Kulturgeschichte durchaus eine Tradition. Bereits in der vorislamischen arabischen Literatur spielen Spottgedichte eine Rolle, der Prophet selbst wurde Gegenstand von Verspottung – erwies sich aber als nachtragend und ließ die Spötter mit dem Tode bestrafen. Dies könnte theoretisch den *Charlie-Hebdo*-Attentätern als Rechtfertigung gedient haben. Wahrscheinlich erweist man ihnen mit einer solchen Vermutung bereits zu viel der Ehre – ihr Bildungsniveau war eher suboptimal.

Insgesamt soll der al-Kaida-Terror bisher um die 5000 westliche Todesopfer gefordert haben. Die Mehrzahl der von al-Kaida Ermordeten waren jedoch Muslime, ihre Zahl kann auch nicht annähernd geschätzt werden. Bestenfalls in ihrer Anfangsphase war al-Kaida eine einheitliche, geschlossene Organisation, inzwischen erfolgte eine Dezentralisierung und Regionalisierung – englischsprachige Autoren sprechen von »franchise«.

Als einer der bestorganisierten und gefährlichsten Regionalzweige von al-Kaida gilt »al-Kaida im Islamischen Maghreb«, die aus einer Extremistengruppe hervorging, welche schon seit Längerem europäische Sahara-Touristen entführt hatte. Seit 2007 tritt sie durch blutige Attentate mehr und mehr in den Fokus der internationalen Aufmerksamkeit. Kaum mehr präsent sind, da es keine westlichen Opfer gab, die Anschläge vom 3.8.2008 im algerischen Tizi Ouzou mit 37 Toten oder der Anschlag, der am 19.8.2008 auf eine algerische Polizeischule verübt wurde und 43 Todesopfer forderte. Dagegen noch in Erinnerung sind die Attacken vom 15./16.1.2016 auf eine Bar, ein Restaurant und ein Hotel in der Hauptstadt von Burkina Faso, Ouagadougou, mit 30 Toten (zwei davon ehemalige Schweizer Parlamentsabgeordnete). Die Destabilisierung Libyens hat »al-Kaida im Islamischen Maghreb« genutzt, um sich aus libyschen Beständen besser zu bewaffnen, in Kooperation mit anderen radikalislamischen Organisationen 2012 den Norden von Mali zu erobern und sich an der Zerstörung von Kulturgütern in Timbuktu zu beteiligen.

Zahlreiche kleine Organisationen, ad hoc zusammengekommene Terrorgruppierungen oder Einzeltäter berufen sich auf al-Kaida. Sei es, dass sie tatsächlich im Auftrag der Mutter- oder einer der Regionalorganisationen tätig werden, sei es, dass sie von al-Kaida ausgebildet wurden in Trainingslagern, die es z. B. in Afghanistan oder Pakistan gibt, sei es, dass sie Waffen oder andere Unterstützung erhalten haben, oder sei es, dass die Täter sich einfach auf ein »Vorbild« berufen, auf eine gefürchtete Organisation, die ihre Einzelaktion aufwertet und ihnen das Gefühl gibt, einer bedeutenden Sache oder einer »angesehenen« Gruppierung anzugehören – um so ihre vergleichsweise »kleinen« Gewaltverbrechen in einen übergeordneten Zusammenhang zu stellen und mit einem prestigeträchtigen, »eindrucksvollen« Label zu versehen.

Boko Haram

Boko Haram[55] unterscheidet sich wesentlich von al-Kaida und dem IS, die im Fokus westlicher Aufmerksamkeit stehen. Boko Haram entstand weit von den Zentren der islamischen Welt entfernt, fernab vom islamischen Kernland und steht nicht unter arabischer Führung. In ihren Zielen ähnelt Boko Haram jedoch den anderen islamischen Terrororganisationen stark: Angestrebt wird die Errichtung eines rigiden, erzkonservativen islamischen »Kalifats«, in dem die Scharia in strengster Form herrscht und das von westlichen Einflüssen abgeschottet ist. Nigeria, ein Land schroffer Gegensätze, ist die Heimat von Boko Haram, und es war kein Zufall, dass sie im Nordosten des ölreichen Landes mit über 170 Millionen Einwohnern, in dem jedoch die Mehrheit der Bevölkerung in Armut lebt, entstand. Hier bestand das islamische Reich von Bornu, das von den Briten in ihr Kolonialimperium eingegliedert wurde. Mit den Kolonialherren kamen Missionare, die für die einheimischen Muslime die europäische Kultur versinnbildlichten. Damals entstand eine heftige Aversion gegen christlich-abendländische Einflüsse. Als das britische Empire sich auflöste, wurde Bornu ein Bundesstaat des seit 1960 unabhängigen Staates Nigeria. Nigeria hätte aufgrund seiner Ölvorkommen ein reiches Land sein können – doch aufgrund von Korruption, Misswirtschaft, mangelndem bürgerlichen Bewusstsein und von religiösen und ethnischen Spannungen im Land blieb Nigeria ein permanenter Krisenherd und die Bevölkerungsmehrheit arm. Kriminalität, bürgerkriegsähnliche Unruhen und fehlender Zusammenhalt kennzeichneten die Lage im Land. 2002 gründete Mohammed Yusuf »Boko Haram« – der Name, unter dem sie bekannt wurde, war Programm: »Westliche Bildung ist verboten«. Die offizielle Bezeichnung lautete »Gemeinschaft der Leute der Sunna für Mission und Dschihad«. Einerseits vertritt Boko Haram allen westlichen Kultureinflüssen gegenüber eine ablehnende Haltung, andererseits repräsentiert sie einen äußerst strengen Islam; die kulturelle Vielfalt, die der Islam entwickelt hat, akzeptiert sie nicht. Sufis und Schiiten etwa betrachtet Boko Haram als Ungläubige, und so sind auch ihre Opfer vorwiegend Muslime (die sie aber als solche nicht anerkennt). Soziale Ungleichheit und korrupte Eliten sowie die Spannungen zwischen dem eher christlichen, ölreichen Süden und dem armen, muslimischen Norden, der ja schon seit Kolonialzeiten eine Abneigung gegen westliche Kultureinflüsse entwickelt hatte, führten zur Herausbildung eines »Ressentimentislam«. Zunächst entsteht nur ein islamisches Zentrum in Maiduguri, einer Provinzhauptstadt, aber 2009 beginnt die militante Phase der Bewegung, die Zulauf gewinnt von radikalreaktionären Bewegungen, die bereits existierten. Eine energische Polizeiaktion gegen Boko Haram führt zur Eskalation, 2011 zeigt Boko Haram, dass auch die Hauptstadt nicht sicher ist vor ihren Anschlägen, indem sie das UN-Hauptquartier in Abuja überfällt. Sie diversifiziert ihre Methoden, verübt Selbstmordattentate, begeht politische Morde, greift immer häufiger Sicherheitskräfte an und überfällt Kirchen. Am 20. Januar 2012 kommen bei Attacken auf Polizeistationen 190 Menschen ums Leben. Die nigerianischen Sicherheitskräfte sind in einem desolaten Zustand: demoralisiert, schlecht ausgerüstet, korrupt und in der Bevölkerung unbeliebt, sogar gehasst und gefürchtet. Oft bedient sich der Sicherheitsapparat ähnlicher Methoden wie Boko Haram, foltert und tötet Zivilisten, und teilweise arbeiten Militärs und Polizisten sogar mit Boko Haram zusammen. Eine Eindämmung des islamistischen Terrors ist so nicht zu erreichen. 2013 weitet Boko Haram ihren Terror über die Grenzen Nigerias auf die Nachbarländer aus – nach Niger, Tschad und Kamerun. Die Zivilbevölkerung flieht vor dem Terror und die Gegenmaßnahmen der nigerianischen Sicherheitskräfte verschärfen die Situation: In der Ortschaft Baga verüben diese ein Massaker, dem vor allem Zivilisten, darunter viele Kinder, zum Opfer fallen. Ins Jahr 2014 fällt eine Aktion von Boko Haram, die weltweit Entsetzen und Empörung hervorruft: Im April des Jahres entführt die Terror-Bande 276 Schulmädchen aus Chibok – mit dem erklärten Ziel, sie zu versklaven. Später verkündet Boko-Haram-Chef Shekau, die Mädchen seien »verheiratet« worden. Damit sollte zum Ausdruck gebracht werden, dass sie den Terrormilizen als Sexsklavinnen überlassen und Opfer von Zwangsehen wurden. Weitere Fälle von Menschenraub, vor allem der Versklavung von Mädchen und Frauen, folgen, denn Boko Haram kontrolliert 2014 über die Hälfte des Territoriums von Bornu und hat dadurch Flüchtlingsströme ausgelöst und immer wieder den Terror in die Nachbarländer getragen. Aber gerade damit provozierte Boko Haram eine energische Gegenreaktion. 2015, so scheint es, hatte die Macht der Terrororganisation ihren Höhepunkt überschritten, denn es kam zu koordinierten Militäraktionen der betroffenen Staaten – Hunderte von Sklaven und Gefangenen konnten aus der Gewalt der Terrormiliz befreit werden. Der Behauptung der nigerianischen Regierung, Boko Haram sei endgültig besiegt, widerspricht die traurige Realität: Am 31. Januar 2016 forderte ein Anschlag der Miliz in Maiduguri über 60 Todesopfer. Mögen also verstärkte Anstrengungen der nigerianischen Führung, eine bessere internationale Koordinierung und der Überdruss der Bevölkerung Boko Haram auch geschwächt haben, so muss doch weiterhin mit ihrem Terror gerechnet werden, da ihre Einkünfte aus vielfältigen Quellen sprudeln (Drogenhandel, Menschenhandel, Erpressung, ausländische Unterstützung, Raubüberfälle). Viele Bluttaten von Boko Haram dringen nicht in das Bewusstsein der Weltöffentlichkeit ein, da sie kaum »weiße« Opfer fordern, wie etwa auch bei dem Boko-Haram-Überfall auf die Stadt Bosso in Niger am 3.6.2016, bei dem es über 30 Tote gab. Das wird sich auch in Zukunft nicht ändern, da es eine zunehmende Anzahl von Kriegs- und Krisenregionen – gerade in der islamischen Welt – gibt, die sich die Aufmerksamkeit des Publikums und der Medien teilen müssen.

Besonders abstoßend ist, dass Boko Haram zunehmend Kinder, darunter immer mehr Mädchen, als Selbstmordattentäter einsetzt. In Nigeria, Tschad und Kamerun wurden zwischen Januar 2014 und Februar 2016 insgesamt 44 Selbstmordattentate durch Kinder (darunter 75 % Mädchen) verübt.[56]

Al-Shabaab

Somalia erfüllt seit Langem die Kriterien eines »failed state« und bietet somit den Nährboden für radikale Strömungen. Das Land war schon zu Zeiten, als die meisten Regionen der islamischen Welt noch eine relative Stabilität genossen, zerfallen (1991) und in Gewalt und Willkür versunken. Aus dem Bedürfnis, in Chaos und Anarchie zumindest eine minimale Ordnung zu schaffen, entstand die »Union islamischer Gerichte«, die nicht nur Funktionen der Rechtsprechung erfüllte, sondern teilweise auch staatliche Aufgaben wahrnahm. 2006, als die Union zerfiel und äthiopische Truppen sowie Streitkräfte der Afrikanischen Union zu bestimmenden Machtfaktoren in Somalia wurden, ging aus dem radikalen Flügel der Union islamischer Gerichte die »Harakat al-Shabaab al-Mujahideen« hervor.

Ihre Hauptgegner waren zunächst die (christlichen) äthiopischen »Besatzungstruppen« sowie die somalische (Übergangs-)Regierung. Stammland der Shabaab ist der Süden Somalias, und zeitweise beherrschte die Bewegung fast die gesamte Südhälfte des Landes. Vorübergehend kontrollierte sie auch die Hauptstadt Mogadischu (bis 2011). Wie alle Terrorgruppen verübten auch die Shabaab ihre Anschläge gegen ein breitgefächertes Spektrum von »Gegnern«: Äthiopisches Militär, somalische staatliche Institutionen, die langsam wieder entstanden, Büros der Vereinten Nationen, aber auch gesellschaftliche Gruppen Somalias rückten ins Fadenkreuz der Shabaab. Weil sie, wie viele totalitäre und faschistische Gewaltsysteme überall Gegner sahen und zunehmend strengere und radikalere islamische Prinzipien durchsetzen wollten, wurden mehr und mehr Somalier Opfer der Terrormiliz, die in ihrem Machtbereich eine Schreckensherrschaft errichtete; in Regionen, die sie nicht wirksam kontrollieren konnten, begingen sie zumindest grauenhafte Gewaltakte. In ihrem Machtbereich waren Rauchen und das in Somalia sehr beliebte Kauen von Kat-Blättern ebenso verboten wie Fußball, Tanzen, das Tragen von Büstenhaltern oder der Gebrauch des Internets. Spektakuläre Hinrichtungen (auch in Form von Steinigungen) oder Amputationen (als Mittel der Strafjustiz) waren häufig. Ein 13-jähriges Kind, das vergewaltigt worden war und dies den Shabaab-»Behörden« anzeigte, wurde wegen außerehelicher sexueller Beziehungen hingerichtet (auch in den Vereinigten Arabischen Emiraten, einem bei Europäern beliebten Touristenziel, oder in Katar werden Frauen, die eine Vergewaltigung anzeigen, erst einmal inhaftiert und angeklagt). Die Shabaab rekrutierten viele Kinder und Jugendliche, wobei sie mit guter Bezahlung lockten – ein wirksamer Anreiz in einem Land ohne wirtschaftliche Perspektiven. Viel Zustrom erhielt die Bewegung aus anderen Ländern, sowohl aus der Region, vor allem Kenia, als auch aus arabischen Staaten, den USA, Afghanistan,

Pakistan oder Südostasien. Auch Tschetschenen und Europäer schlossen sich an. Die Ziele ihres Terrors lagen in den letzten Jahren auch zunehmend außerhalb Somalias, als die Afrikanische Union in Form der Militärmission AMISOM eingriff und vor allem Kenia energische militärische Schritte gegen al-Shabaab unternahm. Innerhalb der Organisation gab es Spannungen und Divergenzen: Verhinderten einige Shabaab-Zellen humanitäre Hilfeleistungen prinzipiell, sahen andere Elemente hier die Chance, Gelder zu erpressen und so die internationale Hilfsbereitschaft den eigenen Zielen nutzbar zu machen. Gewisse Strömungen waren auf den universalen Dschihad fokussiert, andere waren in Clanstreitigkeiten und inneren Rivalitäten befangen. Bekannte sich die Bewegung prinzipiell zu al-Kaida, zeigten sich einige Elemente empfänglich für das Werben des »Islamischen Staates«. Trotz dieser inneren Zwistigkeiten gelangen den Shabaab-Terroristen viele aufsehenerregende Attentate mit zahlreichen Todesopfern.

Anlässlich der Fußball-WM 2010 erfolgte in der ugandischen Hauptstadt Kampala ein Anschlag auf Zuschauer eines Gemeinschaftsempfangs, der anlässlich der Sportereignisse stattfand – es gab 74 Tote. Weltweites Aufsehen erregte der Anschlag auf das Einkaufszentrum »Westgate« in Nairobi am 21.9.2013, da unter den 68 Toten auch Weiße waren. Ein Überfall auf Hotels und Polizeistationen in Mpeketoni an der kenianischen Küste am 15.6.2014 kostete 48 Menschenleben. Am 2.4.2015 fand ein Angriff auf das Garissa University College in Kenia mit insgesamt 150 Toten statt. Die Truppen, die die Afrikanische Union zur Stabilisierung Somalias entsandt hatte, wurden wiederholt Ziele verheerender Attacken: Dabei starben am 26.6.2015 50 Soldaten, 70 am 1.9.2015 und am 15.1.2016 60. Bemerkenswert war der Überfall auf einen Bus in Nordkenia am 21.12.2015, als sich die muslimischen Fahrgäste schützend vor ihre christlichen Mitreisenden stellten: Diesem Akt der Zivilcourage war zu verdanken, dass es »nur« zwei Tote gab – offensichtlich waren die Terroristen von der Situation überrascht und überfordert. Am 22.1.2016 gab es bei einem Überfall auf ein Restaurant in der somalischen Hauptstadt Mogadischu über 40 Tote. Anfang Juni 2016 tötete al-Shabaab bei einem Überfall auf eine äthiopische Militärbasis 50 Soldaten.

Auch wenn die al-Shabaab sich 2015 aus einigen größeren Städten zurückziehen mussten und das heute von ihnen kontrollierte Territorium stark reduziert ist, so sind die Aktionen, welche die Organisation auch noch im Jahr 2016 durchführte – gerade auch gegen militärische Ziele –, doch ein schlagender Beweis dafür, dass man mit al-Shabaab weiterhin rechnen muss.

Die Taliban

Die »(Religions-)Studenten« (arab. Terminus mit Farsi-Pluralendung) sind ein Sonderfall unter den islamischen Terrorbewegungen.[57] Sie haben den Beweis geführt, dass Hartnäckigkeit, Brutalität, Kompromisslosigkeit, Bereitschaft zu extremer Gewalt sowie die dumpfste, archaischste und widerwärtigste Form eines Steinzeitislam nicht zum unvermeidlichen Scheitern verurteilt ist, sondern zum Erfolg führen kann. Der Ursprung der Taliban – ihr Name deutet darauf hin – liegt in den religiösen Schulen für afghanische Flüchtlinge in Pakistan, wo viele Afghanen mit dem Virus eines extrem radikalen Islam, der in der Religionsakademie des indischen Städtchens Deoband gelehrt wird, infiziert wurden. Im Chaos, das damals nach dem Zusammenbruch des prosowjetischen Regimes in Afghanistan herrschte, konnten sie sich entfalten: 1994 treten sie erstmals im südafghanischen Kandahar in Erscheinung, machen die Provinz Helmand zu ihrem Stammland, rücken auf Kabul vor und nehmen die afghanische Hauptstadt 1996 nach langer Belagerung ein. Eine Terrorherrschaft entsteht, die sich bald über ganz Afghanistan ausdehnt. Das islamische Emirat Afghanistan, wie die Taliban ihren Staat nennen, existierte fünf Jahre lang, seine Regierung wurde jedoch nur von ganz wenigen Staaten anerkannt – bezeichnenderweise von solchen, die immer wieder genannt werden, wenn es um die Förderung und Finanzierung islamistischer Extremisten geht. Ihre Herrschaft konnten die Taliban nur mit Hilfe aus Pakistan und aus gewissen Golfstaaten errichten. Schon im Vorfeld hatten sie jegliche Mitwirkung an der Bildung einer demokratischen Regierung und am Aufbau eines demokratischen Staates Afghanistan abgelehnt.

Die fünfjährige Taliban-Herrschaft brachte nach UN-Angaben 15 systematische Massaker an Zivilisten, Verfolgung ethnisch-religiöser Gruppen wie der schiitischen Hazara und eine besonders brutale Unterdrückung von Frauen und Mädchen: Diese mussten in der Öffentlichkeit die Burka tragen (Vollverschleierung), unterlagen einem Arbeitsverbot, durften keine hohen Absätze tragen und in der Öffentlichkeit nicht laut sprechen; auch Nagellack und bunte Kleidung waren ihnen untersagt. Mädchen durften ab dem 8. Lebensjahr nicht mehr unterrichtet werden. Nicht zulässig waren Abbildungen von Frauen – etwa in den Medien oder in Büchern. Frauen durften nur in Begleitung autorisierter männlicher Personen (Ehemann, Blutsverwandter) auf die Straße gehen. Geschlechtertrennung wurde für die öffentlichen Verkehrsmittel obligatorisch, 8000 Lehrerinnen wurden entlassen, viele Frauen, gerade Witwen und andere Alleinstehende, verloren ihre Lebensgrundlage. Widerstand gab es innerhalb Afghanistans immer gegen den Taliban-Staat – er konnte auch, insbesondere unter Ahmad Schah Massoud, der zwar tiefgläubig war, aber den aufgeklärten Islam al-Ghazzalis vertrat und zum afghanischen Nationalhelden wurde, Erfolge erzielen. Erst jedoch, als die USA sich unter dem Eindruck der Anschläge vom 11. September 2001 zu einem energischen Eingreifen entschlossen (al-Kaida operierte mit Duldung und Unterstützung des Taliban-Regimes von Afghanistan aus), gelang es, die Taliban zu stürzen und ihre Führung zur Flucht nach Pakistan zu zwingen, wodurch die Bildung einer Übergangsregierung in Kabul möglich wurde. Einen Tag nach »9/11« billigte die UN-Resolution 1368 den USA ein Recht auf Selbstverteidigung zu; diese nahmen die USA als völkerrechtliche Legitimation für die von ihnen geführte Afghanistan-Operation »Enduring Freedom«, die im Oktober 2001 begann. Zwar wurde so ein Ende des Taliban-Regimes in Kabul erreicht, doch bedeutete dies keineswegs ein Ende der Taliban als Bewegung oder eine dauerhafte Beendigung der Bedrohung, die von den Taliban für Afghanistan oder für die mit UN-Mandat versehenen internationalen Truppen

(ISAF) ausging, die einen Neuanfang und einen Transformationsprozess in Afghanistan begleiten und beschützen sollten. Seither ist Afghanistan ein Dauerkonfliktherd. Viele Länder, darunter die Bundesrepublik Deutschland, nehmen an der Operation teil, die Afghanistan auf den Weg der Stabilisierung, Demokratisierung und Rechtsstaatlichkeit bringen soll. Keine Woche verging seither, ohne dass nicht ein Taliban-Angriff auf zivile oder militärische Ziele oder die ISAF in Afghanistan erfolgte. Neben Operationen mit militärischem Charakter gab es auch Terror aller Art. Da, wo die Taliban die Kontrolle ausüben, verbreiten sie weiter Angst und Schrecken, herrscht eine Atmosphäre der Gewalt, die auch individuelle Brutalität begünstigt. 2010 wurde das Foto der 18-jährigen Bibi Asha Pressefoto des Jahres.[58] Ihr Mann schnitt ihr Nase und Ohren ab, weil sie vor ihrem brutalen Schwiegervater aus dem Haus geflohen war. Solche Vorkommnisse sind in Afghanistan, wo Frauenrechte generell – nicht nur unter Taliban-Herrschaft – ständig schwer verletzt werden, leider nicht selten.

Immer wieder kommt es zu Militäraktionen, die im schwierigen Terrain unter den unübersichtlichen Verhältnissen in Afghanistan unbeteiligte Zivilisten treffen. Diese »Kollateralschäden« erregen vor allem dann internationale Aufmerksamkeit, wenn westliche Truppen die Verursacher sind – etwa als US-Truppen im Oktober 2015 ein Krankenhaus angriffen. Menschenrechtsorganisationen stellen aber fest, dass 75 % aller Zivilopfer in Afghanistan Opfer der Taliban sind, allerdings nicht als »Kollateralschäden«, denn die Taliban attackieren ganz bewusst und gezielt Zivilisten.[59] Auch massiver Militäreinsatz, ein starkes internationales Engagement mit zeitweise über 130 000 Soldaten in Afghanistan konnten in jahrelangen Bemühungen die Taliban nicht ausschalten – nicht zuletzt auch wegen der Unterstützung, die diese aus Pakistan erhalten. Im Gegenteil, die Taliban sind zunehmend international präsent (seit 2013 gibt es ein Taliban-Büro in Doha/Katar) und auch die USA können sich inzwischen vorstellen, eine Lösung des Afghanistan-Konflikts nicht mehr gegen die Taliban, sondern durch ihre Einbeziehung ins Auge zu fassen. Die Taliban haben ihre Relevanz und ihren Anspruch erneut deutlich gemacht, indem sie im Oktober 2016 eine weitere Offensive gegen das nordafghanische Kunduz starteten.

Tehrik-i-Taliban

Unter dieser Bezeichnung haben sich militante Islamistengruppen in Wasiristan im Nordwesten Pakistans an der afghanischen Grenze 2007 zusammengeschlossen. Auch sie wollen die Scharia durchsetzen, sind gegen die Präsenz westlicher Truppen in der Region und betrachten Pakistan als einen Hauptgegner. Hierin vor allem unterscheiden sie sich von den afghanischen Taliban, die sich guter Beziehungen zum pakistanischen Staat erfreuen und von ihm wohl auch unterstützt werden. Von sich reden machten die Gruppen, die in der Weltöffentlichkeit gerne mit den afghanischen Taliban verwechselt werden, durch die besonders brutalen Anschläge, die sie verübt haben. Sie waren es, die am 9.10.2012 den Schulbus überfielen, in dem Malala Yousafzai schwer verletzt wurde, die sich für bessere Bildungschancen für Mädchen einsetzt und 2014 den Friedensnobelpreis erhielt. Am 16. Dezember 2014 verübten sie ein Massaker an einer Schule in Peschawar, bei dem es mehr als 140 Tote gab, davon etwa 130 Kinder (als Revanche gegen Aktionen des pakistanischen Militärs). Bereits im Oktober 2009 zündeten sie wahrscheinlich eine Autobombe im Mina-Bazaar in Peschawar – es gab 137 Tote. Am 22.9.2013 verübten sie einen Doppel-Selbstmordanschlag auf Gläubige vor der Allerheiligenkirche in Peschawar, der 127 Todesopfer forderte und damit der bisher schwerste Anschlag auf Christen in der Region war.

Der »Islamische Staat« – ein Sonderfall?

Zunächst kaum bemerkt von der Weltöffentlichkeit entstand im Irak nach der US-Invasion von 2003 eine neue Bewegung, die sich zunächst wenig von den anderen islamischen Terrorzellen zu unterscheiden schien. Ein Kleinkrimineller aus den Elendsvierteln der nordjordanischen Metropole Zarka, Abu Musab az-Zarkawi, sah im Chaos, das der Irak nach dem Sturz des Baath-Regimes bot, eine Perspektive, die realistischer schien als der früher von ihm angestrebte Sturz der »unislamischen« Monarchie in Jordanien oder die »Befreiung« Jerusalems.[60] Am 19.8.2003 rückte er durch einen mörderischen Anschlag auf das UN-Hauptquartier in Bagdad in den Fokus. 2004 unterstellte Zarkawi seine Gruppe al-Kaida, um von deren Prestige zu profitieren. 2006 tauchte erstmals die Bezeichnung »Islamischer Staat im Irak« auf. Die Gründungsrationale des IS geht vom Fehlen eines staatlichen Bezugsrahmens für die Sunniten im Zweistromland aus, während die Kurden im Norden des Irak und die Schiiten im Süden ihre jeweiligen »Staaten« haben. Diese politische Heimat bot den Sunniten nun der »Islamische Staat«. Von größter Bedeutung ist die Zusammensetzung der Führungselite des IS, die nun entsteht: Was die Propaganda im Vorfeld des Irak-Feldzugs fälschlicher- und (in der damaligen Situation) absurderweise behauptet hatte, wurde nun Realität: Ehemalige Offiziere der aufgelösten irakischen Armee und Vertreter des gestürzten Regimes verbündeten sich mit radikalen Islamisten. Aus dieser explosiven Mischung entstand eine der gefährlichsten terroristischen Organisationen, die der Islam bisher hervorgebracht hat. An die Spitze des IS kamen vor allem ehemalige Gefangene aus der »Akademie Bucca«, wie ein amerikanisches Gefangenenlager, das sich zur Brutstätte des Terrors entwickelte, ironisch genannt wurde. Dort geknüpfte Kontakte und Seilschaften konnten in den folgenden Jahren im Irak, in Syrien und auch in anderen Regionen der islamischen Welt ihre Wirkung in Gestalt des IS voll entfalten. Die politischen und sozialen Verhältnisse, die im Irak nach dem Sturz des Baath-Regimes entstanden, waren ideal für die Etablierung eines Quasistaates mit terroristischem Hintergrund: zunächst ein weitgehendes Machtvakuum, in dem staatliche Aufgaben nur partiell wahrgenommen wurden, dann eine schiitisch dominierte Regierung, was zwar den demographischen Realitäten entsprach, aber dazu führte, dass die sunnitische Bevölkerung, die früher dominiert hatte, jetzt ihrerseits diskriminiert wurde. Dazu kam, dass sehr viele Soldaten der »alten« irakischen Armee des gestürzten Regimes entlassen worden waren und, perspektivlos und frustriert, sich dem IS anschlossen, der starken Bedarf an militärisch trainierten Anhängern hatte. Eine unheilige

Allianz entstand, die von der sunnitischen Bevölkerung wenn nicht aktiv unterstützt, so doch stillschweigend toleriert und manchmal auch innerlich akzeptiert wurde. Denn die Sunniten in ihrer Mehrheit konnten kaum Loyalität zum neuen irakischen Staat unter schiitischer Führung entwickeln, der nun Revanche nahm für die Unterdrückung, welche die schiitische Mehrheit lange Zeit erduldet hatte, und der die Sunniten deutlich spüren ließ, wer jetzt die politische Macht im Land hatte. Es entstand ein wirklicher »islamischer Staat« – zunächst im Nordirak, der sich aber später auf Ostsyrien ausdehnte und sogar in Libyen eine Provinz errichten konnte. Dadurch unterschied sich der IS grundlegend von den terroristischen Organisationen, die – mit Ausnahme der Taliban, die in Afghanistan zeitweise auch einen wirklichen Staat kontrollierten – konspirativ agierten und ihre bizarren Massenmorde zwar im Namen des Islam verübten, aber eben als Untergrundzellen ihr oft kümmerliches Dasein fristeten, immer in der Furcht vor Entdeckung und Vernichtung. Ganz anders der IS, der ein Staatsgebiet eroberte und explizit seinen Anspruch formulierte, ein Kalifat in der Nachfolge des frühislamischen Kalifats zu sein. Die Weltöffentlichkeit wollte dies lange nicht wahrhaben, denn zu schrecklich schien die Vorstellung eines regelrechten Terrorstaates, der, in unmittelbarer Nachbarschaft der NATO, zur Bedrohung für das staatliche Ordnungsgefüge des ganzen Nahen Ostens werden könnte. Bis heute versucht man, das Phänomen des IS als »sogenannten« Staat sprachlich zu relativieren, obwohl der IS schon früh sein Selbstverständnis auch schriftlich formuliert, seine Ziele offen dargelegt und seine Pläne auch praktisch konsequent in die Tat umgesetzt hat. Als die im Westen als »Arabischer Frühling« missverstandene Aufstandsbewegung auch Syrien erfasste, bot sich dem IS eine willkommene Chance zur Expansion ins destabilisierte Nachbarland – hier konnte man umso leichter Fuß fassen, als die sunnitische Mehrheit von der brutalen schiitischen Assad-Dynastie unterdrückt wurde, die sich auf eine Minderheit stützte. In seinem Machtbereich unterwarf der IS alle Lebensverhältnisse streng islamischen Regeln, etablierte ein entsprechendes Justizsystem, organisierte Ordnungskräfte. Prioritär war die

Mobilisierung finanzieller Ressourcen, nicht zuletzt, um eine weitere vorrangige Aufgabe des IS finanzieren zu können: den permanenten Dschihad. Von entscheidender Bedeutung für den IS waren Massenkommunikation und Public Relations. Seine Darstellungen spektakulärer Hinrichtungen, auch westlicher Geiseln,[61] und anderer widerwärtiger Gräueltaten, die der IS ins Netz stellte, haben einerseits weltweit Abscheu und Schrecken erregt, andererseits aber auch Eindruck gemacht und eine eigentümliche Faszination ausgeübt auf entsprechend sensibilisierte Gemüter, die dadurch motiviert wurden, nach Syrien zu reisen, also buchstäblich in den »Islamischen Staat«, um sich ihm anzuschließen. Der IS beruht auf einem zutiefst islamischen Selbstverständnis. Er ist strikt salafistisch, was bedeutet, dass er den Islam der ältesten »Vorväter«, der Zeitgenossen des Propheten, wieder herstellen möchte. Zwar ist Mohammed für den Muslim nur Mensch (Koran, Sure 18,110) und nicht Gott (insofern sind Analogien zu Jesus unzutreffend), doch schreibt der Koran vor, sich dem Willen des Propheten zu fügen (Koran, Sure 33,36). Der Koran, die Praxis der islamischen Frühzeit (Sunna, überliefert in Hadithen) und darauf aufbauend die Scharia sind die Grundlagen für die Gestaltung der Gesellschaft und des öffentlichen Lebens im »Islamischen Staat«. Die vorgeschriebenen fünf Gebete täglich müssen die Muslime zwingend in der Moschee verrichten. Wer etwa im Morgengrauen beim Gebet in der Moschee fehlt, wird ausgepeitscht. Alle Geschäfte sind während der Gebetszeiten geschlossen zu halten. Westliche Kleidung zu tragen oder sich zu rasieren, ist verboten und wird bestraft. Tabak- und natürlich Alkoholgenuss sind ebenso untersagt wie Musik, von den eintönigen Hymnen abgesehen, die IS-Propagandavideos akustisch untermalen. Konsequent werden die berüchtigten Hudud-Strafen angewandt, wie z. B. das Abschlagen der Hand bei Diebstahl und das Steinigen bei Ehebruch – sie waren der Weltöffentlichkeit schon durch Schreckensmeldungen aus anderen islamischen Ländern wie etwa Saudi-Arabien bekannt geworden. Jede Art von Heiligenverehrung ist ebenso strikt verboten wie Bilder von Menschen – dementsprechend werden zahlreiche (auch muslimische) Gräber und vorislamische Monumente (die ja an einen Götzenkult erinnern könnten) zerstört. Anlässlich der Fußballweltmeisterschaft 2014 war es untersagt, Übertragungen zu zeigen oder zu sehen; Brieftauben sind ebenso verboten wie Apple-Produkte. Frauen haben schwarze Gewänder und Schleier zu tragen. Christen werden – als »Leute des Buches« – theoretisch toleriert, sofern sie dem IS keinen Widerstand leisten und die Dschisya, eine besondere Steuer für Nichtmuslime, bezahlen. Dennoch werden auch Christen vielfach bedrängt, vertrieben, getötet, wenn es dem IS ins Konzept passt. Selbst die islamische Kultur des Mittelalters und ihre Werke, auf die viele Muslime stolz sind und deren Einflüsse auf die Kultur des christlichen Europa sie gerne betonen,[62] werden vom IS abgelehnt und oft zerstört. Wie im Nationalsozialismus fallen im IS Behinderte der »Euthanasie« zum Opfer.[63]

Besonders schwer traf die IS-Herrschaft die kurdischen Jesiden, die weder Muslime noch Christen sind, sondern ihre eigene Religion haben, die aber vom Islam nicht anerkannt wird, weshalb die Jesiden nicht zu den »Leuten des Buches« gezählt werden. Sie werden – im Einklang mit dem klassischen islamischen Recht – getötet oder versklavt. Als der IS in ihre Region im Nordirak eindrang, flüchteten viele Jesiden, als »Teufelsanbeter« verleumdet,[64] ins Sindschar-Gebirge vor dem sicheren Tod oder der Versklavung. Die spektakulären Bilder von Rettungsaktionen aus der Luft, die die US-Streitkräfte dort durchführten (2015), gelangten auch auf deutsche Bildschirme. Zwar konnten so, wie auch durch kurdische Milizen, viele Jesiden gerettet werden, doch kamen auch zahlreiche ums Leben. Frauen und Mädchen wurden als Sexsklavinnen an IS-Kämpfer verteilt oder auf Sklavenmärkten verkauft;[65] denn Sklaverei wird im Machtbereich des IS selbstverständlich auch praktiziert, da sie im Einklang mit dem Islam steht. Besonders perfid ist das Schicksal, das der IS jesidischen Jungen bereitete: Viele wurden durch Versprechungen, Drohungen oder Gehirnwäsche zu Selbstmordattentätern umfunktioniert.[66]

Der Terror wird in alle Segmente der Gesellschaft getragen, wirkt in alle Lebensbereiche hinein und wird zum wichtigsten Instrument zur Durchsetzung der IS-Herrschaft. Besonders charakteristisch ist die vom IS angewandte Doktrin des »Takfir«: Wer immer sich als Muslim nicht der strengen Auslegung des Islam unterwirft, die der IS praktiziert, wird als vom Islam abgefallen, als Apostat, betrachtet und verfällt somit der Todesstrafe. Dies gilt besonders auch für Schiiten in ihrer Gesamtheit, die aus der Sicht des IS keine Muslime (mehr) sind. Aufgrund sehr strenger Kriterien, die der Islamische Staat anwendet, fallen aber auch zahlreiche sunnitische Muslime dem Takfir zum Opfer.

Hatte sich der IS zunächst als Teil von al-Kaida gesehen, so kam es 2013 zu immer stärkeren Spannungen und 2014 schloss Aiman az-Zawahiri den IS aus.[67] Dem Erfolg und der Selbstsicherheit des IS tat dies freilich keinen Abbruch. Prinzipiell ist der IS der muslimische Staat par excellence. Im Jahr 2014 wurde das Kalifat ausgerufen und Abu Bakr al-Baghdadi zum Kalifen proklamiert. Auch hierbei folgte der IS dem Beispiel des Frühislam, als das Kalifat identisch war mit der Gemeinschaft der Gläubigen und seinen Machtbereich durch den permanenten Dschihad ausweitete. Letztendlich soll der IS die gesamte islamische Welt umfassen, denn auch heute existierende Staaten, die in ihrem Selbstverständnis und nach unserer Auffassung streng islamisch sind, betrachtet der IS als illegitim und ihre Vertreter als todeswürdig. Dazu gehört z. B. Saudi-Arabien, dessen Staatsdoktrin zwar die erzkonservative Islam-Interpretation des Ibn Abd al-Wahhab (18. Jahrhundert) ist, dessen Führer jedoch »die Kreuzzügler [d. h. den Westen] in ihren Kriegen gegen den Islam und die Muslime unterstützen«.[68] Laut Dabiq[69], dem auch in deutscher Sprache erscheinenden Magazin des IS, sind die islamischen Theologen in Saudi-Arabien als Lakaien dieser Verbündeten des Westens dem Tod verfallen: »In der Tat war es schon längst verpflichtend, das Blut dieser Palastgelehrten zu vergießen, denn sie sind schon vor Jahren abtrünnig geworden.« Dass dies keine leeren Drohungen sind, die man belächeln könnte, hat sich gezeigt, als der IS mit brutalster Gewalt ein Staatsgebiet im nördlichen Irak und im nordöstlichen Syrien eroberte und sich dort, wenn auch mit empfindlichen Gebietsverlusten, immer noch halten kann. Dieser Staat mag seine Schwächen haben, langfristig nicht lebensfähig sein und international keine Anerkennung finden. Dennoch hat er Merkmale eines funktionierenden Staates, und ihn als »sogenannten Islamischen Staat« zu relativieren, bedeutet, ihn zu verharmlosen und seine Gefährlichkeit zu unterschätzen. Der IS verfügt über eine regelrechte Armee, deren Stärke variiert und nicht genau bekannt ist. Anfang 2016 lagen Schätzungen bei über 20 000 Mann, 2014 soll der IS noch über bis zu 31 000 Kämpfer verfügt haben. Auch zahlreiche Finanzquellen stehen dem IS zur Verfügung. Dazu gehören klassische staatliche Einkünfte wie Zölle, Steuern und Mieteinnahmen ebenso wie Spenden von Privatleuten, religiösen Stiftungen und Vereinen; sogar nahöstliche Regierungen werden verdächtigt, den IS finanziell unterstützt zu haben.[70] Wichtig waren, vor allem zur längst vergangenen Blütezeit des IS, die Erträge aus dem Verkauf von Rohöl, doch wurden die Ölfelder zunehmend Luftschlägen der von den USA geführten Allianz ausgesetzt, sodass der IS die Kontrolle über manche Ölfelder im Zuge militärischer Gegenoffensiven etwa der irakischen Armee oder der US-geführten Allianz verlor. Lösegelder von Entführungen oder Erlöse aus dem Sklavenhandel ergänzen die Finanzmittel des IS ebenso wie der Handel mit Kunstobjekten, die vielfach aus geplünderten Museen oder antiken Stätten, an denen die Region so reich ist, stammen, sowie Einkünfte aus dem Drogenhandel.

Es gelang dem IS, weltweit, vor allem auch in Europa, Bewunderung und Respekt zu finden und Anhänger zu rekrutieren. Viele Jugendliche fühlen sich angezogen durch die IS-Propaganda, die Aussicht auf eine »wichtige« Rolle im einzigen wahrhaft islamischen Staat der Welt verspricht, fühlen sich angesprochen durch verlokkende Aussichten: »... Ihr habt ... einen Staat und ein Kalifat, das Eure Würde und Eure Größe wiederherstellt und ... Eure Souveränität zurückgewinnt ... Ein Kalifat, das den Kaukasier, den Inder und den Chinesen, den Syrer, Iraker und Jemeniten, den Ägypter, Marokkaner und Amerikaner, den Franzosen, Deutschen und Australier vereint ... die in einem Schützengraben stehen, wo sie einander verteidigen und beschützen und sich füreinander opfern ...«[71] Mit solcher Propaganda werden die Schwachen und Labilen in unserer Gesellschaft erreicht, die das Bedürfnis haben, zu einer »großen«

Bewegung zu gehören, einer »bedeutenden« Sache zu dienen und Teil einer (selbst ernannten) Elite und Solidargemeinschaft zu sein. Es sind folglich mehr traurige Gestalten als strahlende Helden, die sich auf den Weg machen nach Syrien oder in den Irak, um dort im Kalifat zu leben oder den Märtyrertod als »Schahid«[72] zu finden. Der französische Journalist Nicolas Hénin hat als IS-Geisel diese Menschen kennengelernt: »Du bist ein Niemand ohne Geld, Freundin, Arbeit. Dann kommt der IS und sagt: Wir machen einen Helden aus dir!«[73]

Die Wirkung der IS-Propaganda ist nicht auf Muslime beschränkt, auch Deutsche, Franzosen und Briten usw. ohne Migrationshintergrund brechen ins Kalifat auf, um dort all das zu suchen, was sie daheim nicht finden. Martialisch-dominantes Auftreten, gekonnte Selbstinszenierung und Imponiergehabe machen für einfache Gemüter das »Kalifat«, dem Gewaltexzesse einen apokalyptischen Anstrich geben, zu einem fragwürdigen Utopia. Ein umfangreicher Propagandaapparat verbreitet die Botschaft des IS und macht international Werbung für ein wahrhaft islamisches Leben im einzig existierenden Islamischen Staat mit suggestiven Bildern. Ethnodeutsche Anhänger helfen dem IS, seine Propaganda auch auf Deutsch professionell zu verbreiten.

Nach anfänglichen spektakulären Erfolgen und unter ostentativer Missachtung der von »Kreuzzüglern« gezogenen Staatsgrenzen geriet der IS in die Defensive: Eine Front unterschiedlichster und untereinander teilweise verfeindeter Gegner bildete sich gegen das »Kalifat des Schreckens« (G. Steinberg): Westliche Staaten unter amerikanischer Führung, die Luftschläge gegen den IS durchführten, das syrische Regime, syrische Oppositionsgruppen, Russland, verschiedene kurdische Gruppen, die irakische Zentralregierung und schiitische Milizen aus dem Irak sowie zuletzt auch die Türkei. Diesem massiven Potenzial konnte der volatile IS nicht auf Dauer erfolgreich Widerstand leisten – das Territorium des IS schrumpft, die Zahl der vom IS beherrschten Menschen ging 2016 zurück, der IS verlor die Kontrolle über einträgliche Ölfelder. Die Einkünfte des IS sanken dadurch beträchtlich und dieser Geldmangel wurde überall spürbar.[74] Kämpfer erhielten keine kostenlosen Energydrinks mehr und Frauen, die sich nicht »korrekt« gekleidet hatten, wurden nicht mehr publikumswirksam ausgepeitscht, sondern erhielten eine Geldstrafe. Doch der IS, das zeigt sich immer wieder, ist noch immer präsent und auch fähig zu Terroranschlägen.

Die Bombe, die am 31.5.2015 ein russisches Flugzeug mit über 220 Menschen an Bord über dem Sinai zum Absturz brachte, rechnete sich der IS als Heldentat an, ebenso verlustreiche Anschläge in Istanbul und Ankara (2015/16). Auch das Massaker, das ein »radikalisiertes« Ehepaar am 2.12.2015 im kalifornischen San Bernardino beging, beanspruchte der IS für sich.[75] In Europa stand der IS hinter den Anschlägen von Paris (13.11.2015) mit über 130 Toten und Brüssel (22.3.2016) mit fast 40 Toten. In Tunesien wurde auch im Namen des IS gemordet, der die Verantwortung für Anschläge auf das Bardo-Museum in Tunis (18.3.2015 – 21 Tote), auf Touristen am Strand von Sousse (28.6.2015 – 38 Tote) und auf die tunesische Präsidentengarde (24.11.2015 – zwölf Tote) übernahm. Aus Tunesien stammen besonders viele IS-Rekruten, trotz – oder vielleicht wegen – des dort erfolgreichen Reformprozesses, der international gelobt wird.

Westliche Staaten haben sich trotz problematischer Erfahrungen zu erneuten Interventionen im Nahen Osten entschlossen, da der IS ein singuläres Phänomen mit besonders extremen Auswirkungen darstellt – herausragend an Brutalität und Kompromisslosigkeit.

Nicht nur in seinem nordsyrischen-nordirakischen Kernland, sondern auch in unterschiedlichen Teilen der islamischen Welt, beherrscht der IS Gebiete. Ein wichtiger »Außenposten« war Libyen, wo der IS im Chaos nach dem Sturz des alten Regimes eine Region an der Küste um Sirt erobern konnte, aber inzwischen seine Positionen größtenteils wieder verloren hat. Der IS in Libyen kam in die internationalen Schlagzeilen in ähnlicher Weise wie in Syrien und im Irak, nämlich durch spektakuläre Massenmorde an 20 Kopten (christlichen Ägyptern), 30 Äthiopiern im Jahr 2015 oder einen Anschlag auf eine Polizeischule in Westlibyen, der im Januar 2016 60 Todesopfer forderte. Die libysche IS-Präsenz war zeitweise die größte und am besten etablierte außerhalb des irakisch-syrischen Kernlandes; inzwischen scheint es aber möglich, den IS mittelfristig dort weitgehend auszuschalten. Auch in anderen Teilen der islamischen Welt konnte der IS sich einnisten, indem er bestehende Konflikte nutzte: Im jemenitischen Bürgerkrieg zwischen Schiiten und Sunniten, der auch ein iranisch-saudischer Stellvertreterkrieg ist, ergriff der IS die Chance, sich einzumischen. IS und »al-Kaida auf der arabischen Halbinsel« stehen dort in scharfer Konkurrenz zueinander. Hauptgegner des IS sind jedoch die jemenitischen Schiiten, gegen die er zahlreiche Anschläge richtete: Im März 2015 wurden Selbstmordattentate vor schiitischen Moscheen in der Hauptstadt Sanaa verübt, weitere Angriffe auf schiitische Ziele folgten; aber auch die sunnitische Regierung, ihre Institutionen und ihr Militär gerieten in den Fokus des IS, mehrere Anschläge in Aden, der zweitgrößten Stadt des Landes, waren die Folge.

Verschiedene Terrorgruppen weltweit wie Boko Haram oder islamistische Gruppierungen im Sinai, im Kaukasus, in Afghanistan oder Ostasien erklärten, den IS anzuerkennen, und unterstellten sich damit – zumindest formell – dem IS-Kalifat. In Deutschland bekannten sich die Täter der Terrorattacken von Ansbach und Würzburg, die 2016 stattfanden, zum IS. Deserteure des IS, die enttäuscht aus der Wirklichkeit des »Islamischen Staates« zurückgekehrt sind (und das Glück hatten, dies zu überleben), gibt es in zunehmender Zahl – ihre ernüchternden Berichte bilden einen Gegenpol zur IS-Propaganda. Eine permanente Gefahrenquelle sind dagegen die Rückkehrer, die wieder nach Europa einreisen, ohne dem IS abgeschworen zu haben (vgl. hierzu auch Kapitel 5). Inzwischen ist der IS definitiv in der Defensive, verliert die Millionenstadt Mossul und sieht sich auch in Syrien mit einer koordinierten Offensive seiner Gegner konfrontiert – was auch einen Prestigeverlust und einen Verlust an Wirtschaftskraft bedeutet. Dabei kommt es allerdings zu weiteren Grausamkeiten, die an der Zivilbevölkerung verübt werden; ein IS auf dem Rückzug ist aber für den potenziellen IS-Nachwuchs aus anderen Weltregionen nicht mehr so attraktiv.

Buntes Terrormosaik – weltweit

Die großen, international bekannten islamistischen Terrororganisationen stellen nur einen Teil der im Namen des Islam und mit islamischer Legitimation agierenden Akteure – das gesamte Spektrum mit einer Vielzahl kleiner und kleinster Organisationen, die in allen Teilen der Welt in einer Grauzone operieren, ist unüberschaubar. Ihre Zuordnung zu übergeordneten Terrorgruppen ist oft ungewiss oder schwankend, sie agieren teilweise auch völlig unabhängig. Weiter diversifiziert wird das bunte Bild des militanten islamischen Extremismus durch Einzeltäter (»lone wolves«, von denen mehrere Typen zu unterscheiden sind), deren Motivation, ideologische Ausrichtung, psychiatrische Vorgeschichte und »Radikalisierung« erst im Nachhinein, wenn überhaupt, ergründet werden kann.

Selbst die entlegensten Regionen der islamischen Welt bringen Terrorgruppen hervor: Uigurische Terroristen ermordeten bei einer Messerattacke am 1.3.2014 30 Menschen auf dem Bahnhof der südchinesischen Stadt Kunming[76], im Mai 2014 fuhren muslimische Attentäter mit Geländewagen in eine Menschenmenge in Urumtschi, der Hauptstadt der westchinesischen Provinz Xinjiang, wobei es zur Detonation von Sprengsätzen kam – auch hier gab es über 30 Tote. Selbst die chinesische Hauptstadt Peking ist nicht sicher vor dem uigurischen Terror: Ein Geländewagen raste auf dem »Platz des himmlischen Friedens« am 30.10.2013 in eine Menschenmenge, zwei Personen wurden getötet, 38 verletzt. Diese Attentate waren nur Höhepunkte einer jahrelangen Entwicklung, in deren Verlauf es mehrfach Unruhen mit Todesopfern gegeben hatte; uigurische Unabhängigkeitsbestrebungen hatten in diesem Prozess eine immer stärker islamische Färbung angenommen.

Bangladesch, östlicher Nachbar Indiens und einer der bevölkerungsreichsten islamischen Staaten der Welt, wird auch immer häufiger Schauplatz brutaler Attacken muslimischer Extremisten, bei denen Journalisten, Menschenrechtsaktivisten, Blogger und Vertreter der Homosexuellenbewegung, die unliebsame Ansichten vertreten, auf offener Straße mit Macheten buchstäblich zerhackt werden. Da manche aus diesem Personenkreis sich nicht mehr auf die Straße wagten, wurden sie in ihren Wohnungen überfallen und getötet. Die bangladeschische Juristin Sara Hossein sieht eine Mitverantwortung bei der Regierung des Landes für diese Vorfälle.[77]

Auch außerhalb der islamischen Welt beobachten wir eine große Bandbreite von Terroraktionen im Namen des Islam, wobei Westeuropa und Nordamerika bevorzugte Schauplätze sind. Am 22.10.2014 erschoss ein gebürtiger Kanadier, der zum Islam konvertiert war, in Ottawa einen Soldaten der Ehrenwache am Denkmal für gefallene kanadische Soldaten und drang dann ins Parlamentsgebäude ein, wo er, bevor er Weiteres anrichten konnte, neutralisiert wurde. Die *FAZ* stellte die Frage, ob der Täter, der bereits als »gefährlich« unter Beobachtung der Behörden stand, »ein Islamist oder ein Verrückter« gewesen sei, und gab selbst die naheliegende Antwort: »Möglicherweise war er beides«.[78]

Eine besonders widerwärtige Tat war der Mord an dem Militärmusiker Lee Rigby, einem Familienvater, am 22. Mai 2013 in London. Er wurde von zwei Attentätern mit einem PKW von hinten angefahren, schwer verletzt und anschließend mit Fleischerbeilen und Messern zerhackt.

Einer der Mörder stellte sich, blutverschmiert und in jeder Hand eine Tatwaffe, den Kameras und erklärte: »Wir hören nie auf, euch zu bekämpfen, bis ihr uns in Ruhe lasst … Ihr werdet nie sicher sein. Setzt eure Regierung ab.«[79] Die beiden Täter, britische Staatsbürger mit nigerianischem Migrationshintergrund, waren zum Islam konvertiert und beriefen sich auf Gehorsamspflicht gegenüber Allah. Nur einen Tag vor dem Mord hatte einer der Täter in der Nähe des späteren Tatortes öffentlich für den Dschihad geworben und Passanten aufgefordert, in den Heiligen Krieg nach Syrien zu ziehen. Der berüchtigte britische Hassprediger Anjem Choudary erhielt von der *BBC* Gelegenheit, die Gründe für die Tat zu rechtfertigen – wofür er u. a. die Existenz des US-Gefangenenlagers Guantanamo anführte. Die Mehrheit seiner Glaubensgenossen teilten, so Choudary, seine Ansichten. »Für die Menschen hier ist er [der Mörder] ein Held.«[80] In London wurden 1200 zusätzliche Polizisten eingesetzt – nicht, um Mitwisser und Komplizen zu fassen oder weitere Gräueltaten zu stoppen, sondern um Vergeltungsaktionen zu verhindern. Nach Angaben des britischen Justizministeriums erhielten die beiden Täter über 212 000 britische Pfund Prozesskostenhilfe.[81]

In Kopenhagen kam es am 14.2.2015 anlässlich einer Diskussionsveranstaltung zum Thema »Kunst, Blasphemie und Meinungsfreiheit« zu einem Anschlag, bei dem ein Teilnehmer getötet und drei Polizisten verletzt wurden; in der folgenden Nacht griff derselbe Attentäter die Kopenhagener Synagoge an, ein Wachmann wurde getötet, zwei Polizisten wurden verletzt. Der Täter, ein Däne palästinensischer Herkunft, war bereits als kriminell, gewalttätig und judenfeindlich aufgefallen.

Auch Australien, scheinbar fernab von der islamischen Welt, ist nicht sicher: Im Dezember 2014 nahm ein Einzeltäter Geiseln in einem Café der Innenstadt von Sydney. Zwei Geiseln kamen ums Leben, vier weitere wurden schwer verletzt. Der Täter, ein Australier mit iranischem Migrationshintergrund, war den Behörden bekannt und hatte sich in psychiatrischer Behandlung befunden; er war schon wegen anderer Delikte mit der Justiz in Konflikt geraten.

Die Anschläge auf den Boston-Marathon (15.4.2013) durch ein tschetschenisch-awarisches Brüderpaar (einer mit einer Amerikanerin verheiratet, die für ihn zum Islam konvertiert war) mit drei Toten und der Überfall auf eine Weihnachtsfeier im kalifornischen San Bernardino mit 14 Todesopfern (2.12.2015) sowie das Orlando-Massaker am 12.6.2016 mit 49 Toten waren nur die spektakulärsten islamischen Terroranschläge in den USA seit »9/11« (2001), keinesfalls aber die einzigen, die in den USA stattfanden. Der Massenmord eines Armeepsychiaters palästinensischer Abstammung in Fort Hood (2009) mit 13 Toten beispielsweise ist in der öffentlichen Erinnerung bereits in den Hintergrund getreten angesichts der Vielzahl muslimischer Anschläge weltweit.

Russland wurde ebenso wenig vom islamischen Terror verschont: Bei einem Anschlag militanter Tschetschenen auf den Flughafen Moskau-Domedowo im Januar 2011 gab es 36 Todesopfer. Im Jahr davor hatte ein ebenfalls von tschetschenischen Islamisten verübter Terrorakt in der Moskauer U-Bahn 40 Menschenleben gefordert.

Eine äußerst hohe Opferzahl war zu beklagen bei einer Geiselnahme in der ossetischen Stadt Beslan (September 2004), als tschetschenische Terroristen eine Schule ins Visier nahmen – 330 Geiseln, die Mehrheit davon Kinder, kamen ums Leben.

Eine ähnliche Geiselnahme durch tschetschenische Islamisten hatte sich 2002 im Moskauer Dubrowka-Theater ereignet, bei der 129 Tote zu beklagen waren und die durch ihren dramatischen Verlauf internationale Aufmerksamkeit erlangt hatte. Der tschetschenische Terror beruhte auf einer Verbindung nationaler Unabhängigkeitsbestrebungen mit radikalislamischer Motivation, wie dies auch in anderen Fällen zu beobachten war (z. B. bei den Uiguren) und wie es bereits Mitte des 19. Jahrhunderts im Kaukasus gewesen war, als der Widerstand gegen den russischen Imperialismus unter Imam Schamil sowohl nationalistische als auch islamische Züge getragen hatte.[82]

Eine Kategorie *sui generis* sind antijüdische Anschläge, die mit islamistischer Motivation verübt worden sind – sie richteten sich bezeichnenderweise nicht gegen israelische Ziele, sondern wollen »Juden« ganz allgemein treffen; sie sind deshalb nicht als direkte Reaktion auf die vielfach kritisierte Politik Israels in Gaza oder der Westbank zu sehen, sondern als Phänomene des neuen islamischen Antisemitismus, auch wenn Apologeten »irgendwie« einen Zusammenhang zwischen beidem herstellen wollen, wohl in der Absicht, rein antijüdische Morde »plausibel« erscheinen zu lassen. Hier ist vor allem Frankreich betroffen: Kurz nach dem *Charlie-Hebdo*-Attentat wurde am 9.1.2015 der koschere Supermarkt »Hypercacher« im Süden von Paris überfallen, wobei vier jüdische Franzosen den Tod fanden. Außerhalb Frankreichs erinnern sich nur noch wenige an die Ermordung von drei Schülern und einem Rabbiner in Toulouse durch den franko-algerischen Islamisten Mohammed Marah, der innerhalb einiger Tage sieben Menschen ermordet hatte, bevor er selbst ausgeschaltet werden konnte. Der behördenbekannte Straftäter galt als Psychopath und hatte im Vorfeld, wahrscheinlich im Zuge einer »Radikalisierung«, mehrere Reisen in den Nahen Osten unternommen.

Die aufgeführten Fälle haben nur Beispielcharakter; sie stehen für eine unüberschaubare Zahl anderer islamisch motivierter und gerechtfertigter Anschläge, von denen die meisten in islamischen Ländern stattfanden. Wenn auch die Zahl derartiger Gewaltakte im 21. Jahrhundert erheblich zugenommen hat und die Entwicklung besonders nach »9/11« eskalierte (als die USA im Nahen und Mittleren Osten massiv intervenierten), gab es doch schon seit Jahrzehnten Terror im Namen des Islam in globalem Maßstab. Bereits zwischen 1983 und 2001 forderte der islamische Terrorismus weltweit schätzungsweise 4685 Todesopfer (nach der »list of Islamist terrorist attacks« der *Wikipedia).* Das Attentat eines Pakistani auf CIA-Mitarbeiter im Januar 1993 an einer Straßenkreuzung in Langley (Virginia) oder der Angriff auf den Zerstörer USS Cole am 12.10.2000 im jemenitischen Hafen Aden (17 Tote) gehören hier ebenso dazu wie der Anschlag auf die US-Botschaft in Beirut am 18.4.1983, der durch die »Islamische Dschihad-Organisation«, eine schiitisch orientierte Gruppe mit Bindungen an den Iran und Zentrale in Damaskus, verübt wurde. Dieselbe Islamische Dschihad-Organisation verübte am 23.10.1983 einen Anschlag auf die französischen und amerikanischen Streitkräfte, die zu einer multinationalen Truppe gehörten, welche den Libanon nach Jahren des Bürgerkriegs stabilisieren sollte – es gab über 300 Todesopfer. Seit Jahren begeht Abu Sayyaf, eine philippinische Terrororganisation, immer wieder mörderische Anschläge mit zahlreichen Todesopfern; in Deutschland erlangte sie Berühmtheit durch die Entführung der Familie Wallert im Jahr 2000, die zum Medienspektakel inszeniert wurde und an deren Freilassung das damalige libysche Regime beteiligt war.

Abu Mohammed al-Adnani, der inzwischen liquidierte Sprecher des IS, auf den das amerikanische Justizministerium ein Kopfgeld von 5 Mio. Dollar ausgesetzt hatte, hat im September 2014 Muslime in westlichen Ländern aufgefordert, Ungläubige anzugreifen – mit allen verfügbaren Mitteln: Man solle sie überfahren, vergiften oder mit einem Stein erschlagen (Bezug zum Urislam).[83] Viele der »kleinen« Anschläge und die zahlreichen Einzelaktionen nichtorganisierter Terroraktivisten könnten durch derartige Appelle angeregt oder ermutigt worden sein; jeder Wirrkopf, der frustriert mit einem vagen Unbehagen durchs Leben ging, durfte sich jetzt aufgefordert fühlen, eine entsprechende Gewalttat zu begehen.

Man mag das 15-jährige Mädchen, das Ende Februar 2016 im Bahnhof von Hannover einen Polizisten niederstach (Anklage wurde inzwischen erhoben), dieser Gruppe zuordnen. In Abständen, die immer kürzer werden, geschehen weltweit ständig neue Gewalttaten im Namen des Islam, Opfer können alle werden: Muslime und Nichtmuslime, Polizisten und Schulkinder, Journalisten, Künstler und Blogger sowie zahlreiche Zufallsopfer, die zur falschen Zeit am falschen Ort sind, man denke an die Tat im Regionalexpress bei Würzburg im Juli 2016 oder an den Anschlag in Ansbach nur wenige Tage später.[84]

5. Muslime in Deutschland

Deutschland war komplett naiv. Und langfristig ist Deutschland das Land, das am meisten bedroht ist. Und dann ist Deutschland aufgrund der Kriegserfahrung eine extrem tolerante Gesellschaft. Und das wird ausgenutzt. (Boualem Sansal, Friedenspreis des deutschen Buchhandels 2011)

Wir Muslime müssen eine mutige und ehrliche innerislamische Debatte führen, um uns aus der historischen Unmündigkeit zu befreien. (Abdel-Hakim Ourghi)

Wir… begegnen dem Islam mit Wertschätzung. (CSU-Leitantrag, 4./5.11.2016)

Bunte Republik Deutschland?

In Deutschland leben mindestens viereinhalb Millionen Muslime – sie stellen damit über 5 % der Gesamtbevölkerung.[85] Es gibt jedoch auch Schätzungen, die von fast 6 Millionen Muslimen ausgehen – also einem muslimischen Bevölkerungsanteil von über 7 %. Genaue Zahlenangaben sind nicht möglich, da die Zugehörigkeit von Menschen zum Islam in Deutschland nicht zentral erfasst wird; die Flüchtlingswelle von 2015 hat die Lage noch weiter kompliziert. Die allermeisten Muslime kamen aus der Türkei nach Deutschland – deutlich über 60 %; 15 % kamen aus den arabischen Ländern Nordafrikas und des Nahen Ostens, knapp 14 % aus Südosteuropa. Etwa 45 % dieser Muslime sind bereits deutsche Staatsbürger. Mindestens 1,8 Millionen Deutsche sind somit Muslime. Ähnlich stellt sich die Lage bei unseren Nachbarn dar: In vielen europäischen Ländern gibt

es heute bedeutende islamische Minderheiten, teils mit älteren Wurzeln im Land als bei uns. So gab das französische Innenministerium für das Jahr 2010 eine Zahl von 5 bis 6 Millionen Muslimen in Frankreich an; sie stellen somit einen noch höheren Bevölkerungsanteil als die Muslime in Deutschland. Im Vereinigten Königreich sind 4,5 % der Einwohner Muslime, allerdings mit sehr starken lokalen Konzentrationen und regionalen Schwerpunkten, wodurch eine verzerrte Wahrnehmung entsteht. In Österreich leben mehr als eine halbe Million Muslime, das sind über 6 % der Gesamtbevölkerung. Knapp 6 % der Schweizer Bevölkerung sind Muslime. In vielen europäischen Ländern nimmt die Zahl der Muslime seit Jahrzehnten zu, nicht zuletzt aufgrund der Flüchtlingsströme, die sich vor allem nach Europa und besonders nach Deutschland ergießen; doch gibt es auch einheimische Konvertiten zum Islam. Für viele Muslime der zweiten Generation in unserem Land ist Deutsch inzwischen die Muttersprache – dennoch bestehen hier immer noch Zweifel an ihrer Loyalität zu Deutschland.
Vor diesem Hintergrund ist die Aussage des damaligen Bundespräsidenten Christian Wulff vom 3.10.2010, der Islam gehöre – wie Christentum und Judentum – inzwischen auch zu Deutschland,[86] durchaus nicht a priori von der Hand zu weisen. Das damalige Staatsoberhaupt wollte die Muslime in »unserer bunten Republik Deutschland«,[87] wie Wulff neckisch formuliert hatte, aus der »gesellschaftlichen Ecke« holen.[88] Wulffs These wurde kontrovers diskutiert,[89] Bundeskanzlerin Merkel bekennt sich ausdrücklich zu ihr, wie sie mehrfach – und auch unmittelbar nach dem islamistischen *Charlie-Hebdo*-Attentat – bekräftigt hat.[90] Dies nahm wiederum der deutsch-ägyptische Islamkritiker Hamed Abdel-Samad zum Anlass, seinerseits Kritik an der Kanzlerin zu üben, gesteht ihr aber zu, dass sie »selbstverständlich auch die Kanzlerin der Muslime« sei.[91]
Wulffs Nachfolger Gauck brachte 2012 in die Debatte ein: »Ich hätte einfach gesagt, die Muslime, die hier leben, gehören zu Deutschland.«[92]

An Spitzfindigkeiten, Lob, Kritik und feinsinnigen Analysen, was mit der Aussage genau ausgedrückt werden sollte und ob eine Diskussion pro und contra überhaupt sinnvoll sei, hat es nicht gefehlt. Eine Umfrage vom Mai 2016 durch infratest dimap hat die Haltung der Deutschen zum Thema ermittelt: Für 60 % gehört der Islam nicht zu Deutschland.[93]

Angesichts zunehmenden islamischen Terrors sehen Repräsentanten des Staates jedoch die Notwendigkeit, der »Islamverdrossenheit«, die in der Öffentlichkeit immer spürbarer wird, zu begegnen, den Islam und die Muslime einzubinden, ihrer Ausgrenzung entgegenzuwirken und einer gesellschaftlichen Realität gerecht zu werden, in der Muslime längst präsent sind. Wir wollen der Frage nachgehen, inwieweit der Islam als Religion und (auch politische) Doktrin und die Muslime ihrem Denken und Handeln nach kompatibel sind mit unserem Rechts- und Gesellschaftssystem.

Gastarbeiter und Flüchtlinge

Diese Frage nach der Kompatibilität von Islam und Muslimen mit unserem Land wird erst akut, seit es Muslime in größerer Zahl in Deutschland gibt. Bis zum Zweiten Weltkrieg und auch noch lange danach war die Zahl der Muslime bei uns sehr gering und der Islam ein Exotikum. Erst als ab 1960 das deutsche »Wirtschaftswunder« einen steigenden Bedarf an Arbeitskräften in der Bundesrepublik Deutschland schuf, konnte die Bundesregierung auf die Bitten der Türkei eingehen, türkische Arbeitskräfte aufzunehmen.[94]

In vielen Ländern wurden Arbeitskräfte angeworben, zunächst in Italien, Spanien, Griechenland und Jugoslawien, dann kamen auch Muslime erstmals in größerer Zahl nach Deutschland. »Gastarbeiter« wurden sie genannt, was die Vorstellung implizierte, dass sie sich für einen begrenzten Zeitraum, sozusagen als »Gäste«, als Arbeitskräfte in Deutschland aufhalten und dann in ihre Heimatländer zurückkehren würden. Der »Mythos der Rückkehr« erwies sich jedoch als Illusion. Ein großer Teil der sogenannten Gastarbeiter blieb, ihre Familien wurden nachgeholt. Der oft zitierte Satz von Max Frisch kennzeichnete die Situation treffend: »Man hat Arbeitskräfte gerufen, und es kamen Menschen.« Dies hatte die Politik nicht berücksichtigt. Die Frage einer möglichen Integration war übersehen und deshalb nicht gestellt worden; man sah die ausländischen Arbeitnehmer nur aus arbeitsmarktpolitischem Blickwinkel. Heute bilden die türkischen Gastarbeiter und ihre Nachkommen, viele davon in Deutschland geboren, die größte Gruppe unter den in Deutschland lebenden Muslimen.

Vor allem seit den 80er-Jahren kamen erneut wachsende Zahlen von Muslimen nach Europa und besonders nach Deutschland – nur diesmal handelte es sich um Flüchtlinge. Die in praktisch allen islamischen Ländern desolate Menschenrechtslage, die Kriege und Krisen, die die islamische Welt charakterisieren (von der »islamischen Revolution« Irans bis zum libanesischen Bürgerkrieg), aber ebenso Armut und Perspektivlosigkeit, wie sie auch in potenziell reichen islamischen Staaten herrschen, haben viele Muslime veranlasst, sich auf den Weg in eine bessere Zukunft nach Europa zu machen. In den letzten Jahren hat sich, parallel zu einer immer stärker krisenhaften Entwicklung (Syrien, Irak), diese Tendenz verstärkt. Einen Höhepunkt bildete die Flüchtlingskrise des Jahres 2015, als innerhalb weniger Monate fast eine Million Flüchtlinge – zum allergrößten Teil aus mehrheitlich islamischen Ländern – weitgehend unkontrolliert über die Balkanroute nach Deutschland kamen. Sie wirkte, vor allem auch durch ihre unmittelbaren drastischen Auswirkungen, wie ein Schock, entfachte eine heftige Debatte, führte zu einer Polarisierung innerhalb der deutschen Gesellschaft – zwischen selbstloser, gelebter Willkommenskultur und brennenden Asylantenunterkünften – und veränderte die politische Landschaft. Die einen sahen angesichts von Bildern toter Kinder an türkischen Stränden nur Verfolgte, bemitleidenswerte traumatisierte Menschen, die Schreckliches erlebt hatten und nichts außer dem nackten Leben gerettet hatten, die anderen nur verkappte Terroristen, Asylbetrüger, Kriminelle und Parasiten, die »unser« Land auf Dauer verändern und an den Rand des Abgrunds bringen würden. Die Frage, inwieweit der Islam und die Muslime zu Deutschland passen und ob ein entwickeltes westliches Industrieland so viele Flüchtlinge aus anderen Kulturkreisen verkraften könne, stellte sich seither akut und dringend. Leider wurde die Diskussion oft sehr emotional und wenig sachlich geführt. »Dass viel verharmlost wird« und »viel Verniedlichung«[95] stattfand, führte nicht zu einer Beruhigung der Gemüter, sondern im Gegenteil zum Erstarken von Vorbehalten gegen die Flüchtlinge und den Islam und sogar zu einer Zunahme rechtsradikaler Tendenzen.

Der politische Islam – eine akute Gefahr?

»Zu den Feinden der offenen Gesellschaft gehört heute der real existierende – nicht der erträumte – politische Islam. Wer das nicht beizeiten wahrnehmen will, den wird das Leben bestrafen«, sagt Rüdiger Safranski,[96] früher hochgelobt und dekoriert (Bundesverdienstkreuz 1. Klasse, Preis der Leipziger Buchmesse, Nietzsche- und Thomas-Mann-Preis), heute vielgescholten ob solcher Sätze.

Der Islam ist eine zutiefst politische Religion – er war es von Anfang an. Sehr treffend gab daher ein Biograf[97] einem seiner Werke über den Propheten den Titel: »Muhammad – Prophet and Statesman«. Der Anspruch des Islam und seines Propheten war und ist bis heute politisch. Dies geht eindeutig aus dem Koran, dem zeitlosen Wort Gottes (vgl. oben Kapitel 1 und 2) hervor, der die Gemeinschaft der Gläubigen als Staat konstituiert und durch Vorschriften für den Umgang mit Nichtmuslimen und der nichtmuslimischen Welt ein islamisches Völker- und Staatsrecht begründet. Es geht auch aus dem Handeln des Propheten selbst hervor, der nach der Hidschra den ersten islamischen Staat im Jahr 622 in Yathrib (Medina) gründete. Das Handeln und die Aussprüche des Propheten (die in sogenannten »Hadithen« überlieferte Sunna) bilden zusammen mit dem Koran die zentralen Quellen des Islam – an ihnen hat sich der Muslim bis heute zu orientieren, stellen sie doch den Kern seines Glaubens dar. Dies gilt selbstverständlich auch für die Muslime in Deutschland.

Die Verpflichtung, gegen Andersgläubige Krieg zu führen, sie zu unterwerfen und zu erniedrigen, ihre Religionsfreiheit einzuschränken und zu konditionieren oder sie gar zu töten, den Kriegszustand mit der nichtmuslimischen Welt als den Normalfall zu betrachten, die Diskriminierung von Nichtmuslimen – all dies finden wir im Koran (Suren 2,62; 3,110; 4,47; 8,12; 9,1–5.24.28 f.; die Aufzählung ist unvollständig und enthält nur besonders sprechende Beispiele)[98]. Noch häufiger begegnen uns Beispiele in der Sunna und der islamischen Rechtsliteratur.[99] Es ist an Juristen, darüber zu befinden, ob solche Aussagen und Vorschriften vereinbar sind mit dem Grundgesetz und unserer Rechtsordnung. Manch ein Beobachter fragt sich, ob Menschen, die dieses Gedankengut verinnerlicht haben, nicht besser in islamischen Ländern aufgehoben wären, in denen der Islam die Staatsideologie darstellt. Zumindest ist eine Religion, deren Gott vor freundschaftlichem Umgang mit Angehörigen anderer Glaubensrichtungen warnt[100] und ihnen mit Terror droht,[101] in unserer Staats- und Gesellschaftsordnung nicht unproblematisch.

Die Islamwissenschaftlerin Klausing hat davor gewarnt, den Koran und das Grundgesetz gegeneinander auszuspielen. Zwar hat sie mit der Aussage, es seien »zwei völlig unterschiedliche Textsorten«[102] nicht ganz unrecht, doch wesentlich wären hier die Gemeinsamkeiten, die beide Texte verbinden; denn sowohl der Koran als auch das Grundgesetz geben verbindliche Anweisungen für ihren jeweiligen Geltungsbereich. Wenn man also feststellt, dass manche Koranverse nicht vereinbar sind mit dem Grundgesetz, heißt das ohne Wenn und Aber, dass Teile des Koran im Geltungsbereich des Grundgesetzes nicht wörtlich akzeptiert werden können und dürfen.

Dürfen wir historische Ereignisse und Worte dem heutigen Islam zum Vorwurf machen? Sicher nicht ohne Weiteres – auch das Christentum unserer Tage ist nicht mehr das der Hexenverbrennungen. Aber: Die göttliche Vorschrift etwa, einen Unterwerfungskrieg gegen die nichtislamische Welt zu führen, ist eben für viele Muslime zeitlos und nicht historisch relativierbar, und die Diskriminierung von Nichtmuslimen ist weiterhin Standard in weiten Teilen der islamischen Welt.

Nicht ganz von der Hand zu weisen sind deshalb die Fragen, die der deutsch-ägyptische Politologe Hamed Abdel-Samad öffentlich an die Bundeskanzlerin richtete, als sie sich ausdrücklich zur Wulff-These bekannte, der Islam gehöre zu Deutschland: »Gehört die Aufteilung der Welt in Gläubige und Ungläubige auch zu Deutschland? Was ist mit Dschihad? Was ist mit der Todesstrafe für Apostaten? …«[103]

Muslime mögen einzelne islamische Rechtsgelehrte des Mittelalters kritisieren, sogar eine gewisse Distanz wahren gegenüber Überlieferungen der Sunna – dem Koran widersprechen können sie definitiv nicht. Denn dieser stammt nicht vom Menschen Mohammed, sondern ist vielmehr das von Mohammed übermittelte Wort Gottes, also die Kernsubstanz des Islam. Wer koranische Inhalte anzweifelt, müsste sich fragen lassen, worin sein Islam bestehe und inwiefern er (noch) Muslim sei.

Den Koran »historisch« zu sehen, also seine Inhalte im Kontext des 7. Jahrhunderts zu betrachten und aus den damaligen Verhältnissen in Arabien zu interpretieren, liegt hingegen nahe. Für Außenstehende, gerade für den aufgeklärten Europäer des 21. Jahrhunderts, liegt dieser Ansatz auf der Hand – Nichtmuslime dürfen und müssen hinterfragen, historisch relativieren und Inhalte des Koran diskutieren. Religionsgeschichtlich »ist der Koran eben nicht Allahs ewiges Wort, sondern die Rede des Menschen Mohammed«.[104]

Muslime haben damit allerdings erhebliche Probleme. So schreibt ein deutscher Muslim unserer Tage (bezeichnenderweise ein Konvertit): »Der Muslim hat das Wort Allahs so, wie er es vorfindet, anzunehmen, ohne in philosophischer Hybris nach dem Wie zu fragen.«[105] Mit anderen Worten: Der Koran hat für den Muslim ausdrücklich wortwörtliche Gültigkeit – der Mensch darf sich nicht anmaßen, Fragen zu stellen. Und auch die »Islamische Charta« des Zentralrates der Muslime in Deutschland sieht Mohammeds Botschaft als »unverfälschtes Wort Gottes im Koran.« Das mag zunächst harmlos, ja geradezu selbstverständlich klingen, impliziert aber eben auch die Gültigkeit aller Vorschriften des Koran, etwa auch solcher, die – wir haben sie oben aufgelistet und teilweise zitiert – ganz konkret Gewalt fordern. Eine Diskussion hierüber ist nicht möglich, Argumente gehen – angesichts göttlicher Offenbarung – ins Leere; koranische Aussagen müssen keinen rationalen Kriterien genügen. Dabei hat es durchaus innerislamische Versuche einer rationalen Annäherung an die Religion gegeben. Die Mu'tazila, die Bewegung des islamischen Rationalismus, die eine gewisse Zeit (8.–11. Jahrhundert) Einfluss hatte und sogar vorübergehend offizielle Kalifatsdoktrin wurde, sah im Koran die für die Araber des 7. Jahrhunderts geeignete Form göttlicher Lehre; sie verabsolutierte den Islam und den Koran nicht, sondern sah in ihnen eine Anregung, den rechten Weg zu finden. Mit den Rahmenbedingungen menschlicher Existenz, so ihre Auffassung, ändere sich auch die Auslegung des göttlichen Willens durch die Gläubigen, denn die »Vernunft« stehe über »dem Buchstaben«. Die »Mu'tazila« hat sich jedoch nicht dauerhaft durchsetzen können. Moderne, gemäßigte Muslime verfolgen eine ähnliche Richtung und betrachten eine sklavische Buchstabenreligiosität, die die Vorschriften des 7. Jahrhunderts wörtlich befolgen will, als für das Leben innerhalb einer westlichen Gesellschaft des 21. Jahrhunderts nicht mehr geeignet. In Europa gibt es verschiedene Repräsentanten eines aufgeklärten Islam. Abdel-Samad, der bereits genannte Kritiker der These, der Islam gehöre zu Deutschland, ist einerseits skeptisch, ob der Islam als Religion reformierbar sei, unterstützt aber andererseits Reform-Muslime wie Abdel-Hakim Ourghi, Professor in Freiburg, oder Mouhanad Khorchide, einen palästinensisch-österreichischen Muslim, der das Konzept eines aufgeklärten Islam vertritt, welcher sich an die Moderne anpassen müsse. Khorchides Forderung nach einer historisch-kritischen Koranexegese geht von der erwähnten Erkenntnis aus, dass der Koran – als Text des 7. Jahrhunderts – im Licht der modernen Entwicklung neu betrachtet werden muss, ohne dass deshalb der Islam seine Substanz verliere. Er befürwortet »eine humanistische Theologie« und will als Professor für Religionspädagogik in Münster »die Religion mit der Lebenswirklichkeit verbinden«. Um was es ihm geht, ist »eine zeitgemäße Deutung des Islam«,[106] nicht um wörtliche Auslegung eines Buches, das 14 Jahrhunderte alt ist, und hier gebe es tatsächlich zahlreiche Missverständnisse und Widerstände auf muslimischer Seite. Die bereits genannte namhafte Islamkritikerin, Ayaan Hirsi Ali, die in Somalia geboren wurde, später in den Niederlanden Abgeordnete war und derzeit in den USA lebt, hat in ihrem Buch *Reformiert Euch!* wohl die bekannteste Streitschrift für eine Erneuerung des Islam publiziert. Dass viele Muslime diesen Reformbedarf ihrer Religion nicht sehen und Anregungen zu einer Neuinterpretation des Koran als Angriff auf den Islam werten, geht aus ihren Reaktionen auf die Reformvorschläge hervor. Ayaan Hirsi Ali etwa erhielt Morddrohungen, musste permanenten Polizeischutz in Anspruch nehmen und beschäftigte mehrere Leibwächter. Auch Mouhanad Khorchide hat Morddrohungen erhalten und steht unter Polizeischutz; deutsche muslimische Verbände (wie der Islamrat für Deutschland und DITIB) haben seine Positionen scharf kritisiert.

Ebenso wird auch Hamed Abdel-Samad bedroht und trägt häufig eine schusssichere Weste – eine Fatwa (Rechtsgutachten) liegt vor, die seine Tötung fordert.[107]

Die Bemühungen von Muslimen, ihre Religion zu reformieren bzw. sie in einer den heutigen Verhältnissen angemessenen Weise zu verstehen, dürfen nicht darüber hinwegtäuschen, dass es zahlreiche Gegenbeispiele gibt. Viele Muslime, die bei uns leben oder die auf Muslime in Europa einen starken Einfluss ausüben, vertreten keinen liberalen, aufgeklärten, sondern einen militanten Islam und liefern teilweise auch eine islamische Rechtfertigung für Terror. Das wohl berühmteste Beispiel ist Yusuf al-Qaradawi, der bei Muslimen auf der ganzen Welt aufgrund seiner populären Fernsehsendung »Die Scharia und das Leben«, die al-Jazeera ausstrahlt, bekannt ist. Er hat ausdrücklich auch Selbstmordattentate gebilligt.[108] Zwar verbiete der Islam den Selbstmord, doch sei der »Märtyrertod«, etwa im Kampf gegen Israel, gottgefällig. Dabei brauche auf Frauen oder Kinder keine Rücksicht genommen zu werden. Frauen, die ein Selbstmordattentat verüben, gesteht er zu, dafür den Schleier abzulegen[109] – für ein solches Selbstmordattentat benötige eine Frau auch nicht die (sonst erforderliche) Erlaubnis ihres Mannes oder ihres Vaters. Der Islam werde – nach bereits zwei gescheiterten Versuchen – Europa erobern, diesmal allerdings durch Mission und Bekehrung. Denn schließlich kam der Islam, um »zu herrschen, nicht um beherrscht zu werden«.[110]

Auch zur deutschen Geschichte hat er eine dezidierte Meinung: Hitler habe an den Juden eine göttliche Bestrafung vollzogen.[111] Er hoffe für sich selbst, beim Angriff auf Juden als Märtyrer zu sterben.[112] Wenn man *Wikipedia* glauben darf, ist al-Qaradawi auch in Deutschland sehr beliebt. Für diese Annahme spricht, dass einige seiner Werke in deutscher Sprache erschienen sind, so etwa sein Handbuch für muslimische Laien: »Das Erlaubte und Verbotene im Islam«, das in Österreich auch in Schulen verwendet wurde. Wir werden noch sehen, was laut al-Qaradawi alles verboten und erlaubt ist. Al-Qaradawi lebt und wirkt zwar außerhalb Deutschlands, wird aber hier rezipiert. Gleichwohl ist es schwierig, hieraus konkrete Schlüsse auf die politischen Überzeugungen von Muslimen zu ziehen, die unter uns leben. Der *Religionsmonitor* der Bertelsmann-Stiftung gibt darüber mehr Aufschluss: Der »Sonderauswertung Islam 2015« zufolge stimmen 90 % der streng religiösen sunnitischen Muslime der Aussage zu, dass die Demokratie eine gute Regierungsform sei. Das bedeutet im Umkehrschluss, dass immerhin 10 % zumindest der streng religiösen Muslime die Demokratie ablehnen; 8 % aller Muslime pflegen keine nichtmuslimischen Kontakte.[113] Eine Studie der Universität Münster zu »Türkeistämmigen« in Deutschland[114] ergab »einen beträchtlichen Anteil an islamisch-fundamentalistischen Einstellungen …, die schwer mit den Prinzipien moderner Gesellschaften zu vereinen sind«. So hält die Hälfte der Befragten den Satz für richtig »Es gibt nur eine wahre Religion«. Fast die Hälfte (47 %) »hält die Befolgung der Islam-Gebote für wichtiger als die deutschen Gesetze«. Besonders signifikant ist, dass ein Drittel die Auffassung vertritt, »Muslime sollten zur Gesellschaftsordnung aus Mohammeds Zeiten zurückkehren«. Über ein Drittel der Befragten glauben, nur der Islam könne die Probleme unserer Zeit lösen.[115]

Wenn in der Studie der Wilhelms-Universität nur 13 % der Türkeistämmigen als »religiöse Fundamentalisten« gewertet werden, liegt dies an der Definition und den strengen Kriterien: Nur wer die Befolgung der Gebote des Islam für wichtiger hält als die deutschen Gesetze und gleichzeitig die Rückkehr zu den Verhältnissen in der Zeit des Propheten wünscht, nur eine Religion (den Islam) anerkennt und allein den Islam in der Lage sieht, die Probleme der Gegenwart zu lösen, wird als »Fundamentalist« kategorisiert.

Da die türkischstämmigen Muslime mit Abstand die größte Gruppe unter den Muslimen in Deutschland darstellen, ist ihre Haltung besonders signifikant. Vor allem problematisch für ihre Einstellung gegenüber unserem säkularen Rechtsstaat ist, dass praktisch die Hälfte der Befragten islamische Regeln und Vorschriften höher bewertet als unsere Rechtsordnung. Das legt die Schlussfolgerung nahe, dass sie z. B. die islamische Vorschrift, einen Apostaten zu töten, eher für einschlägig halten als die Religionsfreiheit unseres Grundgesetzes (Art. 4, Abs. 1/2). Zwingend ergibt sich hieraus die Schlussfolgerung, ein beträchtlicher Teil der türkischstämmigen Muslime sei der Ansicht, eine Muslimin, die außereheliche Beziehungen pflegt, dürfe bzw. müsse – auch gegen unsere Gesetze – in Einklang mit dem islamischen Recht getötet werden. Dies ist leider keine rein theoretische Erwägung. Ibrahim Abou-Nagie aus Köln, bekannt durch Koran-Verteilungsaktionen in vielen deutschen Städten, forderte explizit, Verheiratete, die Unzucht begehen, sollten »gesteinigt« werden.[116] Auch die Bereitschaft zu Gewalt im Namen oder im Interesse des Islam ist auffallend: 20 % aller Türkischstämmigen glaubt: »Die Bedrohung des Islam durch die westliche Welt rechtfertigt, dass Muslime sich mit Gewalt verteidigen.« Dabei wird interessanterweise eine »Bedrohung des Islam durch die westliche Welt« sowie eine »Verteidigungssituation« der Muslime bereits vorausgesetzt. Noch drastischer ist eine Aussage, der immerhin noch 7 % der Türkischstämmigen zustimmt: »Gewalt ist gerechtfertigt, wenn es um die Verbreitung und Durchsetzung des Islam geht.« Mit den Aussagen zur Gewalt im Interesse des Islam können auch islamistische Terroranschläge begründet oder gebilligt werden. Vor diesem Hintergrund verwundert es kaum, dass viele Türkischstämmige (über 50 %) glauben, sie würden trotz aller Bemühungen nicht als Teil der deutschen Gesellschaft anerkannt. Sie haben dies, um es deutlich zu sagen, aber jenen ihrer Glaubensgenossen zu verdanken, die sich bewusst und offensiv außerhalb dieser Gesellschaft positionieren.

Wenn eine nicht unerhebliche Anzahl von Muslimen in unserer Mitte die Vorschriften des Islam über unsere Gesetze stellt und es für richtig hält, den Islam mit Gewalt zu verbreiten – also den Dschihad zu führen! – gibt dies in der Tat Anlass zur Sorge.

Ebenso problematisch ist der islamische Antisemitismus,[117] der auch bei uns zunehmend in Erscheinung tritt (wobei der Begriff »[anti]semitisch« als solcher, besonders in diesem Kontext, sehr problematisch ist). Nicht erst die Gründung des Staates Israel hat die Muslime so verbittert, dass sie eine über die politische Gegnerschaft zu Israel hinausgehende Aversion gegen alles Jüdische entwickelten. Der islamische Antisemitismus ist weit älter. Dass es in der islamischen Welt Strömungen gegeben hat, die Sympathien für den Nationalsozialismus entwickelten, ist hinlänglich bekannt.[118] Prominentester Vertreter war der Mufti von Jerusalem, Mohammed Amin al Husseini (1893–1974), der lange in Berlin lebte, die nationalsozialistische Judenvernichtung befürwortete, den Rang eines SS-Gruppenführers erhielt und eine aktive Rolle bei der Rekrutierung von Muslimen für die Waffen-SS spielte; er wurde besonders von dem Gründer der ägyptischen Muslimbrüderschaft, Hasan al-Banna (1906–1949) geschätzt. Auch der irakische Politiker Gailani suchte die Nähe der Nazis und erhielt vom NS-Regime (auch militärische) Unterstützung, konnte sich aber nicht halten, als die Briten die Kontrolle über den Irak erlangten (1941).

Durch die islamische Welt geistern weiterhin die »Protokolle der Weisen von Zion«, ein Text, der die (gefälschten) Beweise für eine jüdische »Weltverschwörung« darlegen will.[119] Trotz des längst geführten Beweises der völligen Haltlosigkeit und Unseriosität der »Protokolle« glauben viele Menschen – nicht nur, aber vor allem in der islamischen Welt[120] – an die Authentizität dieser »Protokolle«. Bis vor kurzem noch waren sie in Supermärkten in den USA erhältlich. Die iranische Führung bezieht sich immer wieder darauf und Iran präsentierte die »Protokolle« auch auf der Buchmesse in Frankfurt im Jahr 2005. Notorisch ist auch die Holocaust-Leugnung durch Iran, die in der These gipfelt, die »Holocaust-Lüge« sei verbreitet worden, um eine Begründung für die Schaffung des Staates Israel zu liefern. Weitere absurde Verschwörungstheorien behaupteten, Israel betreibe die systematische Verbreitung von Aids, stecke hinter einer Hai-Attacke vor der ägyptischen Küste (2010) und der »Kalif« des IS, Abu Bakr al-Baghdadi, sei ein Mossad-Agent.

Längst ist der islamische Antisemitismus auch in Europa heimisch als »importierter Judenhass«,[121] den Muslime in Deutschland pflegen. Medien berichten regelmäßig, wie auf deutschen Straßen und in deutschen Schulen Juden angepöbelt oder sogar angegriffen werden. Zu beobachten war, wie »Rechtsextreme im selben Pulk wie Linksautonome oder militante Muslime gegen Israel marschierten.«[122]

Muslimische Teilnehmer einer Demonstration, die im Juli 2014 in Gelsenkirchen stattfand, skandierten: »Hamas, Hamas, Juden ins Gas!«[123]

Dies sind eindeutige Forderungen, die nicht mehr zu rechtfertigen sind mit legitimer Kritik an Israels Siedlungspolitik oder an harten israelischen Militäraktionen im Gaza-Streifen. Die Politik des Staates Israel zu kritisieren, ist ebenso legitim wie Kritik an amerikanischen Präsidentschaftskandidaten oder bayerischen Ministerpräsidenten; hier aber stehen »Juden« als solche im Fokus unter Bezugnahme auf Vernichtungstechniken, wie sie von den Nationalsozialisten angewandt wurden. Hier haben wir es mit echtem Antisemitismus zu tun, der, wie in einem Beitrag der »Bundeszentrale für politische Bildung« konstatiert wird, »bei Islamisten ein wichtiges Thema [ist]. Sie verbinden dabei judenfeindliche Hetze aus Europa mit feindseligen Aussagen aus der Frühzeit des Islam«.[124] So fließt für manchen heutigen Muslim das negative Judenbild des Propheten Mohammed (aus der medinensischen Phase), das sich auch im Koran zeigt, zusammen mit der Wut über Israel und wird angereichert mit Gerüchten, Verschwörungstheorien und Scheininformationen. Der Deutsch-Syrer Bassam Tibi, jahrzehntelang Professor in Göttingen, äußerte in einem Interview mit einer Schweizer Zeitung: »Ich kam als Judenhasser nach Deutschland … weil ich in dieser antisemitischen arabischen Kultur aufgewachsen bin. Die meisten Syrer sind Antisemiten.«[125]

Terror gegen Juden (nicht gegen Institutionen des Staates Israel!) gehört auch im Europa des 21. Jahrhunderts zum Bild des extremen

Islam – sei es im jüdischen Museum in Brüssel, vor einer Synagoge in Kopenhagen, in einem koscheren Supermarkt in Paris oder in einer jüdischen Schule in Toulouse. Über 70 Jahre nach dem Genozid der Nationalsozialisten fürchten Juden in Europa wieder um ihr Leben. Der israelische Premierminister Netanyahu hat die Juden Europas zur Auswanderung nach Israel ermutigt. Es scheint, dass mehr und mehr Juden eben diese Option wählen. Waren 2011 noch 1700 französische Juden ausgewandert, stieg die Zahl im Jahr 2013 auf knapp 3300 und erreichte 2015 den absoluten Höchststand seit der Gründung Israels mit über 8000 jüdischen Emigranten aus Frankreich.[126]

Neben antijüdischen Aktionen sind ebenso Ausschreitungen gegen Christen zu beobachten, die ja auch im Nahen Osten an Intensität und Häufigkeit zugenommen haben (siehe oben); auf die direkten Bezüge zu Koran und jahrhundertelanger islamischer Praxis wurde bereits verwiesen. Als 2015 im Rahmen der großen Flüchtlingswelle viele Menschen auch auf Booten vom Südufer des Mittelmeeres aufbrachen, wurden Christen von Muslimen ins Meer geworfen. Die italienische Polizei nahm zahlreiche Tatverdächtige fest; die Aussagen Überlebender seien kohärent, es gebe auch Fotos als Belege – die Taten seien religiös motiviert gewesen.[127] Auch nach Ankunft in Europa kam es weiterhin zu Drohungen, Einschüchterungen und Gewalttaten muslimischerseits gegenüber Christen. In Lagern und Heimen hat es Diskriminierungen auf Grundlage der Religionszugehörigkeit gegeben.[128] Christliche Flüchtlinge mussten teilweise Unterkünfte verlassen und durch christliche Pfarrgemeinden untergebracht werden. Es kann kaum überraschen, dass die antichristliche Militanz, die in der islamischen Welt ständig zunimmt,[129] auch unter Flüchtlingen zum Ausdruck kommt und ihre Betreuung und Eingliederung weiter erschwert. Nicht nur der islamische Antisemitismus, auch die antichristliche Gewalt von muslimischer Seite sind nach Europa importiert worden.[130]

Die extremste Form des politischen Islam, der Terrorismus, ist ebenfalls längst bei uns angekommen – die Anschläge von Madrid,

London, Brüssel und Paris sind nur die markantesten Beispiele für eine Gewaltwelle, deren Ende nicht abzusehen ist. Auch Deutschland ist von Terrorakten nicht verschont geblieben (zwei alleine im Juli 2016), und auch in unserem Land ist eine zunehmende Radikalisierung festzustellen. Vergessen wir nicht, dass eine Hamburger Terrorzelle maßgeblichen Anteil an Planung und der Durchführung der Anschläge auf New York und Washington am 11.9.2001 hatte.[131] Drei der vier Todespiloten kamen aus Hamburg. Anschläge wie der des kosovarischen Islamisten Arid Uka, bei dem am 2.3.2011 am Frankfurter Flughafen zwei U.S.-Soldaten getötet wurden, verblassen im Bewusstsein der Öffentlichkeit. Andere Anschläge schlugen fehl: Etwa die versuchten Bombenanschläge auf Nahverkehrszüge, die 2006 in Nordrhein-Westfalen libanesische Islamisten vorbereitet hatten; 2007 konnte als Ergebnis effektiver internationaler Kooperation die »Sauerland-Gruppe«, eine Terrorzelle, die Verbindungen nach Afghanistan und Pakistan hatte, unschädlich gemacht werden, bevor sie ihre Terrorplanungen in die Tat umsetzen konnte. Im April 2004 konnten die vier Mitglieder einer Düsseldorfer Zelle rechtzeitig gefasst werden; eine Bombe im Hauptbahnhof Bonn konnte entschärft werden (2012), die Täter gehörten zur Bonner Salafistenszene. Im Februar 2015 musste der größte Karnevalsumzug Norddeutschlands in Braunschweig wegen akuter Terrorgefahr abgesagt werden. Am 17.9.2015 erschoss die Polizei in Berlin einen irakischen Islamisten, der zuvor eine Polizistin mit einem Messer lebensgefährlich verletzt hatte.[132]

Der Verfassungsschutz geht davon aus, dass es 2011 ca. 3800 Salafisten in Deutschland gab, die Zahl bis Juni 2015 aber bereits auf 7500 angestiegen war und im Sommer 2016 einen Stand von 8650 erreichte.[133] Mindestens 700 Salafisten sollen sich in Berlin aufhalten, davon werden 360 als gewaltbereit eingestuft. Die islamistische Szene insgesamt soll in Deutschland über 43 000 Menschen umfassen. Das Bundesministerium des Innern (BMI) zählte 520 sogenannte »Gefährder«, deren Zahl damit im September 2016 einen neuen Höchststand erreicht hat. Solchen, die auf ihr Verfahren warten, war es sogar manchmal möglich, Deutschland zu verlassen, da man offenbar »keinerlei Anzeichen einer Fluchtgefahr« hatte entdecken können und deshalb keine Untersuchungshaft angeordnet worden war. In Griechenland erschien der ausgereiste »Mohamad Hasan K.« dann wenigstens den dortigen Behörden verdächtig genug, ihn festzunehmen.[134] Dies relativiert Aussagen, es werde »alles« für die Sicherheit der Bürger getan.

Deutsche sind schon seit Jahren in islamistische Terroranschläge im Ausland involviert. Der Deutsch-Pole Christian Ganczarski, zum Islam konvertiert, war auf zahlreichen Nahostreisen radikalisiert worden und spielte eine Rolle bei der logistischen Vorbereitung des Anschlags auf eine von Touristen viel besuchte Synagoge auf der tunesischen Ferieninsel Djerba; unter den 21 Toten waren 14 Deutsche (April 2002). Zu einem Problem besonderer Art geworden sind die Anhänger des IS, die nach Syrien ausreisen und dann wieder nach Europa, auch nach Deutschland, zurückkehren. Bei den Rückkehrern stellt sich die Frage, ob es Menschen sind, die – ernüchtert von der Realität im IS, angeekelt von Brutalität und Grausamkeit, enttäuscht von den tatsächlichen Verhältnissen, die sie vorfanden – geläutert dem Terror abgeschworen und dem Radikalismus den Rücken gekehrt haben, oder ob es menschliche Zeitbomben sind, sogenannte »Schläfer«, die auf die Gelegenheit warten, hier einen Anschlag zu verüben, oder vielleicht sogar im ausdrücklichen Auftrag des IS zurückgekehrt sind, um Terrorakte auf Abruf zu planen oder durchzuführen. Von den vermuteten über 800 aus Deutschland ausgereisten IS-Aktivisten sollen nach Einschätzung des Verfassungsschutzes 270 wieder zurückgekehrt sein. In Australien wird rückkehrenden IS-Kämpfern die Staatsbürgerschaft aberkannt, sodass sie an der Einreise gehindert werden können. Ähnliche Maßnahmen waren in Frankreich nach den Attentaten in Paris geplant worden, doch waren sie politisch nicht durchsetzbar. Auch in Deutschland gab es entsprechende Überlegungen.[135] Verfassungsschutzchef Maaßen sieht in den Rückkehrern »die am dynamischsten wachsende extremistische Szene in Deutschland«.[136] Die ersten Gerichtsverfahren gegen Rückkehrer sind bereits geführt worden. In Deutschland wird derweil zunehmend das Bemühen spürbar, Salafisten an der Ausreise in den IS zu hindern; Pässe behördenbekannter Salafisten werden eingezogen, was laut Passgesetz möglich ist, wenn die Sicherheit der Bundesrepublik Deutschland gefährdet ist.[137] Risiken birgt auch das Flüchtlingsproblem. Die Gefahr, dass mit dem Flüchtlingsstrom Terroristen durch den IS nach Deutschland eingeschleust werden, ist inzwischen durch mehrere konkrete Fälle und Festnahmen zur Realität geworden. War eine solche Gefahr zunächst geleugnet worden,[138] rücken jetzt – nachdem konkrete Fälle von »Flüchtlingen« nachgewiesen werden konnten, die dann an Terroraktionen in Paris und Berlin teilnahmen,[139] und solche »IS-Flüchtlinge« auch in Deutschland im September, Oktober und November 2016 festgenommen wurden – auch Flüchtlinge als potenzielle Gefährder in den Fokus. In der Tat boten die Rahmenbedingungen der Flüchtlingswelle Terroristen ideale Voraussetzungen, sich unkontrolliert und unerkannt in Europa zu bewegen und Gewalttaten zu planen. Auch die Registrierungsversuche, die schließlich an den Punkten eingeführt wurden, an denen die Flüchtlinge erstmals die EU und den Schengenraum erreichten, boten keine Garantie. Festgestellt wurde zudem, dass Flüchtlinge, die sich bereits in Europa befinden, von radikalen Islamisten für ihre Sache gewonnen werden sollen. Vor Flüchtlingsunterkünften hat es Werbeaktionen gegeben. Extremisten geben sich dabei gerne als Veranstalter von humanitären oder sozialen Aktivitäten aus.[140] Beispielsweise ist die »Hilfsorganisation« »Medizin mit Herz« ins Blickfeld behördlicher Ermittlungen geraten, da ihr Ziel darin besteht, »vor allem jüngere Menschen für eine extremistische Ideologie zu gewinnen … Der Verein will Flüchtlinge von unseren demokratischen Grundwerten entfernen. Und das ist verfassungsfeindlich«, wie der Chef des NRW-Verfassungsschutzes in einem Interview äußerte.[141] Kamel Daoud, ein liberaler algerischer Muslim und eine islamische Stimme der Vernunft, hat die These aufgestellt, gerade Flüchtlinge neigten dazu, sich an ihre Herkunftskultur zu klammern.[142] Dies führe zwar nicht automatisch zu Radikalismus und Terror, aber zumindest verhindere oder erschwere es die Integration. Der Flüchtling, der alles in Syrien verloren hat, so Daoud, wolle nicht auch noch seine Werte, die ihm vertrauten Traditionen, die Normen und Regeln, mit denen er sozialisiert wurde, aufgeben, um sie gegen neue, andere, ihm unverständliche, ihn verwirrende Konzepte und Ideale einzutauschen. »Sa culture est ce qui lui reste face au déracinement et au choc des nouvelles terres.«

»Die Männer stehen über den Frauen« – eine Aussage und ihre Folgen

Nicht nur da, wo politische Prinzipien des Islam denen moderner Staaten diametral entgegenstehen und wo Muslime diese mit Gewalt durchsetzen wollen, gibt es Kollisionen. Auch viele rechtliche Vorschriften und gesellschaftliche Normen des Islam, wie sie vor allem in vorwiegend islamischen Ländern herrschen, sind kaum mit unserer Rechts- und Werteordnung vereinbar. Besonders die rechtliche und faktische Lage der Frau im Islam[143] ist immer wieder als problematisch gesehen und kontrovers diskutiert worden. Wenn die anglo-ägyptische Journalistin Shereen el-Feki in einem *Spiegel*-Interview einerseits auf Umfragen der UN verweist, die ergeben, dass 99 % aller ägyptischer Frauen schon einmal sexuell belästigt worden sind, andererseits aber über den »Propheten Mohammed, der von starken Frauen umgeben war« befand: »In gewisser Weise war er Feminist«,[144] so ist dies zwar keine contradictio in adiecto, aber es entsteht hier doch ein Spannungsfeld, das nur schwer aufzulösen ist. Der Koran zumindest würde nach heutigen Maßstäben nicht ohne Weiteres als feministisch bezeichnet werden, wenn etwa in Sure 4, Vers 34 zu lesen ist: »Die Männer stehen über den Frauen, weil Gott sie ausgezeichnet hat … Und wenn ihr fürchtet, dass Frauen sich auflehnen, dann vermahnt sie, meidet sie im Ehebett und schlagt sie …«[145] Auch in Sure 2, Vers 228 wird bestätigt, dass Männer höher stehen als Frauen. Zwar sind derartige Aussagen in einem Text des 7. Jahrhunderts in keiner Weise ungewöhnlich[146] – und die völlige Gleichstellung der Frau ist auch bei uns erst wenige Jahrzehnte alt –, doch prägen diese Prinzipien bis in unsere Gegenwart das Frauenbild vieler Muslime und oft auch die Behandlung der Frauen in islamischen Ländern und Milieus. Vor diesem Hintergrund klingen Aussagen von Islamapologeten fast schon zynisch: »Wer den Koran dynamisch liest, kann aus ihm auch die Gleichberechtigung der Geschlechter ableiten.«[147] Leider brachten und bringen bis jetzt nur wenige Muslime »den Mut und die intellektuelle Schärfe« auf, den Koran in diesem Sinne umzuinterpretieren.

Die Muslimin hat nicht nur in vielen islamischen Ländern, sondern auch in ihrem islamischen Umfeld in Europa eine untergeordnete Stellung; denn Frauen stehen ja, so Gottes Wort, unter den Männern und dürfen geschlagen werden. Auch der bereits erwähnte Fernsehprediger Yusuf al-Qaradawi bestätigt dies, nicht zuletzt in seinem auch in deutscher Sprache erschienenen Klassiker *Erlaubtes und Verbotenes im Islam.* Wenn selbst »freundliche Überzeugung und Argumente« nicht fruchten, »darf er sie leicht mit den Händen schlagen … Auf keinen Fall darf er einen Stock … benutzen.«[148] Die moderne Interpretation, dass ursprünglich nicht »schlagen« gemeint war, sondern das im Koran verwendete Verb »dariba« auch »(sich) trennen (von)« bedeuten könne, verkennt, dass im Arabischen diese Bedeutung die Präposition »'an« verlangt. Im einschlägigen Koranvers wird jedoch das weibliche Suffix »hunna« als direktes Objekt unmittelbar an das Verb angehängt (»wa-dribu-hunna«), wodurch die Bedeutung »schlagen« eindeutig ist.[149] Andere Interpreten »wussten«, dass das »Schlagen« eigentlich nur ein »freundschaftlicher Klaps« sein sollte – auch al-Qaradawi möchte ja nicht, dass ein Stock verwendet wird. Diese durch nichts begründbare Verharmlosung gehört zu dem »Multikultischutzprotektorat für das Kopftuch samt dahinter steckendem Frauenbild«,[150] das wir errichtet haben. Der Syrer Bassam Tibi findet deutliche Worte: »Dieses Frauenbild darf in Europa nicht unter dem Mantel des Respekts für andere Kulturen … geduldet werden.«[151] Damit steht er im Einklang mit Paragraph 3, Abs. 2 unseres Grundgesetzes.

Eine Studie zur »Gewalt gegen Frauen mit und ohne Migrationshintergrund in Deutschland« weist auf: »Von körperlicher/sexueller Gewalt durch den aktuellen Partner waren Frauen türkischer gegenüber Frauen deutscher Herkunft doppelt so häufig betroffen.«[152] So hatten 37 % der Frauen mit türkischem Migrationshintergrund Gewalt durch Beziehungspartner insgesamt (also nicht nur durch ihren aktuellen Partner) erlebt, während dies nur bei 26 % der Frauen ohne Migrationshintergrund der Fall war.[153] 11,8 % der Frauen mit türkischem Migrationshintergrund hatten mäßige bis schwere körperliche Gewalt durch den aktuellen Partner erlebt, gegenüber 4,2 % der Frauen deutscher Herkunft;[154] bei sexueller Gewalt standen auf der »türkischen« Seite 5,5 % einer Rate von 1 % bei Frauen deutscher Herkunft gegenüber.[155] Ermittelt wurde, »dass insbesondere Frauen mit türkischem Migrationshintergrund deutlich höhere Belastungen hinsichtlich schwerer körperlicher und/oder sexueller Gewalt in Verbindung mit psychischer Misshandlung aufweisen, auch im Vergleich zu anderen Frauen mit Migrationshintergrund«.[156] Interessant dabei ist: »Frauen deutscher und türkischer Herkunft lebten weit überwiegend (zu 90 %) mit Partnern desselben ethnischen Hintergrundes zusammen und erlebten dadurch Gewalt am häufigsten durch Partner deutscher bzw. türkischer Herkunft.«[157] Dies legitimiert, die hier getroffenen Aussagen über »Türken« als relevant für Muslime heranzuziehen. Die Untersuchung ergab weiter, dass »Frauen deutscher Herkunft« einem höheren Gewaltrisiko ausgesetzt waren, wenn sie einen Partner mit Migrationshintergrund hatten, »und auch der Schweregrad der … Gewalt nahm dann zu«. Eingeräumt wird zwar, »dass Frauen, die der christlichen oder keiner Religion angehören, weniger häufig als Frauen mit islamischem Hintergrund (schwere) Gewalt durch den aktuellen Partner erlebt haben«. Das »kann, muss aber nicht, mit der religiösen An- bzw. Einbindung zu tun haben«. Das erinnert bereits an den in bestimmten Kreisen verbreiteten Glaubenssatz: »Das hat aber nichts mit dem Islam zu tun.« Erkannt wird, dass es »traditionellere Geschlechterbeziehungen in den türkischstämmigen Familien- und Paarbeziehungen«[158] gibt, woraus dann folge: »Traditionelle Geschlechterbeziehungen und Machtverhältnisse zuungunsten der Frauen können … sowohl ein gewaltfördernder Faktor als eine Gewaltfolge sein …« In jedem Fall liegt der Schluss nahe, dass ein Zusammenhang besteht zwischen dem Islam und der von ihm gelehrten Unterordnung der Frau (gegen die ja Gewalt – wir erinnern uns – legitim ist) und den traditionellen Geschlechterbeziehungen und Machtverhältnissen, seien sie nun Ursache oder Folge von Gewalt. Die Studie zeigte weiter »besonders starke Ausprägungen von männlicher Dominanz« bei türkischen Paaren, wenn beide über geringe oder die Frau über höhere Bildung (!) verfügte, wenn also etwa »die männliche Überlegenheit potenziell infrage gestellt oder aufgeweicht wurde«.[159] Eine Gewalttradition scheint in türkischen Familien zu bestehen, die von Generation zu Generation fortgeführt wird, denn aus der Studie ergibt sich, »dass Frauen türkischer Herkunft in Kindheit und Jugend mehr Gewalt zwischen den eigenen Eltern miterlebt haben«.[160] Denn das »Miterleben von Gewalt zwischen den eigenen Eltern« wird als »maßgeblicher Faktor für Gewalt in der späteren eigenen Paarbeziehung« gewertet. Da türkische Männer auch mit besserer Bildung weiterhin Gewalt gegen ihre Partnerinnen ausüben, kommt die Studie zu der Schlussfolgerung, »dass die hohe Gewaltbereitschaft der Partner der Frauen türkischer Herkunft nicht … eine Folge geringer Bildungs- und Ausbildungsressourcen ist«.[161] Die Frage drängt sich folglich auf, ob nicht doch ein Zusammenhang mit dem Islam besteht, zumal er ja Gewalt gegen Ehefrauen ausdrücklich erlaubt. Eine Umfrage der türkischen Universität von Kirikkale aus dem Jahr 2013 unter 3500 Männern ergab, dass 28 % der Befragten Gewalt gegenüber Ehefrauen für nötig betrachteten. 34 % glaubten, Gewalt sei nur »gelegentlich« anzuwenden. 18 % der Befragten stimmten der Aussage zu, dass »der Mann der Herrscher im Haus ist und Gewalt frei anwenden kann, wenn nötig«. Insbesondere zur Wahrung der Ehre dürfe Gewalt angewendet werden.[162] Am Internationalen Frauentag 2013 forderte selbst der damalige türkische Präsident Abdullah Gül vor diesem Hintergrund einen Mentalitätswandel in der türkischen Gesellschaft. Doch genau diese »Gewaltkultur« brachten Migranten nun auch mit in unser Land. Eine Studie im Auftrag des niedersächsischen Landespräventionsrates macht dies deutlich: »Frauen mit Migrationshintergrund, vor allem Türkinnen, werden auch in Niedersachsen überproportional Opfer häuslicher Gewalt.«[163] Eine bundesweite Erhebung ergab, dass ein Viertel der deutschen Frauen Gewalt in der Familie erleidet, unter türkischen Frauen, die bei uns leben, sind es 37 %. Es mag eine hohe Dunkelziffer geben, aber auch unter Migrantinnen gibt es die zunehmende Bereitschaft, Hilfe von außerhalb der Familie und des eigenen kulturellen Herkunftsmilieus zu suchen. Der »Bericht der Bundesregierung zur Situation der Frauenhäuser«, der 2012 erstmals erschien, ist alarmierend: Die Hälfte der Frauen und Kinder, die in Frauenhäusern wohnen, haben inzwischen Migrationshintergrund.[164] Bereits 2001 war ein Frauenhaus mit interkulturellem Schwerpunkt in Berlin gegründet worden. Inzwischen gibt es Hotlines, bei denen von Gewalt betroffene Frauen sich auf Arabisch, Türkisch und Persisch beraten lassen können.

Bei einer bundesweiten Razzia im Januar 2010 wurden in deutschen Moscheen verbotene Bücher gefunden und beschlagnahmt, die das Schlagen von Frauen rechtfertigen. Im Mittelpunkt stand die deutsche Übersetzung eines im Original in Saudi-Arabien erschienenen Buches »Frauen im Schutz des Islam«. Der Schwerpunkt der Razzia lag in Nordrhein-Westfalen. Beim Schlagen von Frauen, so das Werk, das auch auf islamistischen Websites erschien, sollten Verletzungen, Knochenbrüche und blaue oder schwarze Flecke vermieden werden.[165] Die wohlwollende Interpretation, im Koran (Sure 4,34) sei wohl nur ein leichter Klaps gemeint gewesen, hat sich in der Praxis offenbar noch nicht durchsetzen können. Zutreffend ist aber auch: Nicht ausschließlich Muslime üben unverhältnismäßig oft häusliche Gewalt aus, auch Migranten aus der ehemaligen Sowjetunion werden oft gewalttätig. Und auch kommen nicht alle Migranten aus muslimischen Ländern, und es können nicht automatisch von Türken Analogieschlüsse auf andere Muslime gezogen werden.

Aber: Von welcher Seite wir uns auch der Thematik »Gewalt gegen Frauen« annähern – immer wieder begegnen wir dabei auch dem Thema Islam und Muslime. Die Türken sind nun einmal die größte Migrantengruppe in Deutschland und stellen auch die Mehrheit der hier lebenden Muslime; und Fakt ist es auch, dass die Mehrheit der in Deutschland lebenden Migranten aus islamischen Ländern kommt – deshalb sind Aussagen über »Türken« oder »Migranten« auch signifikant für »Muslime« generell.

Es gibt ein breites Gewaltspektrum unter Muslimen, und die religiös (also genuin islamisch) legitimierte Gewalt gegen Frauen ist nur eine Facette davon, wenn auch in unserem Kontext besonders bedeutungsvoll.

Auch das Tragen verschiedenartiger Formen des Schleiers durch muslimische Frauen hat bei uns ebenso wie in anderen westlichen Gesellschaften die Gemüter bewegt – die »Kopftuchdebatte« ist allerdings eine für unsere Kultursphäre typische Überbewertung von Nebenschauplätzen. Nicht alle Kopftuch- oder Schleierträgerinnen sind unterdrückt oder salafistisch, doch »sind kopftuchtragende Frauen weit weniger in den Arbeitsmarkt integriert als Musliminnen oder Nichtmusliminnen ohne Kopftuch«.[166] Sie verfügen auch über geringere Bildung und weniger gute Deutschkenntnisse. Andererseits kokettiert manche besser gebildete Muslimin mit dem modischen Schleier und auch viele ethnodeutsche Konvertitinnen sehen die Verschleierung oft als willkommene Gelegenheit, sich von anderen abzuheben.

Ehrenmorde, Zwangsheirat, Kinderehen

Eine besonders beunruhigende Variante der Gewalt im familiären Kontext sind Tötungsdelikte, die bei uns gerne mit dem euphemistischen Begriff »Ehrenmorde«[167] bezeichnet werden. Sie stehen im weitesten Sinn im Zusammenhang mit dem islamisch geprägten Frauenbild. Muslimische Familien empfinden es oft als Verletzung ihrer »Ehre«, wenn Frauen sich in ihrem Verhalten nicht den archaischen Normen und Regeln unterwerfen, die sie aus ihren Heimatländern importiert haben. Es sind typische Kollisionen zwischen erzkonservativen Wertvorstellungen und modernen Lebenswirklichkeiten. Junge muslimische Frauen, die, aus sehr traditionalistisch orientierten Familien stammend, sich von der freizügigen Gesellschaft des Gastlandes angezogen fühlen, versuchen oft, der restriktiven Enge ihres Herkunftsmilieus zu entkommen. Im Extremfall beschließen dann die Familien – teils unter dem wirklichen oder vermeintlichen Druck des Umfelds – die Ermordung der »Dissidentin«, oft auch unter Einbeziehung weiblicher Familienmitglieder, die teilweise auch an der Tat beteiligt sind oder sogar als Haupttäter auftreten. Ehrenmorde gibt es in praktisch allen Ländern der islamischen Welt. Diese Morde sind ihrer Essenz nach nicht »islamischen« Ursprungs, sondern haben vorislamische Wurzeln. Ehrenmorde sind auch nicht auf die islamische Welt beschränkt, aber fast 90 % der Ehrenmorde werden im islamischen Umfeld durch muslimische Täter verübt. Obwohl sie in vielen islamischen Ländern gesetzwidrig sind und unter Strafe stehen, werden sie immer wieder toleriert und oft von Gerichten nicht geahndet. Sie sind in islamischen Gesellschaften in weiten Kreisen akzeptiert.[168] Nach Schätzungen der Vereinten Nationen werden pro Jahr weltweit insgesamt ca. 5000 Frauen und Mädchen Opfer von Ehrenmorden.[169] In der Türkei wurden zwischen 2000 und 2005 ca. 500 Frauen und 700 Männer aus Gründen der »Ehre« ermordet; eine andere Statistik (Familienministerium) zählt von 2001 bis 2006 in der Türkei 1806 Ehrenmorde an Frauen.[170] Seit 2005 sind Ehrenmorde in der Türkei unter Strafe gestellt, kommen aber weiterhin vor. Im Vergleich damit scheinen die vermutlich 40 bis 50 in Deutschland 2016 begangenen Ehrenmorde fast vernachlässigbar.

Häufig werden durch die Täterfamilien Minderjährige mit der Durchführung eines Ehrenmordes beauftragt, da sie geringere Strafen zu erwarten haben. Das jordanische Parlament lehnte 2003 eine Verschärfung der Ehrenmord-Gesetzgebung ab, weil dadurch die religiösen Traditionen verletzt und Familien und Werte zerstört würden.[171] Ehrenmorde werden in weiten Teilen der islamischen Welt als Instrument zur Aufrechterhaltung der Sexualmoral und der traditionellen Werteordnung gesehen. Durch die Migration aus islamischen Ländern in Richtung Europa und Nordamerika ist das Phänomen der Ehrenmorde auch in den westlichen Gesellschaften angekommen. Besonders brutale oder grausame Morde erregen vorübergehend die Aufmerksamkeit der Öffentlichkeit und beeinflussen auch das negative Islambild, das sich durch solche Vorfälle weiter verdüstert. Denn obwohl eine koranische oder schariarechtliche Grundlage für die Ehrenmorde nicht nachweisbar ist, wurde in einer UNDP-Studie (Dynamic of honour killings in Turkey: Prospects for Action, 2008) aber aufgezeigt, dass viele befragte Muslime die Ehrenmorde in einem islamischen Kontext sehen und diese also offenbar mit dem

»Geist« des Islam vereinbar halten. Mit religiösen Gründen wurde ja auch in Jordanien die Verschärfung von Gesetzen gegen Ehrenmorde abgelehnt. Das islamische Frauenbild und die islamische Sicht der Stellung der Frau in der Gesellschaft scheinen in manchen Köpfen den Boden für (pseudo)religiöse Ehrenmord-Rechtfertigungen bereitet zu haben. Darüber hinaus mag manch ein (eher ungebildeter) Muslim seine vermeintliche »Ehre« als so sakrosankt (also islamisch) erachten, dass ihm ein Zusammenhang zwischen Islam und Ehrenmord naheliegend oder sogar zwingend erscheint. Auch nichtmuslimische Täter, die allerdings aus mehrheitlich islamischen Gesellschaften stammen, sind bekannt geworden, z. B. Jesiden[172] und aramäische Christen. Einerseits erregen Ehrenmorde bei vielen Abscheu und Schrecken, andererseits wurden Ehrenmorde als reale Gefahr nicht rechtzeitig erkannt – Multikultiromantik stand anstelle von realistischem Problembewusstsein. Vielfach hat es bereits im Vorfeld eines Ehrenmordes »einfache« Misshandlungen gegeben und die späteren Opfer hatten die Behörden auch auf die Gefahr aufmerksam gemacht, doch Kontaktverbote, die über die späteren Täter verhängt wurden, wurden nicht konsequent durchgesetzt. Immer wieder zeigten Behörden und Gerichte diesbezüglich Nachlässigkeit und Gleichgültigkeit. Selbst nach vollendeter Tat sahen Gerichte oft keinen Grund für Strenge, der Täter erhielt vielmehr eine Art »kulturellen Rabatt« für seine Tat,[173] wie z. B. im Fall eines Deutsch-Afghanen, der seine schwangere Freundin 2014 ermordet hatte, nachdem sie sich geweigert hatte, das gemeinsame Kind abzutreiben. Obwohl der Täter Student, bereits 23 Jahre alt und in Deutschland aufgewachsen war, konnte der Richter keine, wie von der Staatsanwaltschaft gefordert, »besondere Schwere der Schuld« erkennen, denn der Mörder habe sich »aufgrund seiner kulturellen und religiösen Herkunft in einer Zwangslage befunden.« Durch seine ausdrückliche Betonung der »religiösen Herkunft« des Täters bestätigte somit das Gericht, dass es einen Zusammenhang zwischen Islam und Ehrenmord sah.

In Deutschland gibt es 7 bis 10 Fälle von Ehrenmorden pro Jahr, wie eine Studie des Max-Planck-Instituts für internationales Privatrecht ergab. Leitthema bei den hier verübten Ehrenmorden sei »die mangelnde Unterwerfung der weiblichen Sexualität unter die Kontrolle eines patriarchal geprägten Familienwillens«.[174] Oft genügt es, wenn eine Frau »westlichen« Lebensstil pflegt und dem Gefängnis (letztlich auch) islamischer Traditionen zu entkommen versucht. Selbst eine Vergewaltigung, deren Opfer eine Frau geworden ist, kann Anlass zu ihrer Ermordung geben – denn durch die Vergewaltigung ist die Ehre der Familie (!) befleckt. Von 122 Tätern, mit denen sich die Studie befasste, stammten 76 aus der Türkei, dahinter folgten mit großem Abstand Täter aus der arabischen Welt und aus dem ehemaligen Jugoslawien; weniger als 10 % der Täter wurden in Deutschland geboren, unter 8 % besaßen die deutsche Staatsangehörigkeit. Die meisten Taten werden »von bildungsfernen Migranten«, welche »die untersten Plätze in der sozialen Schichtung einnehmen«, verübt. Aber selbst Studenten dürfen, wenn sie eine entsprechende Tat begehen, auf »Migrationsrabatt« hoffen (vgl. den Fall des afghanischen Studenten oben). Gerichte werteten das Tatmotiv der »Ehre« nicht etwa als besonders schwerwiegend, sondern sogar als strafmildernd. Aber die Studie kommt zu einer Schlussfolgerung, die uns erleichtern darf: »Der Ehrenmord ist in keinster Weise typisch für die türkische Gemeinschaft in Deutschland.« Gemeint sein dürfte, dass so wenige Ehrenmorde nachgewiesen werden konnten, dass ihre Zahl nicht ausreicht, sie als typisch für eine ethno-religiöse Gruppe zu werten.

Lange weigerte man sich sogar, Ehrenmorde als eine spezifische Kategorie von Tat zu betrachten, denn Morde im familiären Kontext kamen ja auch in urdeutschem Umfeld vor. Man scheute offenbar davor zurück, bei Erstellung eines spezifischen Ehrenmordprofils gewisse ethno-religiöse Schwerpunkte allzu deutlich werden zu lassen. Erst durch energische Kampagnen von Frauen- und Menschenrechtsorganisationen rückten Ehrenmorde als solche in die Aufmerksamkeit der Öffentlichkeit. Noch immer bestehen allerdings Vorbehalte dagegen, die Ehrenmorde als das zu beschreiben, was sie sind, nämlich zuallererst ein Phänomen islamisch geprägter Gesellschaften und Milieus. Die Vermeidung islamischer Parallelgesellschaften kann u. a. nur dann gelingen, wenn Milieus ausgetrocknet werden, in denen auch weiterhin mit Ehrenmorden zu rechnen ist. Zu glauben, durch mehr Bildung, durch vermeintliche Verwestlichung oder durch erhoffte »Integration« werde sich das Problem »irgendwie« von selbst erledigen, ist bequem, aber unverantwortlich.

»Zwangsheirat« ist eine Erscheinung, die Berührungspunkte mit der Ehrenmordthematik aufweist; sie ist eine weitere Einschränkung der (sexuellen) Selbstbestimmung. Zwangsehen kamen und kommen in unterschiedlichen Kulturen und Gesellschaften vor, auch in westlichen. Oft sind die Übergänge zu »arrangierten Ehen« fließend. Dass Ehen rein nach »emotionalen« Gesichtspunkten geschlossen werden und auf freien Entscheidungen der beiden Ehepartnern beruhen, ist eine relativ neue Entwicklung, die auch im Westen erst im Laufe des 19. Jahrhunderts zum Durchbruch gelangte. Gemäß der universellen Rechtsordnung der heutigen Zeit ist die Zwangsehe abzulehnen, denn sie steht im Widerspruch zu Art. 16 (2) der »Allgemeinen Erklärung der Menschenrechte« der UN. Auch im Islam ist die Zwangsehe höchstens unter gewissen Umständen möglich, und es gibt sogar Hadithe, die sich eindeutig gegen Zwangsehen aussprechen.[175] Zudem gibt es heute in den meisten islamischen Staaten Gesetze, die die Zwangsheirat verbieten. Faktisch sind dennoch Zwangsheiraten in weiten Teilen der islamischen Welt noch immer relativ häufig. Mit den Migrantenströmen kam die Zwangsheirat auch in den Westen, und sie stellt auch in Deutschland[176] seit Jahren ein Problem dar, wobei – wie immer bei derartigen Fällen, die oft im Dunkel von Familienclans und Parallelgesellschaften angesiedelt sind – nur wenig belastbare Aussagen zu deren Verbreitung gemacht werden können. 2012 hatte die Polizei mit 56 Fällen von Zwangsheirat zu tun, 2013 waren es 62 Fälle und im Jahr 2014 gab es 58 Fälle. Weitaus höhere Zahlen ergeben sich aus der Tätigkeit von Schutzeinrichtungen und Beratungsstellen. Berlin soll bei Zwangsheiraten »an der Spitze« liegen, wobei 2007 hier 378 Mädchen und Frauen »von Zwangsheirat betroffen« waren.[177] Zwangsehen haben die Funktion, ein Mädchen/eine Frau in einer bestimmten Weise in ein gewünschtes Milieu einzubinden und sie in diesem zu verankern, sie an einem selbstbestimmten Handeln zu hindern, sie abzuschotten und damit vor »Verwestlichung« zu schützen. Darüber hinaus kann es noch andere Gründe für die Zwangsheirat geben – etwa die Pflege »nützlicher« Verbindungen oder die Gewinnung materieller Vorteile sowie eine Stärkung und einen Ausbau des Beziehungsgeflechts. Ferner spielt nicht selten die Absicht eine Rolle, dem künftigen (ausländischen) Partner den Zuzug in die EU zu ermöglichen (oft gegen Bezahlung). Häufig werden junge Frauen ins Ursprungs-/Heimatland in »Urlaub« geschickt und dann dort mit einem vorbestimmten Partner verheiratet. Dabei steht die Türkei im Mittelpunkt, viele reisen aber auch in den Kosovo, nach Syrien, in den Irak, den Libanon oder Iran – oder werden dorthin verschleppt. Oft sind es noch minderjährige Mädchen, die massiv unter Druck gesetzt werden – physische Gewalt kommt dabei ebenso zum Einsatz wie psychische (etwa die Drohung der Mutter mit Selbstmord).[178]

Nicht selten scheinen die Verfasser von Studien (wie im vorliegenden Fall für die Jugend- und Familienministerin erstellt) darauf bedacht, keine voreiligen Schlüsse zu ziehen, die der »Islamophobie« Vorschub leisten könnten. Sie befürchten, »dass eine Erhebung der Religionszugehörigkeit Anlass für Missverständnisse, Fehldeutungen oder problematische Zuschreibungen werden könnte«.[179] Sinnvollerweise hatte aber bereits 2011 die damalige Jugend- und Familienministerin Schröder auf Klartext Wert gelegt und auf Thematisierung der Religion bestanden. Interessant ist, dass die Autoren der fraglichen Studie weder Tradition noch Religion als ein »entscheidendes Merkmal bei Zwangsehen« sehen wollen.[180] Beiratsmitglieder erklären auch freimütig, warum sie dies tun – sie fürchten, »antimuslimische Ressentiments« könnten »Auftrieb erhalten«. Schröder forderte aber zurecht, Zusammenhänge zwischen Islam und Zwangsheirat nicht zu ignorieren, würden diese doch »in Hinblick auf den Islam oft verleugnet oder wegdefiniert«.[181]

Bundesministerin Schröder hatte damals geschrieben: »Nach Angaben der Betroffenen sind 83,4 % der Eltern Muslime.«[182] Faktisch aber waren nur die jeweiligen Beratungsstellen nach ihren Informationen über die Herkunft der Betroffenen gefragt worden. Wir dürfen demnach davon ausgehen, dass wir es weitgehend mit einem Problem der muslimischen Bevölkerung zu tun haben. Bezeichnend ist, dass selbst die Forderung der Ministerin, dass »manche traditionellen Wurzeln endgültig durchtrennt«[183] werden sollen, noch Kritik auslöste. Dabei sollte es vielmehr selbstverständlich sein, dass in einem Rechtsstaat Traditionen abgeschnitten werden müssen, die zu Straftaten führen. Die Ministerin war nicht bereit, »die Ergebnisse der Studie und die Leidensgeschichten der Opfer … verharmlosen, verschleiern oder umdeuten zu lassen«.[184] Genau um solche Versuche schien es aber zu gehen, und sie werden uns auch weiterhin beschäftigen. Opferschutz und die Eindämmung schwerer Straftaten sollten jedoch im Vordergrund stehen, nicht das Vertuschen und Beschönigen unbequemer Realitäten. Wer ausschließlich »patriarchale Strukturen« verantwortlich macht für Verbrechen wie Ehrenmorde und Zwangsehen, verkennt, dass der Islam diese Strukturen geschaffen hat oder billigt und am Leben erhält.

Eine besonders problematische Variante der Zwangsehe ist die »Kinderheirat«. Die Verheiratung von Minderjährigen kommt überall vor und ist ein Massenphänomen: UNICEF geht davon aus, dass weltweit heute 700 Millionen Frauen leben, die vor ihrem 18. Geburtstag verheiratet wurden, 250 Millionen wurden sogar vor ihrem 15. Lebensjahr verehelicht[185], wobei der geografische Schwerpunkt vor allem in Südasien und Indien liegt. Doch auch wenn die Kinderehe durchaus nicht typisch islamisch ist, kommt sie auch in der islamischen Welt häufig vor. Nach der Menschenrechtsorganisation »Girls not Brides« sind in mindestens fünf mehrheitlich islamischen Staaten mehr als 50 % der Ehen Kinderheiraten.[186] In den meisten islamischen Ländern sind Kinderehen gesetzlich verboten – faktisch jedoch werden Kinderehen tagtäglich geschlossen. Das UNICEF-Foto des Jahres 2007, für das die Fotografin Stephanie Sinclair ausgezeichnet wurde, zeigt einen 40-jährigen Afghanen und seine 11-jährige Braut. Internationale Aufmerksamkeit erregte der Fall der Jemenitin Nuǧūd ʿAlī, eines zehnjährigen Mädchens, das sich vor Gericht gegen seine Zwangsverehelichung erfolgreich wehrte (2008). Zusammen mit einer französischen Journalistin machte sie aus ihrer Geschichte ein Buch, das in vielen Sprachen erschien und weltweite Verbreitung fand.[187] Derartige Fälle haben zwar einen gewissen, wenn auch zweifelhaften Glamourfaktor, sorgen aber damit weltweit zumindest für Problembewusstsein. Nur spektakuläre Einzelfälle, keine nüchternen Analysen und Statistiken, lösen offenbar selbst beim mündigen Bürger überhaupt noch Anteilnahme aus.

Ausschlaggebend für die islamische Position ist die Praxis des Propheten Mohammed, der nach übereinstimmender Aussage der arabischen Quellen seine dritte Frau ʿĀʾiša heiratete, als sie sechs Jahre alt war; die Ehe wurde vollzogen, als sie neun war,[188] wobei jedoch auch neuerdings die Auffassung vertreten wird, sie sei beim Vollzug der Ehe bereits zwölf gewesen. Die traditionellen muslimischen Rechtsschulen setzen jedenfalls das legale Heiratsalter auf neun Jahre fest.

Durch den wachsenden Zustrom von Muslimen kommen auch Kinderbräute nach Europa. Als in den Niederlanden im August 2015 eine hochschwangere 14-Jährige plötzlich spurlos verschwand,[189] schreckte die Öffentlichkeit auf. Im Eilverfahren wurde in den Niederlanden »ein Gesetz beschlossen, wonach Ehen von Minderjährigen nicht mehr anerkannt werden«.[190] Nach einem Beitrag des Deutschlandfunks vermutet die niederländische Einwanderungsbehörde, dass 2015 pro Monat durchschnittlich zwei Kinderbräute einreisten; entsprechend mehr dürften es in Deutschland sein, 2014 sollen mindestens 34 minderjährige Ehefrauen in die Niederlande gekommen sein.[191] Nach Angaben des Bundesministeriums des Innern gibt es Anfang September 2016 in Deutschland unter 1475 verheirateten Minderjährigen über 360 Kinderehen, bei denen unter 14-Jährige betroffen sind; Herkunftsländer waren vor allem Syrien, Afghanistan und der Irak.[192]

In vielen europäischen Ländern gilt die Regel, dass Ehen, die nach den Gesetzen eines anderen Landes geschlossen werden, auch hier in Europa legal sind. Zumindest in Deutschland jedoch ist die

Einreise minderjähriger Ehepartner im Zuge des Familiennachzuges nur in Härtefällen zulässig. Minderjährige Mädchen, die in Deutschland eintreffen, nimmt das Jugendamt in seine Obhut; sie können aber im Rahmen des Asylverfahrens eine Anerkennung ihrer Ehe beantragen. Dennoch gibt es auch bei uns vermehrt warnende Stimmen, denn durch die Flüchtlingskatastrophe im Nahen Osten haben Kinderehen dort stark zugenommen. Hier besteht eine Grauzone und zudem muss ein großes Dunkelfeld befürchtet werden: Laut Amnesty International waren von den 230 Mädchen/Frauen, die 2002 aus Angst vor einer Zwangsverheiratung Schutz bei Hilfseinrichtungen der Stadt Berlin suchten, fast 70 % minderjährig.[193] In Dänemark werden Paare getrennt, wenn ein Partner minderjährig ist. Die (älteren, meist männlichen) Ehepartner müssen sich wegen Pädophilie verantworten und ihnen droht die Abschiebung. Ein Imam aus Århus forderte dazu auf, alle Aspekte zu berücksichtigen (eine Ehe schütze z. B. minderjährige Mädchen auf der gefährlichen Flucht) und nicht einseitig zu verurteilen.

Bei Gericht und auf politischer Bühne herrscht in Deutschland jedenfalls Uneinigkeit, was etwa auch bei der Frühjahrskonferenz der Länderjustizminister im brandenburgischen Nauen (Anfang Juni 2016) deutlich wurde: Sind im Ausland geschlossene Ehen Minderjähriger anzuerkennen oder hat der Schutz von Kindern Vorrang? Der bayerische Justizminister Bausback äußerte sich eindeutig: »Ehen von unter 16-jährigen Mädchen, die nach einer anderen Rechtsordnung geschlossen wurden, dürfen durch unsere deutsche Rechtsordnung nicht anerkannt werden. Das ist keine Frage von Toleranz und Weltoffenheit, sondern eine Frage des Schutzes von Kindern …«[194] Wir können also festhalten: Problematische Einstellungen gegenüber Frauen sind – dies haben oben zitierte Koranverse, die islamische Jurisprudenz und die durch Muslime gepflegte Praxis (unter ausdrücklicher Bezugnahme auf Religion) gezeigt – definitiv auch durch den Islam als Religion und die islamische Rechtsordnung bedingt, selbst wenn dabei andere Faktoren wie Armut, mangelnde Bildung und Fortleben archaischer (auch nicht- und vorislamischer) Normen eine Rolle spielen mögen.

Taharrusch Gama'i – Der »Tahrir-Platz von Köln«

Es liegt nahe, auch in anderen Fällen einen Zusammenhang zwischen islamischer Prägung und dem entsprechenden Frauenbild zu vermuten. In der Silvesternacht 2015 kam es in aller Öffentlichkeit, vor allem in Köln, aber auch in anderen Städten, zu massenhaften sexuellen Übergriffen auf Frauen, teils in Verbindung mit Raub und anderen Delikten.[195] Nicht ganz zu Unrecht sprach Alice Schwarzer daher vom »Tahrir-Platz von Köln«.[196] Die Täter – allein in Köln beinahe 200 – waren fast alle aus islamischen Ländern, mehrheitlich aus Nordafrika, und unter ihnen auch viele Asylsuchende und Personen, die sich illegal in Deutschland aufhielten. Über 1000 Strafanzeigen wurden in Köln erstattet; in Hamburg waren über 350 Frauen betroffen. Ähnliche Übergriffe gab es beispielsweise auch in Bielefeld, Nürnberg oder Stuttgart, Salzburg, Zürich und Helsinki. Es handelte sich um kollektive Übergriffe, bei denen Frauen von mehreren Tätern eingekreist und massiv sexuell belästigt, teilweise auch beraubt wurden. Dabei wurde auch die Methode des »Antanzens« angewendet, die schon länger bei Eigentumsdelikten üblich war und in verschiedenen deutschen Großstädten, darunter auch Berlin (z. B. Warschauer Straße), Nordafrikanern zugeschrieben wurde. Es handelt sich hierbei keinesfalls um zufällige, spontane oder improvisierte Aktionen. Nur eine massive Polizeipräsenz hatte verhindert, dass es auch 2016 wieder zu entsprechenden Silvesterausschreitungen in Köln gekommen ist. Für den Grünen-Vorsitzenden Cem Özdemir immerhin »Anlass zu Besorgnis«,[197] während andere Grüne glaubten, den Polizeieinsatz kritisieren zu müssen.

Unter dem arabischen »Fachterminus« Taḥarruš ǧamāʿī (kollektiver Übergriff) sind Sexualstraftaten in Gruppen – oft im Rahmen größerer Menschenmengen – in arabischen Ländern keine Seltenheit.[198] Sie wurden besonders in Ägypten im Zuge des »Arabischen Frühlings« (2011) bei Massendemonstrationen auf dem Tahrir-Platz in Kairo ein Charakteristikum der Revolte.[199] Die »kollektive Belästigung« wurde ein internationales Thema durch die CBS-Journalistin Logan, die Opfer des Taharrusch wurde. Hier kam es nicht nur zu Übergriffen, sondern zu regelrechten Massenvergewaltigungen. Sexuelle Belästigungen von Frauen in der Öffentlichkeit sind aber schon längere Zeit in vielen arabischen Ländern bekannt, wo sie sicher sowohl ein Ausdruck der sozialen Probleme als auch der islamischen Sexualmoral sind.[200] Da »Unzucht« nach islamischem Recht (Koran, Sure 24,2) streng bestraft wird, liegt es nahe, sich in unbewachten Momenten und im Schutz der Anonymität abzureagieren. Es gab Vorwürfe gegenüber den Muslimbrüdern, Vergewaltigungen angeregt zu haben, aber auch Vergewaltigungen durch Mitarbeiter der Sicherheitsapparate seien nicht selten.[201] Die Reaktionen auf die Silvesternacht in Deutschland waren sehr unterschiedlich. Zunächst waren die Medien »allzu zögerlich, die Problematik angemessen zu diskutieren«, wie selbst ein Autor einräumt, der islamfeindlicher Gesinnung gänzlich unverdächtig ist.[202] Die »Gewaltexzesse in Köln« waren für die ARD Anlass, eine Sondersendung unter eben diesem Titel bereits am 5. Januar 2016 auszustrahlen – allerdings erst nach 23:00 Uhr. Schon früher am Abend stellte das ZDF die Frage: »Was geschah in der Silvesternacht?« In diesem Kontext forderte die Parlamentarische Versammlung des Europarates in einer Entschließung (Nr. 13961), »die Medien … sollten nicht die Wahrheit vor der allgemeinen Öffentlichkeit verbergen, um politische Korrektheit zu gewährleisten.«[203] Schon am 1.1.2016 hatten einige Medien über die Sexualstraftaten in Köln[204] berichtet. Als die Ereignisse nicht mehr zu vertuschen waren,[205] erfolgten dann nach und nach die ersten Reaktionen: Kölns Bürgermeisterin Reker verärgerte die Öffentlichkeit mit treuherzigen Ratschlägen für betroffene Frauen,[206] die *Süddeutsche* diskutierte, »warum die Medien so spät über Köln berichteten«,[207] und der Bundesinnenminister warnte vorsorglich »vor Generalverdacht gegen Flüchtlinge«.[208] Die Grünen mahnten, man dürfe die »Taten nicht für rassistische Zwecke instrumentalisieren«.[209] Die »Aufschrei«-Feministin Anne Wizorek, schnell auf den Barrikaden bei sexistischen Witzen alternder Politiker, mahnte diesmal zur Besonnenheit: Man sollte jetzt nicht einseitig Vorwürfe gegen muslimische Migranten erheben, sexuelle Gewalt gegen Frauen habe eine Tradition in Deutschland, die es schon lange vor dem Eintreffen von Migranten gegeben habe.[210] Diese Binsenweisheit konnte allerdings nicht darüber hinwegtäuschen, dass es Massenvergewaltigungen in diesem Ausmaß in Deutschland eben bislang nicht gegeben hatte. Nicht ganz abwegig war die Frage von Jens Spahn (CDU) : »Wo ist eigentlich der Aufschrei, wenn es wirklich einen braucht?«[211] Auch die *Süddeutsche* fragte: »Wo bleibt eigentlich der neue Aufschrei?«[212] Aber offenbar überwog das Verständnis für die Täter, die ja Migrationshintergrund aufweisen konnten, gegenüber der Solidarität mit den vergewaltigten Frauen: »Viel zu selten ging es um die Frage, was die betroffenen Frauen erlebt haben, viel zu oft um die Frage, welche Hautfarbe, Herkunft oder Religion die Täter hatten und ob dies thematisiert werden darf, soll oder besser nicht.«[213] Ein Kölner Imam gab zu bedenken, die betroffenen Frauen treffe durch ihre Kleidung und Parfümierung eine Mitschuld.[214] Die ehemalige Familienministerin Schröder (CDU) gehörte zu den wenigen, die erkannten, man dürfe »das Thema der Gewaltbereitschaft vieler junger muslimischer Männer auf keinen Fall totschweigen ... denn dann würden rechtspopulistische ... Parteien ... Zulauf bekommen«.[215] Und Alice Schwarzer warnte in einem Spiegel-Interview vor »dieser falschen Toleranz«, sprach von »Terror«,[216] während »Szene-Feministin« *(Spiegel)* Wizorek schlaumeierte, dass »der Kern des Problems ... nicht der Islam, sondern das Patriarchat« sei.[217] Kenner des Islam und Koran-Leser könnten ergänzen, dass »der Islam« »das Patriarchat« begründet und aufrechterhält. Hier drängen sich die Worte von Ayaan Hirsi Ali, der somalischstämmigen Islam-Kritikerin, auf: »Es erstaunt mich immer wieder, wie leicht sich Nichtmuslime, die sich selbst als liberal betrachten – einschließlich Feministinnen und Schwulenrechtler –, ... überzeugen lassen, sich mit den Islamisten gegen ... Kritiker des Islam zu verbünden.«[218] Alice Schwarzer sprach etwas aus, was wenige wagten: »Auch in Bezug auf die Flüchtlinge dürfen wir nicht naiv sein.« Man habe ja bereits in den vergangenen 25 Jahren versäumt, »den agitierenden Islamisten etwas entgegenzusetzen«.[219] Eine Umfrage des Institutes YouGov ergab, dass 50 % der Bundesbürger in der Flüchtlingspolitik die Ursache für die Kölner Ereignisse sehen, 67 % sehen in der Kölner Silvesternacht »das Versagen der Integrationsbemühungen der letzten Jahrzehnte.«[220]

Die Ereignisse in Köln haben weltweit Aufsehen erregt. Selbst die *New York Times* titelte am 5. Januar 2016: »Reports of Attacks on Women in Germany Heighten Tension Over Migrants« und stellte eine Verbindung her zum »influx of … Muslim men« nach Deutschland.

Der sozialdemokratische slowakische Ministerpräsident, der wegen seiner erklärten Weigerung, muslimische Flüchtlinge in seinem Land aufzunehmen, 2015 kritisiert worden war, wiederholte seine Position in den ersten Tagen des Jahres 2016 und verwies dabei ausdrücklich auf die Kölner Ereignisse,[221] die er in dieser Art in seinem Land nicht wünsche. Der tschechische Präsident erklärte, es sei praktisch unmöglich, Muslime in Europa zu integrieren.[222] Deutliche Worte kamen auch aus Frankreich, das bereits umfassende Erfahrungen mit muslimischen Migranten hat. Alain Finkelkraut, der schon bezüglich seiner Wahlheimat Frankreich kritisch zur Migrationsthematik Stellung genommen hatte, spottete über den deutschen »Willkommensrausch«[223] und betonte, viele der Flüchtlinge seien an einer Integration in Europa gar nicht interessiert. Der französische Politiker und Autor Jean-Louis Bourlanges kommentierte: »Cologne nous fait découvrir … le ›choc des civilisations‹ au quotidien … les incidents de Cologne affichent l'existence d'une contre-société.«[224] Eine französische Zeitschrift wollte gar ein »pogrom sexuel«[225] sehen.

Der algerische Literat Kamel Daoud. der sich in der führenden französischen Zeitung *Le Monde* zu Wort meldete, bescheinigte uns eine Überdosis Naivität, erwähnte das sexuelle Elend in der arabisch-islamischen Welt und identifizierte ein »Werteproblem«.[226]

In der Tat scheint hier ein Zusammenstoß völlig unterschiedlicher »Welten« stattgefunden zu haben. Man hatte in einigen Ländern Europas mit einer gewissen Blauäugigkeit die Probleme übersehen, die sich zwangsläufig ergeben, wenn Menschen völlig anderer Prägungen (und mit einem islamischen Frauenbild) in großer Zahl auf unsere freizügigen westlichen Gesellschaften treffen. »Köln« blieb leider kein Einzelfall: Eine Reihe ähnlicher Vorfälle folgte in den Monaten danach – beim Karneval der Kulturen in Berlin und beim Schlossgrabenfest in Darmstadt gab es im Frühsommer 2016 ähnliche kollektive »Übergriffe«,[227] ebenso bei einem Sommerfest in Essen Anfang September 2016. Ein Kriminologe der Universität München hatte vorsorglich davor gewarnt, aus den Ereignissen von Köln »zu schließen, dass es zu solchen oder ähnlichen Vorfällen in nächster Zeit massiv kommen könnte, da wäre ich vorsichtig«.[228] Leider waren die einschlägigen Tätergruppen weniger »vorsichtig«, sondern begingen vergleichbare Übergriffe nur wenige Monate später erneut.[229] Wieder einmal hatte sozialwissenschaftliche Zurückhaltung die Realität nicht ausreichend berücksichtigt. Das Bemühen wird deutlich, »einen automatischen Zusammenhang zwischen Kriminalität und ethnischer Herkunft« als nicht vorhanden darzustellen oder herunterzuspielen; im Vordergrund steht die Absicht, »Pauschalisierungen zu vermeiden und eine bestimmte Gruppe von Menschen nicht unter Generalverdacht zu stellen«.[230] Mit anderen Worten: Wenn eine gewisse – ethnisch, kulturell oder religiös definierte – Tätergruppe immer wieder bei einem spezifischen Typ von Straftat in Erscheinung tritt, muss dieser Zusammenhang wegdiskutiert, aufgeweicht oder (postfaktisches Zeitalter?) einfach bestritten werden. Bassam Tibi, selbst Syrer, behielt leider recht: »Köln war nur der Anfang … Wenn Deutschland über eine Million Menschen aus der Welt des Islam holt … muss man sich auf einiges gefasst machen.«[231] Anfang Juli 2016 wurden auch schwedische Musikfestivals, wie sie dort in den hellen Sommernächten stattfinden, Schauplätze sexueller Gewalt; es gab 30 Anzeigen, das jüngste Opfer war zwölf.[232] Zwar sind in Schweden derartige Vorfälle nicht neu, doch die Polizei hat zugegeben, die Übergriffe heruntergespielt zu haben.[233] »Es ist egal, ob sie [die Täter] Afghanen waren«, sagte Dan Eliasson, der Chef der schwedischen Reichspolizei. Die Frage des *Spiegel,* ob es Bedeutung habe, »dass diese jungen Männer aus einer Gesellschaft stammen, in der Mädchen sich anders kleiden«, verneinte Eliasson im Mai 2016.[234]

Schon im Januar 2016 war bekannt geworden, dass eine systematische Vertuschung von Flüchtlingsgewalt bei der schwedischen Polizei Methode hat und bereits im Sommer 2015 sexuelle Übergriffe auf Frauen stattgefunden hatten. Der schwedische Ministerpräsident konstatiert, die Vertuschungsversuche der Polizei seien »ein Problem der Demokratie für unser Land«[235].

Kollektive Sexualverbrechen durch Menschen, die fast alle aus islamischen Ländern stammen, in mehreren europäischen Staaten und mit Schwerpunkten in Deutschland und Schweden sind traurige Höhepunkte, denn sie haben eine Vorgeschichte. Alice Schwarzer berichtete in einem *Spiegel*-Interview: »Vor etwa 20 Jahren hat mir einmal ein verantwortlicher Polizist in Köln gesagt: ›Frau Schwarzer, 70 bis 80 Prozent aller Vergewaltiger in Köln sind Türken.‹ Ich war völlig entsetzt und habe gesagt: ›Du lieber Gott, aber das müssen Sie doch thematisieren!‹ Denn erst, wenn man ein Problem benennt, kann man es auch verändern. Und da hat er gesagt, no way, das sei politisch nicht opportun.«[236] In der britischen Stadt Rotherham wurde ein pakistanischer Kinderschänderring (ca. 1400 Opfer) erst mit erheblicher Verzögerung aufgedeckt, eben aufgrund solcher Opportunitätsgesichtspunkte (2014/15)[237].

Vergewaltigungen haben eine traurige Tradition in der islamischen Welt,[238] sie werden als Waffe eingesetzt und haben eine Funktion als Ventil angesichts tiefer Frustration, sind aber auch Ergebnis sozialer Verhältnisse vor dem Hintergrund islamischer Moral.

»Zinā« ist der Terminus technicus für »Unzucht« im Islam. Dieser Begriff fasst alles zusammen, was nach islamischem Recht verboten ist: Homosexualität, außereheliche Sexualität und »Ehebruch«. Bis heute gilt Zinā als schwere Straftat, die – in Übereinstimmung mit den klassischen Rechtsschulen des Islam – streng geahndet wird, denn bereits der Koran dokumentiert Gottes Abscheu gegenüber solchen Taten (Sure 17, Vers 32). Die Todesstrafe wird für Zinā immer noch vollzogen, z. B. in Pakistan oder im Sudan; in Saudi-Arabien, Somalia und in Iran[239] durch Steinigung.[240] Unter dem Eindruck dieser Rechtsauffassung hat sich in islamischen Ländern eine rigide Sexualmoral entwickelt, die eine Verbindung herstellt zwischen einem überhöhten Ehrbegriff (der uns bereits beim Ehrenmord begegnet ist) und der Tabuisierung des Sexuellen, das ja auch aus islamischer Sicht streng reglementiert ist. Da es darum geht, »die sexuelle Integrität der Ehefrau und anderer weiblicher Sippenmitglieder zu verteidigen«, ist die Hemmschwelle gegenüber solchen Übergriffen in islamischen Ländern in der Regel sehr hoch, zumindest dort, wo die Gesellschaft intakt ist. Andererseits hat die soziale Entwicklung in vielen islamischen Staaten dazu geführt, dass viele junge Menschen, auch solche mit Ausbildung, in einer ausweglos scheinenden Situation sind: Sie sind arbeitslos bzw. haben keine berufliche Perspektive, verfügen über kein eigenes Einkommen, haben keine Aussicht auf eine eigene Wohnung und somit auch nicht die Chance zu heiraten. Eine vor- und außereheliche Beziehung ist undenkbar oder zumindest sehr riskant. Deshalb wird Sexualität zur Obsession, und sexuelle Belästigungen im öffentlichen Raum – in der Anonymität der Straße – sind ein Charakteristikum des Alltags in muslimischen Ländern, das jedem vertraut ist, der dort gelebt hat.[241] Wenn Kontrollinstanzen fallen, wenn die öffentliche Ordnung erodiert, wenn der Mob die Straßen beherrscht, dann macht sich die aufgestaute Frustration Luft, und es kommt zu sexuellen Massenübergriffen und Vergewaltigungen wie etwa auf dem Tahrir-Platz im von ahnungslosen Europäern so hoch gelobten Arabischen Frühling.[242] Ähnliches geschah in der Silvesternacht auf vielen Plätzen Europas. Migranten, oft jung, die unkontrolliert, unregistriert und unbehelligt in europäische Städte geströmt waren, sahen einerseits eine sehr offene Gesellschaft, in der auch Frauen freizügig agierten und unverkrampft mit Männern umgingen; andererseits waren sie enttäuscht, dass Erwartungen, die sie gehegt hatten, und Vorstellungen,[243] die sie sich vom Westen gemacht hatten, nicht unmittelbar Wirklichkeit wurden. Andere, die schon länger im Land waren, wussten, dass in der Silvesternacht auch im öffentlichen Raum gefeiert wird, eine große Menschenmenge unterwegs ist und dass Straftaten in Deutschland nicht sofort sanktioniert oder vielfach gar nicht bestraft werden. Die Hemmungen, sich an Frauen, die ihrer Auffassung nach ohnehin »Schlampen«[244] waren, zu vergehen, war also gering. Muslime, die unvorbereitet und unvermittelt zu uns kommen und ohne irgendeine Form der Orientierung sich selbst überlassen bleiben, werden – nicht zuletzt durch ihre islamische Prägung – zu einem Risiko.

Auch der Umgang mit »Vergewaltigungen« in der islamischen Welt ist problematisch, denn fast automatisch wird – vor dem Hintergrund der »Zinā« – eine Mitverantwortung der vergewaltigten Frau unterstellt, woraus sich dann auch strafrechtliche Folgen für diese, die sich selbst als Opfer fühlt, und es ja auch nach unserer Rechtsauffassung ist, ergeben. Die »Reise- und Sicherheitshinweise« des Auswärtigen Amtes für die Vereinigten Arabischen Emirate weisen darauf hin, »dass Homosexualität und nichtehelicher Geschlechtsverkehr verboten sind und ... strafrechtlich geahndet werden können.«[245] Im Dezember 2013 wurde eine Österreicherin in Dubai vergewaltigt, worauf sie in Haft genommen und angeklagt wurde. Vergleichbar ist der Fall einer Norwegerin, die, ebenfalls 2013, nach einer Vergewaltigung zu einer Gefängnisstrafe verurteilt wurde.[246] Noch frischer im Gedächtnis ist der Fall einer jungen Niederländerin, die in Katar im Frühjahr 2016, nachdem sie eine Vergewaltigung angezeigt hatte, zu einer Haftstrafe verurteilt wurde (inzwischen aber freigekommen ist).[247] Dies sind nur wenige Beispiele aus jüngster Zeit, doch auch in früheren Jahren gab es bereits solche Vorkommnisse. Die Beweislast liegt hier stets beim Opfer, das allerdings praktisch keine Chance hat, den geforderten »Beweis« zu führen.

Vor diesem Hintergrund ist es unrealistisch zu glauben, dass Menschen, die mit entsprechenden islamischen Rechtsnormen und von diesen geprägten Vorstellungen sozialisiert wurden, ein Frauenbild haben, das ihre Integration leicht macht. Wer in einer Gesellschaft aufgewachsen ist, in der Beziehungen zum anderen Geschlecht tabuisiert werden, wer in einem religiösen Kontext heranwuchs, in welchem ein hierarchisiertes Geschlechterverhältnis besteht, und wer dann in unsere freizügige, offene Gesellschaft hineingeworfen wird, kann sich hier kaum zurechtfinden und wird – wenn Kontrolle, Sanktionen und Schranken als fehlend wahrgenommen werden – möglicherweise zur Gefahr. Dass entsprechende Traditionen nicht einfach überwunden werden können, zeigen Fälle, in denen die Täter in Deutschland aufgewachsen waren und sogar bereits so weit integriert waren, dass sie ein Hochschulstudium in Deutschland aufnehmen konnten. Die kollektiven Übergriffe, die es in den letzten Monaten immer wieder gegeben hat, belegen, dass wir es mit ganz neuen Phänomenen von enthemmten Sexualtätern und bisher unbekannten Dimensionen von Sexualtaten zu tun haben, die kulturell-geografisch eindeutig verortbar sind und bei denen unter den geschilderten rechtlich-religiösen Voraussetzungen gehandelt wurde. Es ist weder hilfreich, dies mit der Plattitüde zu relativieren, Vergewaltigungen gebe es schon immer bei uns, noch trägt es zu einem verbesserten Islambild in der Öffentlichkeit bei, wahrheitswidrig zu behaupten, wie durch Islamverbände geschehen, Massenvergewaltigungen gebe es in der islamischen Welt nicht.[248] Dass sexuelle Massenübergriffe, die zum Jahreswechsel 2015/16 noch wie ein Schock wirkten, im Juni 2016 schon deutlich weniger Aufsehen erregten und auch kaum noch Empörung auslösten, unterstreicht eine Schlagzeile vom Januar 2016: »Das Phänomen ›taharrusch gamea‹ ist in Deutschland angekommen«.[249] Und so werden eine Reihe europäischer Städte zusammen mit dem Tahrir-Platz in Kairo, künftig zu den Orten gehören, »wo sexuelle Belästigung Alltag ist«.[250]

Schwere und schwerste Sexualstraftaten, aber auch »einfache« Gewalttaten gegen Frauen, bei denen Täter Muslime waren, beunruhigen die Öffentlichkeit. Der Sexualmord an der Studentin Maria L. in Freiburg durch einen siebzehnjährigen [?] afghanischen Flüchtling im Oktober 2016 etwa – die »Tagesschau« berichtete nicht, denn, so »Tagesschau«-Chef im *Bild*-Talk, man dürfe sich »nicht treiben lassen«.[251] Schließlich gebe es 300 Morde pro Jahr in Deutschland – man berichte auch nicht über jeden Mord, den ein Deutscher begehe. Die Frage wurde gestellt: Hätte man so auch argumentiert, wenn ein Nazi einen Flüchtling ermordet hätte? Maria L. – ein Einzelfall, wenn auch innerhalb eines signifikanten Umfelds in Freiburg: *FAZ.net* schrieb am 3.12.2016: »In Freiburg gibt es seit einiger Zeit Probleme mit minderjährigen Ausländern.« Solche seien »auch immer wieder durch Körperverletzungen und Drogenhandel aufgefallen.« Und: „Vereinzelt kam es zu sexuellen Belästigungen.«[252] In Freiburg gab es weitere Einzelfälle: Im September 2016 wurde eine 13-Jährige von Jugendlichen missbraucht,[253] von denen zwei Migrationshintergrund hatten.[254] Ende Oktober 2016 wurden zwei Frauen von mehreren Männern belästigt, konnten sich aber in eine Polizeistation flüchten – die Tatverdächtigen stammten aus Gambia. Ähnliche Einzelfälle gab es auch anderswo: In Bochum vergewaltigte ein irakischer Flüchtling zwei Studentinnen und verletzte sie so schwer, dass die Polizei zunächst wegen Mordes ermittelte. In Hameln band ein Mhallami-»Kurde« seine Lebensgefährtin an ein Auto und schleppte sie durch die Straßen, bis das Seil riss und das Opfer schwerst verletzt liegen blieb (im Dezember 2016 befindet sich das Opfer an einem geheim gehaltenen Ort in der Reha, die noch mindestens sechs Monate in Anspruch nehmen wird). Mitte Dezember 2016 begann ein Gerichtsverfahren gegen einen Iraker, der sich im Flüchtlingsheim 68-mal an einem Jungen vergangen hat. Bei einer derartigen Häufung von Einzelfällen fällt es zunehmend schwer, den Wald vor lauter Bäumen nicht zu sehen.

Aber auch in anderen Bereichen werden islamische Unduldsamkeit und muslimischer Fanatismus zu einem Problem, das uns unmittelbar im Westen betrifft und bedroht. Dabei wollen wir im Folgenden lediglich zwei Beispiele beleuchten, von denen eines die Weltöffentlichkeit besonders schockiert und beschäftigt hat und das andere einen direkten Bezug zu Deutschland aufweist.

Tödliche Satire

Schmähgedichte und Spottverse waren bereits im vorislamischen Arabien eine gängige literarische Gattung. Auch Mohammed, der Prophet des Islam, wurde von seinen Kritikern und Gegnern in Gedichten verspottet, wie es arabischer Tradition entsprach. Diese Dichter bezahlten ihren Spott mit dem Leben – zu ihnen gehörte z. B. auch 'Aṣmā' bint Marwān, eine Dichterin, wie es sie im damaligen Arabien nicht selten gab. So waren also für den islamischen Umgang mit Spöttern über den Islam durchaus bereits Präzedenzfälle vorhanden.

Auch in der Gegenwart haben Satire und Spott gegenüber dem Islam erneut hohe Wellen geschlagen und – wie zu Lebzeiten des Propheten – Todesopfer gefordert. Besonders brisant war dabei, dass die in diesem Kontext entstehende Krise im Spannungsfeld zwischen islamischer und westlicher Welt an besonderer Dynamik gewann und praktisch weltweite Dimensionen annahm.

Am 30.9.2005 erschien in der dänischen Zeitung *Jyllands-Posten* eine Reihe von zwölf Karikaturen, die den Propheten des Islam, Mohammed, darstellten.[255] Etwa zwei Wochen später wurden sie in einer ägyptischen Zeitung nachgedruckt. In Dänemark hatten sich schon im Vorfeld Spannungen im Zusammenhang mit einer sich verschärfenden Einwanderungsdebatte und einer Stimmung, die immer konfliktträchtiger wurde, entwickelt.[256] Aber erst durch ein Dossier (mit teilweise manipuliertem Material), das dänische Imame im Spätherbst 2005 angefertigt hatten und auf einer Nahostreise an zahlreiche Organisationen und Persönlichkeiten verteilten, kam es zu einer Eskalation,[257] nachdem zunächst in der islamischen Welt kaum Reaktionen erfolgt waren. Schon im Oktober hatten zwar Botschafter islamischer Staaten in Dänemark die Initiative ergriffen, und dänische islamische Organisationen hatten unter Berufung auf den »Blasphemie-Paragraphen« des dänischen Strafgesetzbuches Strafanzeige erstattet; aber diese eher bürgerlich-rechtlichen Schritte standen in scharfem Kontrast zur Gewaltwelle, die dann ausbrach. Die Entschuldigung des Chefredakteurs von *Jyllands Posten*[258] Ende Januar 2006 kam zu spät und ging vielen nicht weit genug. Aus Iran kam der Aufschrei, die Karikaturen-Kampagne sei von Juden inspiriert und finanziert. Am 31.1.2006 wurde ein EU-Büro in Gaza gestürmt, in Århus und in Kopenhagen kam es zur Räumung von Redaktionsgebäuden nach Bombendrohungen. Am 4.2.2006 wurden die dänische und norwegische Botschaft in Damaskus in Brand gesetzt – als »Kollateralschäden« brannten auch die Botschaften von Schweden und Chile. Der Mörder eines katholischen Priesters im türkischen Trabzon (Anfang Februar 2006) gab als Motiv die dänischen Mohammed-Karikaturen an. Bei Angriffen auf Kirchen und christliche Läden in Nigeria kamen am 18.2.2006 16 Menschen ums Leben, 18 Kirchen wurden zerstört, Flaggen (nicht nur Dänemarks, auch beispielsweise Deutschlands)[259] wurden verbrannt, Boykottaufrufe wurden lanciert, Drohungen wurden ausgestoßen. Die

Financial Times Deutschland (2.1.2010) ging von über 100 Toten aus, die infolge der Mohammed-Karikaturen weltweit zu beklagen waren; andere Quellen nehmen deutlich höhere Zahlen an.[260] 2008 und 2010 gab es vergebliche Versuche, Kurt Westergaard, einen der dänischen Karikaturenzeichner, in seinem Haus zu ermorden. Al-Kaida bezog sich bei einem Anschlag auf die dänische Botschaft in Islamabad (mindestens sechs Tote) ausdrücklich auf die Mohammed-Karikaturen. Anschläge auf Zeitungsgebäude in Kopenhagen und Berlin *(Die Welt)* konnten verhindert werden. Auch weiterhin wurden Islam- und Mohammed-Karikaturen in der westlichen Welt veröffentlicht – und wieder reagierten islamische Extremisten mit dumpfer Gewalt. Einen vorläufigen Höhepunkt fand die Gewalt gegen Karikaturisten beim *Charlie-Hebdo*-Anschlag in Paris im Januar 2015. Ein Anschlag auf eine Mohammed-Karikaturen-Ausstellung[261] in Garland (Texas) Anfang Mai 2015 scheiterte, zwei Angreifer wurden von Sicherheitskräften erschossen.

All diese Beispiele weisen auf ein immer wiederkehrendes Grundmuster hin: auf der einen Seite Worte und Bilder – auf der anderen Seite Gewalt und Mord. Die Menschenleben, die ein entfesselter islamischer Fanatismus im Zusammenhang mit den Karikaturen gefordert hatte, wurden – gerade von muslimischer Seite – kaum thematisiert und schon gar nicht kritisiert, dagegen schäumte die Kritik an den Karikaturen nach der Hetzkampagne dänischer Imame geradezu über, wobei diese Kampagne erst eingesetzt hatte, nachdem die ersten Veröffentlichungen der Karikaturen in der islamischen Welt keine starke Resonanz gefunden hatten.

In Iran wurde – sozusagen als Revanche – ein Holocaust-Karikaturen-Wettbewerb angekündigt in der Absicht, die Grenzen westlicher Meinungs- und Pressefreiheit auszutesten. Der Hamas-Führer Maschal drohte, man werde nicht vergeben, forderte aber eine Entschuldigung ein, bevor es zu spät sei.[262] Der damalige türkische Premierminister Erdoğan sah die Karikaturen als Angriff auf »unsere spirituellen Werte« und forderte eine Einschränkung der Pressefreiheit.[263] Im indischen Bundesstaat Uttar Pradesch lobte ein Minister ein hohes Kopfgeld für die Ermordung eines der dänischen Karikaturisten aus (fast 10 Mio. €).[264] Auch in Europa haben Muslime militant reagiert, besonders in Großbritannien, wo ein Protestmarsch von der Zentralmoschee in London zur dänischen Botschaft, organisiert von berüchtigten islamistischen Gruppierungen, die Öffentlichkeit schockierte. Bei der Demonstration wurden Plakate mit Slogans wie »Massacre those who insult Islam«, »Freedom go to hell« und »Europe you'll come crawling, when the Mujahideen come roaring«.[265] Einer der Demonstranten hatte sich mit einer Sprengstoffgürtel-Attrappe geschmückt. David Winnick, Mitglied des Innenausschusses des britischen Unterhauses, sprach sich für die Abschiebung der Träger der Plakate aus. Einer der Protagonisten dieser und anderer Aktivitäten, Anjem Choudary, hat öffentlich angekündigt, Großbritannien werde so oder so islamisch werden, wobei er auch eine gewaltsame Machtübernahme durch den Islam für möglich hielt.[266] Aber auch in der islamischen Welt gab es gemäßigte Stimmen, die vor Überreaktionen warnten, wie etwa die Organisation islamischer Staaten. Das Spektrum der Reaktionen im Westen reichte von Missbilligung und Ablehnung bis zur Betonung der Pressefreiheit als hohes Gut, das auch Vorrang habe vor religiösen Gefühlen. Der Vatikan, als potenziell selbst Betroffener, sah die Karikaturen als »inakzeptable Provokation«; es sei nicht legitim, unter Berufung auf die Meinungsfreiheit religiöse Gefühle von Gläubigen zu verletzen. Nobelpreisträger Günter Grass bewertete die Karikaturen ebenfalls als »bewusste … Provokationen«[267] der rechten Presse, die fremdenfeindlich seien. Auch für die Gewaltexzesse der islamischen Seite hatte er ein gewisses Verständnis und wertete sie als »die fundamentalistische Antwort auf eine fundamentalistische Aktion des Westens.«[268] Bundesinnenminister Wolfgang Schäuble (CDU) unterstützte dagegen die Haltung der dänischen Regierung, die konsequenterweise abgelehnt hatte, sich für die Karikaturen zu entschuldigen. »Warum sollte sich die Regierung für etwas entschuldigen, was in Ausübung der Pressefreiheit passiert ist? Wenn sich da der Staat einmischt, dann ist das der erste Schritt zur Einschränkung der Pressefreiheit.«[269] Die französische Zeitung *France-Soir* bestand darauf: »Ja, wir haben ein Recht, Gott zu karikieren.«[270] Ein Empörungssturm der Muslime erfolgte, worauf der Chefredakteur entlassen wurde. Da der Eigentümer von *France-Soir,* Raymond Lakah, griechischer Katholik syrisch-ägyptischer Herkunft ist, liegt es nahe, hier von Dhimmitude[271] zu sprechen, wie die Anbiederung oder servile Haltung gegenüber dem Islam genannt wird, die für orientalische Christen zuweilen typisch ist, die lange als Bürger zweiter Klasse unter islamischer Herrschaft gelebt haben. Die Boykottaufrufe in der islamischen Welt gegen dänische Produkte führten zu einem deutlichen Rückgang der dänischen Exporte in die islamische Welt; andererseits sanken auch die Zahlen skandinavischer Touristen in islamischen Ländern drastisch. Dagegen nahmen dänische Exporte in die USA um 17 % zu,[272] denn in den USA kam es zu bewussten Solidaritätskäufen hochwertiger dänischer Produkte. Wenn von katholischer Seite betont wurde, Satiren über Christliches und Muslimisches seien zwar legitim, nicht aber über Gott, den Koran oder Mohammed, so ist darauf zu verweisen, dass Mohammed im Islam keinerlei göttliche Rolle oder Substanz zugebilligt wird, da er im Koran ausdrücklich als »normaler Mensch« dargestellt wird (Sure 18, Vers 110). Analysen des ganzen Komplexes um die Mohammed-Karikaturen kamen zu dem Schluss, die Karikaturen alleine wären wohl kaum imstande gewesen, derartig gewalttätige und heftige Überreaktionen auszulösen; hier sei vielmehr nur zum Ausbruch gekommen, was sich an Frustration, Ressentiment und Ärger über »doppelte Standards« und Heuchelei der westlichen Welt aufgestaut habe. Die »Karikaturen-Krise« hat vor allem deutlich gezeigt, wie tief die Kluft zwischen Muslimen und Nichtmuslimen weiterhin ist. Erschreckend ist die Unverhältnismäßigkeit der Reaktionen und die damit verbundene geringe Hemmschwelle zur Gewalt: Karikaturen auf der einen Seite, eine Explosion von Hass und Gewalt auf der anderen. Dabei ist die Gewalt keineswegs auf die islamische Welt beschränkt. Im Gegenteil, wieder einmal zeigt sich, dass gerade Muslime in westlichen Gesellschaften besonders heftig und nicht etwa besonnener oder ruhiger reagieren. Dass Muslime, die in Europa und in den USA leben, so wenig mit unseren Konzepten der »Meinungsfreiheit«,

»Pressefreiheit« und »Toleranz« anfangen können, ist ein Zeichen dafür, dass »Integration« weiterhin ein Ziel ist, das in der Ferne liegt. Schon bei der ersten Bewährungsprobe zeigt sich, dass unter der scheinbar glatten Oberfläche einvernehmlichen Zusammenlebens zuweilen Ablehnung, Unverständnis und Feindschaft brodeln. Eruptionen brauchen nur relativ geringfügige Anlässe. Und auch eine deutliche Asymmetrie wird sichtbar: Die antiwestlichen und antijüdischen Karikaturen, die nicht selten in der islamischen Welt zu sehen sind, führen bei uns zu keinen heftigen Reaktionen, während man jedoch islamischerseits dem Westen nicht die Toleranz entgegenbringt, die man – quasi als selbstverständlich – vom Westen erwartet. Auch dies wird auf islamischer Seite als »Schwäche« gewertet. Selbst wenn es schwierig bleibt, die Relation zwischen denjenigen Muslimen, die überlegt und differenziert reagieren, und solchen, die Hass befürworten und Gewalt billigen, genau zu quantifizieren, so muss doch in jedem Fall das gelten, was Ayaan Hirsi Ali wie folgt auf den Punkt bringt: »Im Besonderen müssen wir gekränkten westlichen Muslimen sagen, dass es nicht unsere Aufgabe ist, uns ihren Glaubensvorstellungen anzupassen und Rücksicht auf ihre Empfindlichkeiten zu nehmen, sondern dass sie lernen müssen, mit unserem Bekenntnis zur Redefreiheit zu leben.«[273]

Hat der deutsche Papst den Islam beleidigt?

Am 12.9.2006, nur wenige Monate nachdem die Krise um die dänischen Mohammed-Karikaturen ausgebrochen war, hielt Papst Benedikt XVI. eine Vorlesung an der Universität Regensburg zum Thema »Glaube, Vernunft und Universität«. In dieser zitiert er den byzantinischen Kaiser Manuel II. Palaiologus (1350–1425). Dieser habe »in erstaunlich schroffer, uns überraschend schroffer Form« einem muslimischen Gesprächspartner gegenüber geäußert: »›Zeig mir doch, was Mohammad Neues gebracht hat, und da wirst du nur Schlechtes und Inhumanes finden wie dies, dass er vorgeschrieben hat, den Glauben … durch das Schwert zu verbreiten.‹«[274] Ein Sturm der Entrüstung brach in der islamischen Welt los. Nicht nur in der Türkei, selbst im fernen Malaysia gab es harsche Kritik, ebenso in arabischen

Ländern[275] wie auch vom Zentralrat der Muslime in Deutschland, von deutschen Zeitungen und Politikern. Allerdings war es dann auch ein Journalist der türkischen Zeitung *Hürriyet* (Freiheit), Mehmet Yilmaz, der angesichts der pauschalen und undifferenzierten Kritik vermutete, dass »niemand von jenen in der islamischen Welt, die den Papst wegen seiner Rede attackieren, die Papst-Rede auch gelesen hat«.[276] Dies räumte daraufhin Ali Bardakoğlu, Chef des türkischen Religionsamtes DITIB, auch ein. Im ersten Zorn hatten viele Muslime die fraglichen Zeilen nicht als Zitat in einem wissenschaftlichen Vortrag, sondern als persönliche Meinung und Aussage des Oberhauptes der katholischen Kirche gewertet. Viele hatten das kritisierte Zitat selbst gar nicht gelesen, sondern nur Presseberichte darüber (die wohl ihrerseits bereits den eigentlichen Sachverhalt nicht korrekt wiedergaben).

Benedikt XVI. musste erkennen, dass er als Papst nicht mehr, wie er es als Hochschullehrer lange Zeit getan hatte, wissenschaftliche Vorträge mit nuancierten Aussagen, dialektischer Argumentationsweise und Zitaten aus Originalquellen halten konnte, wie es für jeden Wissenschaftler selbstverständlich ist. Als Oberhaupt der größten christlichen Kirche wurden all seine öffentlichen Äußerungen von der breiten (auch unreflektierten) Öffentlichkeit aufgenommen – und für diese gab es nur noch den Papst Benedikt XVI., nicht mehr den ehemaligen Professor Ratzinger. Jedes Wort von ihm war jetzt ein »Papst-Wort« im Namen der katholischen Kirche. Manche Stimmen der islamischen Welt erhoben schnell den Vorwurf, man habe es mit einem neuen »Kreuzzug« zu tun, und auch der (bereits zitierte) Fernsehprediger Yusuf al-Qaradawi verlieh seinem Zorn Ausdruck. Aber einige Besonnene unter den Muslimen verwiesen darauf, dass der Papst lediglich eine historische Quelle zitiert habe, ohne sich mit ihr zu identifizieren.[277]

Besonders Internetforen sprühten vor Hass und Drohungen, wobei sicherlich viele, die dort ihrer diffusen Wut Luft machten, gar nicht in der Lage oder gewillt waren, zwischen einer Papst-Äußerung und einem Zitat zu unterscheiden. Sichtlich erschrocken bemühte sich der Vatikan um Schadensbegrenzung, betonte den akademischen Kontext der Papst-Äußerungen, die Dialogbereitschaft der Kirche und ihres Oberhirten sowie den Respekt des Papstes vor Koran und Islam. Die muslimische Seite antwortete mit einem offenen Brief 38 islamischer Religionsgelehrter am 25.9.2006, in welchem sie den »Gleichklang zwischen den Wahrheiten der koranischen Offenbarung und den Fragen der menschlichen Intelligenz« hervorhoben, aber auch darauf verwiesen, dass eines der Extreme, die der Islam vermeiden möchte, darin liegt, »den analytischen Verstand zum ultimativen Schiedsrichter der Wahrheit zu machen«. Bezüglich der Gewaltdiskussion im Spannungsfeld von Islam und Christentum geht das Schreiben auch auf die Bibelstelle (Matthäus 10,34–36) ein, wo das Christentum nicht ganz seinem Image als friedliebender Religion gerecht werde. Zwar wird eingeräumt, dass der Islam sich »teilweise als ein Ergebnis von Eroberung« ausbreitete, »aber der größere Teil seiner Expansion erfolgte als Resultat von Predigt und missionarischer Aktivität.« Das Schreiben stellt fest: »Gott findet keinen Gefallen am Blut.«[278]

Insgesamt ist das Schreiben in einem eher konsensuellen Tenor gehalten, ähnlich wie der offene Brief »Ein gemeinsames Wort zwischen Uns und Euch«, das 138 Islam-Gelehrte im Oktober 2007 an Führer christlicher Kirchen richteten. Das Schreiben, das unter dem Koranvers »O Volk der Schrift, kommt herbei zu einem Wort, das gleich ist zwischen uns und euch« (Sure 3, Vers 64) als Überschrift steht, betont Gemeinsamkeiten zwischen beiden Religionen. Die *ZEIT* kommentierte: »In der 1400-jährigen Geschichte der muslimisch-christlichen Beziehungen hat es eine solche Initiative noch nicht gegeben.«[279] So sei die Regensburger Vorlesung des Papstes »gerade wegen ihres provokativen Gehaltes … fruchtbar« geworden. In der Folge wurde, auf Anregung des Papstes, das »katholisch-muslimische Forum« gegründet, das seither dreimal getagt hat – letztmals 2014 in Rom.

Selbst der ehemalige iranische Staatspräsident Khatami forderte – ganz im Gegensatz zum geistlichen Oberhaupt Irans, Ali Chamenei, der einen Kreuzzug witterte – zur Mäßigung und zur sachlichen Auseinandersetzung mit dem Papst-Vortrag auf. Der franko-tunesische Autor Abdelwahab Meddeb meinte, der Papst dürfe sich nicht »einschüchtern lassen. Er hat sich bereits zu sehr entschuldigt«.[280]

Trotz der konzilianten Töne blieb dennoch Skepsis. So befand der damalige Vorsitzende der Deutschen Bischofskonferenz, Kardinal Lehmann, im Dezember 2006, man sei »mit dem Begriff des interreligiösen Dialogs … zu blauäugig«.[281]

In der Tat gab es ja neben dem Austausch wohlmeinender Schreiben und dem Bemühen um Gemeinsamkeiten weiterhin kompromisslose Repräsentanten des Islam, die keineswegs Verbindendes sehen oder suchen wollten. Die Papst-Rede und die voreiligen Überreaktionen vieler Muslime haben gezeigt, wie angespannt das christlich-muslimische Verhältnis ist, wie schnell man auch bereit war, etwas misszuverstehen, was ins Raster der eigenen Vorurteile passte, und wie rasch man islamischerseits eifrig dabei war, anzuklagen und zu verurteilen. Von christlicher Seite bemühte man sich zwar beflissen einzulenken, abzuwiegeln, zu beschwichtigen, wusste aber durchaus, dass es nicht nur die islamischen Gelehrten gab, die wohl abgewogene Worte des Ausgleichs wählten, sondern dass – wie sich dann ja bestätigte – auch Fanatismus und Gewalt zum Ausbruch kommen würden. Immer wieder zeigt sich, dass viele Muslime, die unter uns leben, eben noch nicht in unserer Gesellschaft angekommen sind, dass sie nach wie vor nicht adäquat mit anderen Meinungen, mit Satire oder Kritik umgehen können. Viele glauben zwar, die Vorteile unserer Gesellschaft nutzen zu können, sind aber nicht bereit, die Meinungsvielfalt und das breite Spektrum künstlerischer, journalistischer, politischer oder wissenschaftlicher Äußerungen und Diskussionen – wozu eben auch Satire und Karikatur, prononcierte Thesen und pointierte Aussagen gehören – zu tolerieren und als selbstverständlich zu betrachten. Sie vergessen dabei, dass sie in unsere Gesellschaft gekommen sind, um ihr eigenes Leben zu verbessern, und wir ihnen dabei nicht nur die entsprechenden Chancen und Rechte, sondern auch materielle Unterstützung geboten haben. Wir sollten also erwarten können, dass auch Muslime unsere Werte und Normen – von denen nicht zuletzt auch sie profitieren – akzeptieren.

»Mohammed-Karikaturen« und »Papst-Zitat« waren zwei besonders plastische Beispiele für die Probleme im Spannungsfeld »Islam« und »Meinungsfreiheit«. Es gäbe viele weiter vergleichbare Fälle: Etwa die Ermordung des holländischen Politikers Pim Fortuyn – der (als Homosexueller) auch islamkritische Positionen vertrat – kurz vor den niederländischen Parlamentswahlen (6.5.2002) durch einen militanten Tierschützer, der zwar kein Muslim war, aber aussagte, er habe »Muslime schützen« wollen, auf deren Kosten Fortuyn sich profiliert habe.[282]

Weit drastischer noch war die Ermordung Theo van Goghs. Der Publizist und Regisseur van Gogh hatte sich mehrfach in spöttischer, teilweise zynischer Weise zu verschiedenen Themenbereichen geäußert, z. B. über Juden und Muslime, wobei er durchaus auch die Grenzen des guten Geschmacks deutlich überschritt. Zusammen mit der ehemaligen Muslima Ayaan Hirsi Ali machte er den Film *Submission*[283] über die Unterdrückung der Frau durch den Islam, der im August 2004 im niederländischen Fernsehen ausgestrahlt wurde. Daraufhin kam es muslimischerseits zu empörten Reaktionen, und dies nicht zuletzt deshalb, weil im Film häufig Koranzitate als Beleg gezeigt wurden. Van Gogh und Hirsi Ali erhielten Morddrohungen. Hirsi Ali, die ihre Feinde wohl besser kannte als van Gogh, akzeptierte Polizeischutz, den dieser jedoch ablehnte. Er wurde am 2.11.2004 auf offener Straße ermordet. Ein marokkanischstämmiger Niederländer schoss van Gogh nieder und schnitt ihm die Kehle durch. Mit einem Messer befestigte der Täter ein mehrseitiges Bekennerschreiben am Körper seines sterbenden Opfers. Darin drohte er auch die Ermordung Hirsi Alis an und fügte sehr bezeichnenderweise hinzu: »Keine Diskussionen, keine Demonstrationen, keine Petitionen.«[284] Prägnanter kann man die Haltung des militanten Islam nicht zum Ausdruck bringen. Es kann keine Diskussion, keinen Dialog, keine intellektuelle Auseinandersetzung geben – nur stumpfe, dumpfe Gewalt. Dies rückt auch das naive westliche Konzept des »Islam-Dialogs« in ein neues Licht, dessen Grundlage »Täuschungen« und »westliches Wunschdenken« seien, wie der deutsch-syrische Göttinger Professor Bassam Tibi zutreffend konstatiert. Alle Dialogansätze müssen dem radikalen Muslim als Versuche erscheinen, seine einzig richtige Position zu schwächen, seine Überzeugungen (Wahrheiten) aufzuweichen und mit westlicher »Diskussionskultur« göttliche Gebote zu relativieren.

Die Bandbreite ist groß und reicht von ehemaligen Muslimen, die ihre Religion aufgegeben haben, wie etwa Ayaan Hirsi Ali, über gemäßigte Muslime, die unsere Standards bezüglich Meinungsfreiheit teilen und von denen einige selbst als Kabarettisten[285] – teilweise selbstironisch – auftreten, bis hin zu kompromisslosen Radikalmuslimen, die zu ihren Mordtaten stehen. Der Mörder Theo van Goghs sagte dem Gericht: »Ich würde es wieder tun.«[286] Denkt man in diesem Zusammenhang nicht unweigerlich an die Untersuchung, die eine beunruhigend hohe Zustimmungsrate unter Türkischstämmigen in Deutschland ergab, die Gewalt zur »Verteidigung« des Islam für berechtigt hält?[287] Man darf also annehmen, dass es immer wieder Muslime geben wird, die auch Islam-Kritik und Islam-Satire als Grund für Gewalt gelten lassen.

Parallelgesellschaft

Von ihrer politischen Haltung über ihre Einstellung zu Frau, Ehe und Familie bis hin zu ihrem Verständnis von Meinungs- und Pressefreiheit stellen sich viele konservative und radikale Muslime außerhalb unseres Staates, unserer Gesellschaft und unseres Rechts- und Wertesystems. Sie vertreten Positionen, die dem diametral entgegengesetzt sind, wofür unsere demokratischen Rechtsstaaten stehen. Sie übertreten unsere Gesetze und versuchen, sich ihnen und den hier geltenden sozialen Normen zu entziehen sowie in ihren ethno-religiösen Bezugsgruppen auch andere dazu zu zwingen. Wie viele von ihnen ausdrücklich selbst bekunden, stellen sie die islamischen Vorschriften und Regeln über die Gesetze eines Landes, in dem sie Gäste oder gar Staatsbürger sind und dessen zahlreiche Vorteile ihnen auf vielen Gebieten zugutekommen. Viele Migranten sind eben nur deshalb in die demokratischen Rechtsstaaten des Westens gekommen, um die dort herrschenden Vorteile und Vorrechte zu genießen – sei es Freiheit von Verfolgung und Diskriminierung, bessere Bildung für die Kinder, sei es ein gut funktionierendes Sozialsystem, bessere berufliche Chancen oder einen höheren Lebensstandard. Darüber hinaus haben sie wenig Interesse an der Gastgesellschaft, sondern möchten möglichst viel aus den eigenen Traditionen, auch an vermeintlich islamischen Normen und Werten, mitnehmen, bewahren und leben. Dabei spielt die Konservierung archaischer Rechtsnormen und Gebräuche, die Pflege eigener Ehren- und Verhaltenskodizes sowie traditioneller, islamischer (und nichtislamischer) Vorurteile und Überzeugungen eine wichtige Rolle. Diese mögen unter den sozialen Verhältnissen der Herkunftsländer durchaus ihre Funktion und Berechtigung gehabt haben, in einem modernen Industriestaat des 21. Jahrhunderts aber wirken sie anachronistisch. Um diese archaischen Verhaltens- und Denkweisen weiter zu pflegen, versuchen sie, sich »abzukapseln«. »Dies wird als ›cocooning‹ ... bezeichnet, eine Praxis, mittels derer muslimische Immigranten versuchen, sich von äußeren Einflüssen abzuschirmen, ihre Kinder rein islamisch zu erziehen und sich von der größeren nichtmuslimischen Gemeinschaft zu lösen.« Denn ihre Absicht ist ja, »im Kontext einer säkularen, pluralistischen Gesellschaft, die ihre Werte und Überzeugungen auf Schritt und Tritt infrage stellt, am Islam festzuhalten.«[288] Dem »Sichverpuppen« und »Einspinnen« auf der privaten, häuslichen Ebene, das in einer Grauzone stattfindet und dessen Alltagsdramen nur selten oder nur dann das öffentliche Bewusstsein erreichten, wenn etwa die Leidensgeschichte gefangen gehaltener Kinder und misshandelter Ehefrauen in Kriminalfällen gipfelte, entsprach die Herausbildung von Parallelgesellschaften im größeren Rahmen. Ethnisch-religiöse Schwerpunkte bildeten sich in vielen Großstädten Europas und Molenbeek,[289] Saint-Denis,[290] Neukölln[291] sind hier nur die besonders berüchtigten unter den Muslim-Ghettos europäischer Metropolen. Hier konzentrieren sich muslimische Bevölkerungsgruppen mit Migrationshintergrund, abgeschottete Parallelwelten und kriminelle Clanstrukturen,[292] in deren »Großfamilien die Erziehung zum Jungkriminellen, gern auch Intensivtäter, als Ideal [gilt].«[293]

Gekennzeichnet sind diese Stadtviertel durch einen hohen Migrantenanteil an der Gesamtbevölkerung, hohe Arbeitslosenquote, hohe Kriminalität und geringes Bildungsniveau. So haben in Neukölln von fast 170 000 Einwohnern über 50 % Migrationshintergrund; die Arbeitslosenquote in (Gesamt-)Neukölln liegt bei über 15 %, bei Ausländern erreicht sie knapp 25 %. Während in ganz Berlin 9 % der Schüler und Schülerinnen keinen Schulabschluss haben, beträgt der Anteil in Neukölln-Nord 21 %. 50 % der unter 15-Jährigen lebt in Neukölln von »Hartz IV« (in Steglitz-Zehlendorf sind es 15 %). 74 % der Ausgaben des Bezirks Neukölln entfallen auf Transfer- und Sozialleistungen.[294] Auch die Kriminalität ist in diesen Bezirken überproportional: Von den 484 Intensivtätern, die 2014 in Berlin lebten, kamen die meisten aus Neukölln, nämlich 99, aus Berlin-Mitte kamen 90, und in Friedrichshain-Kreuzberg waren 58 beheimatet.[295]

Der Anteil an Tätern mit Migrationshintergrund steigt stetig. Waren es 2011 noch 77 %, lag 2013 der Anteil der Täter mit Migrationshintergrund bei 84 %, davon fast alle aus Familien mit arabischen und türkischen Wurzeln.

In Neukölln liegt der Anteil arabischstämmiger junger Männer an der Gesamtbevölkerung bei 9 %, der Anteil an den Intensivtätern bei 49 %. Berlins »Knast-Nachwuchs« (B.Z.) ist also ethnisch-kulturell, stadtgeografisch und soziologisch sehr eindeutig zu verorten. Die Situation wird zunehmend schlimmer: Gab es noch 2012 »nur« 244 Gewalttaten an Schulen in Neukölln, waren es 2013 bereits 330.[296] Natürlich gibt es keinen direkten Zusammenhang zwischen dem Islam als Religion und Rechtsordnung einerseits und Kriminalität andererseits. Doch es ist bemerkenswert, dass ein hoher Anteil der Straftäter islamischen Migrationshintergrund hat; dies gilt auch für die sozialen Brennpunkte anderer europäischer Städte. Ein unleugbarer Zusammenhang besteht zwischen hohem Migrantenanteil, besonders mit muslimischem Hintergrund, problematischen Sozialdaten (hohe Arbeitslosigkeit, geringe Bildung) und der ethnisch-kulturellen Identität von Intensivtätern. Der ehemalige Bezirksbürgermeister von Neukölln, Heinz Buschkowsky, kritisiert

»Multikulti-Romantik« und bescheinigt »seinem« Bezirk eine »bittere Realität: organisierte Kriminalität, Islamismus, Salafismus, Bildungsferne und hohes Armutsrisiko.«[297] Damit hat er zentrale Fakten, die miteinander in enger Verbindung stehen, benannt. Unter Migranten genoss der Bürgermeister der offenen Worte Respekt und war beliebt; möglicherweise gerade weil er offen forderte, »dieses Aufwachsen von archaischen Lebensweisen und tradierten Strukturen zu verhindern«.[298] In einem viel beachteten Buch hat Buschkowsky die Zusammenhänge zwischen islamischem Migrationsanteil an der Bevölkerung, Befangenheit in (islamischen) Traditionen, Kriminalität und sozialer Krise aus der Sicht des Praktikers dargestellt.[299] Eine von ihm in Auftrag gegebene Studie bestätigt die von ihm diagnostizierte Verschlechterung der Situation in Neukölln, wo »eine Unterschicht entsteht ..., die in 10 bis 15 Jahren nicht mehr integrationsfähig sein könnte«.[300] Die Segregation in seinem Stadtteil hält Buschkowsky für nicht mehr umkehrbar. Buschkowsky, so die *FAZ*, »beschreibt das Entstehen geschlossener Gesellschaften, die alles Deutsche ablehnen«.[301]

Die »Parallelgesellschaft«[302] wie sie Buschkowsky darstellt,[303] entsteht nicht nur aus dem Zusammentreffen verschiedener gesellschaftlicher Parameter – sie wird vielfach auch bewusst und gezielt von Gruppen aus dem Migrantenmilieu geschaffen, etwa durch die Entwicklung entsprechender »Institutionen«. Es wird dabei sehr deutlich, dass muslimische Welten neben unserer Mainstream-Gesellschaft, abseits von ihr und ohne Störung durch unseren Rechtsstaat Gestalt annehmen sollen und sich tatsächlich auch entwickeln. Armut und mangelnde Bildung sind dabei ein fruchtbarer Nährboden. Hier wächst eine Gesellschaft heran, die islamischen Gesetzen folgt und die Vorschriften des Islam über deutsche Gesetze stellt – und dies, wie wir gesehen haben, mit Zustimmung vieler Muslime in Deutschland. Misshandelte Frauen, die inzwischen einen überproportionalen Anteil in Frauenhäusern stellen, sind nur eine der Konsequenzen daraus. Zudem dürfen uns Ehrenmorde in unseren westlichen Ländern kaum mehr überraschen, wenn wir an den Sakralbezug denken, den viele der eher bildungsfernen Täter zwischen ihrem Mord und dem (von ihnen perzipierten) Islam sehen – wie es ebenso deutsche Gerichte tun. Auch Terrorzellen entstehen in diesem abgeschotteten Milieu, das immer weniger Bezüge zur Mehrheitsgesellschaft hat und für das Deutschland (oder Frankreich, Belgien etc.) und seine Gesetze, Werte und Normen zunehmend fremd – und irrelevant – werden. Ähnliche Entwicklungen gibt es in anderen Städten und vielen europäischen Ländern – der Titel von Buschkowskys Buch *Neukölln ist überall* darf also durchaus wortwörtlich verstanden werden.

Das Phänomen einer muslimischen Schattenjustiz hat in den Stadtteilen mit hohem muslimischem Bevölkerungsanteil eine wesentliche Rolle bei der Entstehung einer Parallelgesellschaft gespielt, und zwar durchaus nicht nur in Neukölln, sondern auch in anderen berüchtigten Problemvierteln wie Duisburg-Marxloh und Hamburg-Wilhelmsburg, Bremen-Vegesack oder Essen-Altenessen.

Muslime konservativer Prägung bilden Cluster in den genannten und vielen anderen Stadtteilen; sie sind bestrebt, in die Nachbarschaft Gleichgesinnter zu ziehen und arabisch-muslimische oder türkisch-muslimische Enklaven in unseren Städten zu bilden. Hier haben sie nicht nur das tröstliche Gefühl kultureller Affinität – man lebt unter Menschen, die ähnlich fühlen und denken, vergleichbare Lebensentwürfe in die Realität umsetzen und eine islamische Stimmung schaffen –, sondern auch die Überzeugung, ungestört die Prinzipien und Vorschriften ihrer Religion, des Islam, leben und praktizieren zu können. Viertel entstehen, in denen fast nur noch Arabisch und Türkisch gesprochen wird, in denen muslimische Regeln im Alltag gelten und in denen auch ein muslimischer Rechts- und Gesellschaftsraum entsteht, in dem »eine totale Ablehnung, ja Missachtung des deutschen Staates und seiner Organe«[304] herrscht. Hier wird anschaulich, dass »Multikulti« gescheitert ist, wie selbst Bundeskanzlerin Merkel, der niemand Fremdenfeindlichkeit unterstellen kann und deren sensible Behandlung von Migranten beispielhaft ist, einräumt.[305] Die Idee von zahlreichen kulturellen Teilelementen, die miteinander verschmelzen oder sich zu einem bunteren, besseren, vielfältigeren Nebeneinander zusammenfügen, ist leider nicht Realität geworden. Besonders in muslimischem Umfeld haben wir es mit »abgeschotteten Lebenswelten«[306] zu tun. Die so entstandene »islamische Paralleljustiz ist ein Produkt der Parallelgesellschaft«,[307] denn, so der renommierte Kriminologe Christian Pfeiffer, »es ist typisch für eine Parallelgesellschaft, dass sie auch eine eigene Justiz aufbaut«.[308]

Dieser Prozess hat in Deutschland bereits vor Jahrzehnten begonnen und hat dazu geführt, dass »juristische Vorstellungen« sich verfestigen konnten, die »stark von der Scharia beeinflusst« sind und »weder von der Politik noch von den Institutionen des Rechtsstaates« in ihren praktischen Anwendungen »kontrolliert werden«, wie der selbst aus dem Libanon stammende Politikwissenschaftler Ralph Ghadban konstatiert.[309] Imame übernehmen in der muslimischen Parallelgesellschaft die Rolle von Sozialarbeitern, Ehe- und Konfliktberatern, Standesbeamten, Schlichtern und Richtern. Dabei liegen ihrem Handeln und ihrer Beratung die Scharia oder die islamische Tradition zugrunde und nicht die Gesetze des Rechtsstaates. Imamen haftet der Nimbus des religiös-korrekten, des islamkonformen Agierens an, sie gelten als zuverlässig und ihnen vertrauen Muslime daher oft mehr als deutschen »ungläubigen« Behörden oder Gerichten. Es sind jedoch nicht ausschließlich Imame, die in vielen gesellschaftlichen Bereichen beraten oder entscheiden, auch völlige Laien werden zu »Schlichtern« in Konfliktfällen – etwa aufgrund ihres »Ansehens« als »guter Muslim«, das sie sich erworben haben, ihrer Stellung als »Patriarchen«, also als Oberhaupt einer Großfamilie, oder aufgrund ihrer Position im Clansystem oder im organisierten Verbrechen, für das die Parallelgesellschaft gute Voraussetzungen bietet. Besonders das Familienrecht wird häufig von der Paralleljustiz gepflegt. »Imam-Ehen« werden am deutschen Standesamt vorbei geschlossen, und auch Laien können Ehen unter Muslimen schließen. Dadurch sind sogenannte Heiratsbüros in den einschlägigen Vierteln mit hohem islamischem Bevölkerungsanteil zu einem einträglichen Geschäft geworden.

Durch diese nichtstaatlichen, islamischen Eheschließungen kommen zahlreiche Rechtsverstöße zustande: »Vielweiberei« ist eine ebenso häufige Folge wie »Kinderehen«. Über die Hälfte der informell »islamisch« verheirateten Mädchen sind unter 18 Jahren. Oft wissen die so Verheirateten gar nicht, dass sie nur Zweit- oder Drittfrau sind. Während in islamischen Ländern der Ehemann nach islamischem Recht zwar bis zu vier Ehefrauen heiraten kann, jeder aber den gleichen Lebensstandard (ungeachtet ihres eigenen Vermögens!) bieten muss, hat in Deutschland der Betrug am Sozialsystem bzw. das Erschleichen von Transferleistungen offenbar Vorrang vor dem strengen Einhalten islamischer Prinzipien, deren Bedeutung sonst so gerne geltend gemacht wird. Die Ehefrauen, die ja nur durch eine informelle, nicht rechtsgültige Ehe an ihren Ehemann gebunden sind, gelten bei deutschen Behörden als ledig. Es gibt juristisch keinen unterhaltspflichtigen Ehemann, also beziehen die Frauen Sozialleistungen, oft auch noch verbunden mit einem Alleinerziehendenzuschlag. Auch häusliche Gewalt ist häufig Gegenstand der Aktivitäten der Paralleljustiz, was nicht verwundert angesichts der hohen Gewaltakzeptanz als Mittel der Familiendisziplinierung unter Muslimen, die Studien belegt haben. Hier tritt häufig ein Schlichter auf, der den Konsens in der Familie oder unter mehreren beteiligten Familien wieder herzustellen bestrebt ist. Dabei stehen die Interessen der Familie(n), nicht etwa der Frau, im Vordergrund. Nicht die Rechte des Individuums, sondern die Belange der Familie, ihrer »Ehre« und ihres Zusammenhalts stehen im Mittelpunkt muslimischer Schlichtung. Aufgrund der patriarchalischen Strukturen, die teilweise vor- oder außerislamisch sein mögen, aber vom Islam gestützt und verstärkt werden (wir erinnern uns, dass gemäß dem Koran die Männer über den Frauen stehen), ist es kaum verwunderlich, dass Entscheidungen der Schattenjustiz oft nach unserem Verständnis frauenfeindlich sind. Die Konsequenz ist, dass diese Aktionen islamischer »Richter« dann oft zu weiteren Konfliktfällen führen, da es zu weiteren Fällen häuslicher Gewalt kommt und muslimische Frauen dann auch zunehmend bereit sind, nichtmuslimische Beratungsangebote wahrzunehmen oder in Frauenhäuser zu flüchten. In diesem Kontext sind dann Entführungen, Bedrohungen, Erpressung, schwere Körperverletzung und sogar Mord nicht selten – wodurch erneut islamische »Schlichter« zum Einsatz kommen.

In Kreisen der Parallelgesellschaft besteht oft gar keine Bereitschaft, sich in irgendeiner Form mit dem deutschen Personenstandsrecht auseinanderzusetzen, es gar anzuerkennen oder deutsche Gerichte als die zuständige, einzig mögliche Instanz zu betrachten, erscheinen ihnen doch das deutsche Recht als zu frauenfreundlich und ihren traditionell-islamisch geprägten Normen und Werten gegenüber »ungerecht«. Oft übersteigt eine staatliche Regulierung ihrer »Privatgelegenheiten« ihr Fassungsvermögen, denn ihrer Meinung nach können allenfalls die Regeln des Islam Richtschnur ihres Verhaltens sein. Zudem sind sich Frauen oft gar nicht der Tatsache bewusst, dass sie in einem Land leben, in dem sie die gleichen Rechte genießen wie ein/ihr Mann, obwohl sie die deutsche Staatsangehörigkeit besitzen, und dass es also dem Familienoberhaupt oder -clan nach deutschem Recht gar nicht zusteht, ihr Verhalten und ihre Lebensplanung gegen ihren Willen zu bestimmen und zu regulieren. Doch viele muslimische Frauen wagen es nicht, ihr Recht geltend zu machen, aus Angst vor Konsequenzen.

Gerade in der 2. und 3. Migrantengeneration klammert man sich gerne an sehr traditionelle Verhaltensmuster, da man einerseits keine echte authentische Bindung an das eigene Herkunftsland und dessen Alltagswirklichkeit mehr hat, andererseits aber im Gastland, selbst wenn man dort geboren ist, auch nicht wirklich heimisch ist. Gleichzeitig gibt es mehr und mehr Frauen, die den Willen haben, sich zu wehren und ihre Interessen durchzusetzen, was Soziologen wiederum dazu veranlasst, eher düstere Prognosen zu stellen, da damit noch mehr Konflikte vorprogrammiert seien.[310]

Ein Beispiel: Kommt es bei einer »Imam-Ehe« zu einer Trennung, entdeckt die Frau oft, dass sie vor deutschen Gerichten keine Ansprüche geltend machen kann, denn sie war ja de iure nie verheiratet. Andererseits stärkt diese Rechtslage ihren Status als Mutter: Sie erhält das alleinige Sorgerecht für ihre Kinder, denn diese hatten ja – aus Gründen der Erschleichung von Sozialleistungen – nichts mit ihrem Vater zu tun. Dies wiederum fordert den heftigen Widerspruch des »Ehemannes« und biologischen Vaters heraus, für den es nach islamischem Rechtsverständnis selbstverständlich ist, dass er das Erziehungs- und Verfügungsrecht über »seine« Kinder hat – die Konflikte eskalieren, und nicht selten kommt es zu Fällen der Kindesentführung.

Doch Familien- und Personenstandsrecht sind nicht die einzigen Bereiche, in denen die Parallelgesellschaft ihre eigenen Regeln anwendet und die staatliche Justiz umgeht. Auch bei schweren und schwersten Straftaten wie Raub, schwerer Körperverletzung und Mord werden Schlichter und selbst ernannte Richter des eigenen ethno-religiösen Milieus den staatlichen Behörden bzw. der deutschen Justiz vorgezogen. Die Rechtsauffassung des muslimischen Kulturkreises steht hier in völligem Gegensatz zu unserem Rechtsverständnis. Viele Muslime haben ein »privatrechtliches« Verständnis auch von schweren Delikten wie z. B. Mord. Der bezeichnende Satz: »Wir regeln das unter uns«, den man in diesem Zusammenhang häufig hört, macht dies sehr deutlich. Dass der Staat einen Repressions- und Strafanspruch hat bei besonders schweren Delikten, der nicht von Betroffenen oder auch von Familien des Opfers abhängt und unabhängig davon besteht, ob sich Opfer und Täter bzw. deren Familien verständigen, ist ihnen nicht klar und nur schwer vermittelbar. Sie legen Entscheidungen in solchen Fällen in die Hände von Vermittlern, lassen Schlichter »Deals« aushandeln. Ob und wie eine schwere Straftat zu ahnden ist, liegt in deren Ermessen oder ist Verhandlungssache. Dabei kommt es zu Erpressung, Einschüchterung und Zeugenbeeinflussung; Macht und Ansehen der Familie spielen ebenso eine Rolle wie das Prestige der Schlichter und die jeweils der einen oder anderen Seite zur Verfügung stehenden Druckmittel – alles Faktoren, die außerhalb der Legalität liegen. Vermittler und Schlichter werden oft zu Mittätern, wenn sie bei illegalen Machenschaften mitwirken oder bei ihren »Versöhnungsdiensten« und »Ausgleichsbemühungen« illegale Deals arrangieren oder strafbare Handlungen empfehlen oder ermöglichen. Streitfälle mithilfe von Streitschlichtern aus dem eigenen Kulturkreis zu regeln, empfinden viele Muslime als besonders islamkonform, denn sie können sich dabei auf den Koran (Sure 4,35) berufen. Selbst wenn Straftaten vor deutsche Gerichte kommen, ist der Einfluss der Paralleljustiz und des in islamischen Traditionen wurzelnden Denkens, auf dem diese beruht, präsent: Zeugen werden bedroht und eingeschüchtert, neue Zeugen mit präparierten Aussagen treten auf, Fakten und Prozessbeteiligte werden manipuliert, frühere Zeugen erinnern sich in der Folge nicht mehr oder verweigern die Aussage unter dem Vorwand, sich andernfalls selbst zu belasten. Oft bleiben deshalb Täter aus dem muslimischem Milieu, selbst wenn sie schwerste Taten begangen haben, unbestraft – sie hebeln mit unlauteren Mitteln den Rechtsstaat aus und wenden Methoden an, die durch die Existenz einer Parallelgesellschaft ermöglicht und begünstigt werden. Es ist deshalb dankenswert, aber wohl auch etwas vorschnell, wenn Bundeskanzlerin Merkel 2010 nachdrücklich klarstellte: »Es gilt das Grundgesetz und nicht die Scharia.«[311]

Denn: Die Scharia hat sich in unseren westlichen Gesellschaften bereits etabliert, und dies mit dem erklärten Vorsatz ihrer Anhänger, sie dort weiter zu festigen und auszudehnen. Der britische Erzbischof Rowan Williams räumte ein, dass der Scharia in Großbritannien eine wachsende Rolle zukommen könne, etwa im Bereich des Familienrechts – eine Meinung, die übrigens auch vom Lord Chief Justice geteilt wurde.[312] Diese Aussage stellt allein schon eine Konzession dar, die eigentlich mit dem Rechtsempfinden, das man in einem modernen Rechtsstaat erwarten würde, kollidiert und ist letztlich mit diesem auch kaum vereinbar. Doch Anjem Choudari, einer der radikalsten Vertreter eines militanten Islam im Vereinigten Königreich, ging selbst dieses Zugeständnis längst nicht weit genug. »Some element of family law or social and economic law will not work, it has to be adopted wholesale. Sharia has been promised by the Prophet Mohammed and it will come either by embracing Islam because it is the fastest growing religion in the country or by an Islamic country conquering Britain or by elements embracing Islam and imposing it.«[313] Deutlicher kann man die Aktualität des militärischen Dschihad und die Gewaltbereitschaft der Muslime sowie ihre Entschlossenheit, ihre Herrschaft auch in unseren demokratischen Gesellschaften mit Gewalt zu etablieren, kaum zum Ausdruck bringen. Anjem Choudari, der früher ein sehr westliches Leben führte und sich erst durch berufliche Misserfolge radikalisierte, hat auch islamisch gerechtfertigte Morde gutgeheißen und erkennt die Legitimität des IS an. Dessen Khalif Abu Bakr al-Baghdadi ist für ihn »the caliph of all Muslims and the prince of the believers«.[314] Doch selbst wenn Vertreter des radikalen Islam ihr Bestreben, Europa zu islamisieren, sehr deutlich zum Ausdruck bringen – für die Beschwichtiger und Schönfärber bleiben Hinweise hierauf Panikmache und Verschwörungstheorie. Wir sind also doch in der postfaktischen Epoche angekommen (Wort des Jahres 2016).

Aber auch in Deutschland ist die Scharia bereits auf einem guten Weg, etwa bei der Anerkennung von Flüchtlingsehen, die unseren Rechtsstandards kaum genügen (derzeit über 360 Ehen mit Kindern unter 14), oder über das »Kulturprivileg«, das Richter immer wieder Tätern zubilligen, wenn sie deren Verbrechen verharmlosen und als durch den »Kulturkreis« der Betroffenen bedingt entschuldigen. Selbst im öffentlichen Raum treten Scharia-Verfechter immer selbstbewusster auf: Die selbst ernannte »Shariah-Police« trat im September 2014 in Wuppertal in Erscheinung. Sie positionierte sich vor Gaststätten und Vergnügungsetablissements, warnte Muslime vor unislamischen Praktiken und Genüssen und lud diese gleichzeitig zum Besuch einer bestimmten Moschee ein. Die mit roten Westen bekleideten Religionspolizisten, die ihnen einen offiziellen Anstrich verleihen sollten, wollten, so die Anklageschrift beim Oberlandesgericht Düsseldorf, so wahrgenommen werden »wie das Ordnungsamt oder die Polizei, die auf Streife ist«.[315] Sie führten Schilder mit sich, auf denen »Shariah Controlled Zone« zu lesen war, und erinnerten so an die »Religionspolizei«, die in manchen islamischen Ländern – z. B. im extrem konservativen Saudi-Arabien – die Einhaltung islamischer Gebote überwacht. Die Aktion erregte großes Aufsehen und hatte damit das Ziel der Initiatoren und ihres Anführers »Abu Adam«, ein behördenbekannter Konvertit, der schon mehrfach durch zweifelhafte Aktivitäten aufgefallen war, bereits erreicht. Muslimische Verbände distanzierten sich von der Aktion, und auch die Politik fand deutliche Worte. Die Bundeskanzlerin verwies auf das Gewaltmonopol des Staates und Bundesjustizminister Maas konstatierte: »Eine illegale Paralleljustiz werden wir nicht dulden.«[316] Solche Statements ändern jedoch nichts daran, dass diese Paralleljustiz längst existiert. Nachdem das Landgericht Wuppertal keinen Anlass gesehen hatte, eine Anklage gegen die selbst ernannten »Polizisten« zuzulassen, fand dann ein Prozess gegen sie am Oberlandesgericht Düsseldorf statt, mit Freisprüchen für die Angeklagten am 21.11.2016. In einer Veröffentlichung im Netz beschwichtigte der Initiator des Spektakels, die Scharia-Polizei habe eigentlich gar nicht existiert; seine Absicht sei nur gewesen, eine Diskussion über islamische Gesetzgebung in Deutschland anzustoßen[317] – also im Klartext: die Eventualität, Scharia-konforme Gesetze nach und nach in Deutschland einzuführen, auszuloten. In der Folge änderte man dann lediglich das Konzept. Aus der Scharia-Polizei wurde das »Anti-Haram-Team«, um junge Muslime »auf den richtigen« Weg zu führen.[318]

Rabiatere Formen, nämlich »das faktische Ausscheiden der Bevölkerung [gewisser mehrheitlich muslimischer Stadtviertel] aus der französischen Gesellschaft«, gibt es in unserem Nachbarland, wo bereits »die Missachtung der Schulpflicht« einzureißen droht und gemäßigt muslimische Mitschüler im Ramadan mit Gewalt daran gehindert werden, an der Schulspeisung teilzunehmen.[319] Berichte, die solche Veränderungen der Gesellschaft darstellen (es sind keine Einzelfälle mehr), gab es zwar zunächst vor allem in Frankreich selbst,[320] wo das Problem ungleich schärfer zutage tritt als in anderen Ländern, tauchten aber bald schon auch bei uns auf, etwa in Hamburg, wo 2014 ein Papier über »Religiös gefärbte Konfliktlagen an Hamburger Schulen« erstellt wurde, weil derartige Entartungserscheinungen auch in Deutschland zu Alltagsvorkommnissen werden.

Dagegen scheinen Konzessionen an die Scharia, wie sie etwa das Bundesarbeitsgericht macht, indem es verfügte, dass ein in einem Supermarkt angestellter Muslim nicht mit dem Stapeln von Bierkisten befasst werden darf, fast noch harmlos.[321] Doch das Muster, das sich dahinter verbirgt, ist immer dasselbe: Zunächst werden Versuchsballons losgelassen, wie etwa die Scharia-Polizei oder das Anti-Haram-Team, dann folgt eine Diskussion über die Akzeptanz der Scharia und am Ende können sich einige Vertreter von Justiz und

Kirchen eine teilweise Anwendung der Scharia durchaus vorstellen. So wird die Parallelgesellschaft mehr und mehr zur Selbstverständlichkeit, gewinnen muslimische Rechts- und Moralvorstellungen an Terrain, werden gar zur Normalität und finden schließlich Akzeptanz. Erste Opfer sind dabei oft die gemäßigten Muslime selbst, die sich einem erhöhten Druck zu Scharia-konformem Verhalten ausgesetzt sehen.

»Abu Adam«,[322] der uns bereits als Organisator der »Scharia-Polizei« begegnet ist, ist einer der prominenten Vertreter aus der Gruppe der »Konvertiten«. Sven Lau, so sein bürgerlicher Name, wurde katholisch getauft und trat während einer Mechanikerlehre zum Islam über; er begann, sich hauptberuflich mit dem Islam zu befassen, zu missionieren und Islam-Artikel (Kleidung etc.) kommerziell zu vertreiben. Seine Aktivitäten erschienen dem Verfassungsschutz immer verdächtiger, seine Reisen in den Nahen Osten schienen den Verdacht, Lau unterstütze als Salafist radikale Kräfte, zu erhärten. Beweise, dass er deutsche Freiwillige als islamistische Kämpfer für den syrischen Bürgerkrieg angeworben habe, ließen sich zunächst nicht erhärten; dennoch reichten die Verdachtsmomente aus, ihm den Reisepass zu entziehen. Besonders publikumswirksam waren seine Islam-Aktionen im öffentlichen Raum, die wir skizziert haben. Sie sollen dazu beitragen, die Parallelgesellschaft zu einem alltäglichen Phänomen zu machen, sie im Bewusstsein der Öffentlichkeit zu verankern und sie hoffähig werden zu lassen. Dazu passt, dass Lau in der Öffentlichkeit nicht laut und aggressiv, sondern eher besonnen auftritt. Inzwischen wurde aber auch Anklage gegen Lau wegen Unterstützung einer ausländischen terroristischen Vereinigung erhoben,[323] Anfang September 2016 wurde er verurteilt.

Ein zeitweiser Weggefährte und Gesinnungsgenosse Laus ist Pierre Vogel, der nach seinem Übertritt zum Islam und der Geburt seines Sohnes den Namen Abu Hamza annahm – und inzwischen fast schon wie eine Art Medienstar gefeiert wird. Vogel ist vor allem als Prediger in Erscheinung getreten und hält sehr gut besuchte Kundgebungen mit publikumswirksamen Aktionen, wie z. B. öffentliche Konversionen zum Islam.[324]

Zwar gibt sich Vogel nicht als Gewaltbefürworter und spricht sich auch gegen Terroranschläge und Ehrenmorde aus.[325] Andererseits plante er, ein Totengebet für Osama bin Laden zu veranstalten, sieht die Syrien-Aktivisten als Freiheitskämpfer und zeigt durchaus Verständnis für Gewalt, sofern sie als Reaktion auf »Angriffe« gegen den Islam erfolge. Mit seinen Aussagen bewegt er sich auf einem schmalen Grat zwischen Legalität und Illegalität, geht gerne weit, aber nie zu weit, und glaubt genau zu wissen, was »falsch« und was »richtig« ist. Mit seinem formalistischen Islamverständnis und seinen Übertreibungen (die Rolle der Muslime in Deutschland vergleicht auch er mit derjenigen der Juden im Nationalsozialismus) stößt er bei vielen Muslimen auf Ablehnung. Bei eher labilen, weniger gefestigten und nicht übermäßig gebildeten jungen Menschen kommt seine einfache Botschaft dagegen gut an. Mit seiner Aufforderung an die vom IS terrorisierten Jesiden, zum Islam zu konvertieren, machte er sich nicht etwa, wie manche Organe meinten, über die Jesiden lustig,[326] sondern zeigte damit vielmehr den orthodoxen Weg auf, der für Nichtmuslime (die keine »Leute des Buches« sind) nur die Annahme des Islam als Alternative zum Tod vorsieht. Er warnte aber auch davor, Anschläge zu begehen und wurde vom IS mit dem Tod bedroht. In jedem Fall aber, und darin liegt die Gemeinsamkeit mit Sven Lau, fördert er eine Abkapselung von der nichtislamischen Umwelt und ist damit einer derjenigen, die zur weiteren Ausgestaltung einer islamischen Parallelgesellschaft beitragen. Auch seine Rechtfertigung der Verheiratung neunjähriger Mädchen in einer Moschee in Göttingen zeigt seine Gefährlichkeit.[327]

Die Parallelgesellschaft spielt nicht nur eine Rolle bei Fällen mit evidentem Islam-Bezug wie Einhaltung islamischer Vorschriften, Ehe, Scheidung und Blutrache (die durchaus noch lebendig ist in Neukölln und anderen stark islamisierten Ghettobezirken). Auch »Normalkriminalität«, bei welcher der kulturelle Hintergrund primär keine Rolle spielt (oder keine Rolle zu spielen scheint, wie man bei oberflächlicher Betrachtung annehmen könnte), wird durch die Parallelgesellschaft begünstigt oder generiert und wirkt damit verstärkend auf diese zurück, da sie den Zusammenhalt innerhalb ethnoreligiöser Solidargemeinschaften fördert.

Eine Studie zur »Gewaltbereitschaft bei Muslimen« (2010) hat ergeben, dass eine Korrelation besteht zwischen erhöhter islamischer Religiosität und höherer Zustimmung zu Männlichkeitsnormen und -bildern, die Gewalt legitimieren. Die Studie von Sonja Haug weist nach: »Die Gewaltbereitschaft muslimischer Jugendlicher ist … höher als bei nichtmuslimischen Jugendlichen.«[328] Als die damalige Familienministerin Schröder dieses Resultat klar zum Ausdruck brachte, wurde sie heftig kritisiert, vor allem von zwei Oppositionsparteien, die sich damit gegenüber ihrer Klientel mit Migrationshintergrund profilieren wollten. Der renommierte Kriminologe Pfeiffer kam zu dem Schluss, dass der Anteil der Türken (praktisch alle Muslime) in deutschen Jugendstrafanstalten dreimal so hoch ist wie ihr Bevölkerungsanteil. Schon 2008 wurden über 40 % aller Gewaltdelikte in deutschen Großstädten von Jugendlichen mit Migrationshintergrund begangen.[329] Allerdings zeigte sich auch, dass in manchen Städten bessere Bildungserfolge junger Türken zu einem Rückgang der Gewaltkriminalität führten, auch wenn entsprechende Positivtrends nicht überall festgestellt werden konnten. Der häufig angeführte Zusammenhang zwischen »Bildung« und »Gewalt« ist insofern problematisch, als die Mehrheit der zugewanderten Muslime der Unterschicht zuzurechnen ist und 20 % der muslimischen Bildungsinländer keinen Schulabschluss erreichen.[330] Sonja Haug kommt in ihrer im Auftrag des BAMF und der Deutschen Islamkonferenz angefertigten Studie zu dem Schluss, dass »das Bildungsniveau der Migranten aus muslimischen Herkunftsländern insgesamt relativ niedrig ist«,[331] »wobei aus der Türkei stammende Migranten auffallend niedrige Bildungsabschlüsse aufweisen" und auch noch in der 2. Generation „ein großer Bildungsrückstand" besteht.[332]

Ein Phänomen der Parallelgesellschaft sind auch kriminelle Clans, die sich vor allem in den Städten Nordrhein-Westfalens, in Bremen und in Berlin etabliert haben und dort zu einer ernsten Gefahr für die öffentliche Ordnung und zu einer Bedrohung für den Rechtsstaat geworden sind. Hier stehen vor allem Clans im Mittelpunkt, die als Flüchtlinge aus dem libanesischen Bürgerkrieg zwischen 1975 und 1990 zu uns kamen: Palästinenser, Schiiten und – besonders problematisch – Mhallami-»Kurden«,[334] zu denen etwa der berüchtigte Miri-Clan[335] gehört, der seinen Schwerpunkt in Bremen hat. Ob die Mhallami wirklich Kurden sind, ist ungeklärt. Sie migrierten von Mardin in der Osttürkei in den Libanon (seit den 1920er-Jahren), wo eine Vielzahl heterogener religiöser und ethnischer Gemeinschaften koexistiert. Unter der Bedrohung des libanesischen Bürgerkriegs flüchteten sie nach Deutschland. »Es entwickelten sich geschlossene Gesellschaften mit eigenen Regeln«,[336] die eine abgeschottete Eigenexistenz führten, in deren Schutz sie Formen organisierter Kriminalität entwickelten und bis heute weiter konsolidieren und ausbauen[337]. Sie haben z. B. Ableger des berüchtigten »Mongols«-Rockerclubs gegründet und auch Tötungsdelikte begangen – im Oktober 2016 wird in Berlin ein Prozess wegen eines Mordes in diesem Milieu geführt. Dazu kommen kriminelle Banden aus türkischem, kurdischem, jesidischem oder arabischem Milieu. Glücksspiel, Prostitution und Schutzgelderpressungen sind ebenso typisch wie Drogenhandel und Blitzeinbrüche. Längst müssen Zuhälter, die nicht den führenden Clans mit islamischem Migrationshintergrund angehören, ihrerseits »Schutzgelder« bezahlen (teilweise 50 % ihrer Einnahmen). Geldwäsche wird betrieben, indem die Gewinne aus illegalen Aktivitäten in legale Geschäfte (Autoverleih, Restaurants etc.) investiert werden. Spektakuläre Raubüberfälle in Berlin, wie etwa auf das »Kaufhaus des Westens« (Dezember 2014) oder ein Poker-Turnier im Hyatt Hotel (März 2010) gehen auf das Konto der nahöstlichen Banden. Die 18 bis 20 Großfamilien in Berlin, die stark kriminell belastet sind, haben fast 9000 Mitglieder, neue »Mitarbeiter« rekrutieren sie gerne im Flüchtlingsmilieu, wo sie mit schnellen und hohen Einkünften werben. In Gegenden, in denen das organisierte Verbrechen in Migrantenkreisen konzentriert ist, sind »normale« polizeiliche Maßnahmen gar nicht mehr möglich; immer öfter werden Großeinsätze mit 50, 100 oder mehr Beamten nötig oder Aktionen der SEKs. Nach einem Polizeieinsatz gehen dann – sozusagen als Revanche – nachts Kraftfahrzeuge in Flammen auf. Es kommt zu Bedrohung und Einschüchterung von Justiz und Polizei, in Gerichtssälen wird randaliert. Prozesstermine mussten in Nordrhein-Westfalen abgesagt werden, da die Polizei sich nicht in der Lage fühlte, die nötige Sicherheit gewährleisten zu können. Als »rechtsstaatlicher Offenbarungseid«[338] erschien dies Joachim Wagner, der ein wichtiges Buch über die islamischen Parallelwelten verfasst und damit eine bundesweite Diskussion angestoßen hat. Der Bremer Richter Schromek befürchtet »den Verlust des staatlichen Gewaltmonopols«[339]. Selbst Exbundespräsident Wulff beklagte bei Muslimen »das Verharren in Staatshilfe, die Kriminalitätsraten und das Machogehabe, die Bildungs- und Leistungsverweigerung«.[340] Da Ausländerkriminalität und insbesondere die Kriminalität von muslimischen Migranten in Deutschland ein Tabuthema[341] ist, ist es schwierig, quantitative Aussagen über die Kriminalität von Menschen mit Migrationshintergrund zu treffen. Immerhin räumte der ehemalige Berliner Innensenator Körting ein, dass bei Ausländern »eine höhere Kriminalität zu beobachten« sei als bei Deutschen. »Ein großer Teil der arabischen Großfamilien … versuchte …, sich der Integration zu entziehen.« Und der CDU-Vertreter im Berliner Abgeordnetenhaus, Juhnke, konstatierte: »50 % des Heroinhandels in Berlin lägen in der Hand von Einwohnern libanesischer Herkunft«(also beispielsweise in der Hand der genannten »Kurden«-Clans). Solidarität mit den Schicksalsgenossen zeigten Abgeordnete der Linksfraktion mit erstaunlichen Argumenten: »Die ethnische Herkunft sei nicht maßgeblich, denn die Straftaten seien erst in der Bundesrepublik Deutschland begangen worden« (Giyasettin Sayan).[342] Der Islam- und Politikwissenschaftler Ralph Ghadban (selbst aus dem Libanon stammend) stellt fest, dass Libanesen zwar nur 0,38 % an der »Gesamtpopulation männlicher Jugendlicher und Heranwachsender in Berlin« ausmachen, aber 5,3 % der Inhaftierten; ihre Haftrate ist somit 14-mal so hoch wie ihr Bevölkerungsanteil. Nicht mehr vertuschen lässt sich auch der extrem hohe Anteil von Ausländern an der Gewaltkriminalität. 28 % der Vergewaltigungen, 28 % der Tötungsdelikte, 23 % der schweren Körperverletzungsdelikte und 33 % der Rauschgiftdelikte werden von Nichtdeutschen begangen (während der Anteil von Nichtdeutschen an der Gesamtbevölkerung mit 6,7 Millionen bei deutlich unter 10 % liegt).[343] »Der Anteil der Nichtdeutschen bei den Körperverletzungsdelikten lag 2009 bei … 20 %.« Dabei ist der Anteil Nichtdeutscher »bei schwerer Körperverletzung überproportional hoch.«[344] Überproportional vertreten sind unter den Tätern afghanische, irakische, libanesische, marokkanische, mazedonische, nigerianische, serbische, syrische, tunesische und türkische Staatsbürger. Besonders auffällig ist dabei die hohe Delinquenzrate bei Türken.[345] Auch bei »Jugendgruppengewalt« waren nichtdeutsche Täter mit 25 % sehr häufig vertreten, wobei auch hier muslimische Herkunftsländer führend sind: Türkei, Libanon, Bosnien-Herzegowina. Wir haben bereits erwähnt, dass 80 % der Berliner Intensivtäter türkischer oder arabischer Herkunft sind.[346] Wir dürfen aber von einem noch größeren Anteil von Jugendlichen ausgehen, die islamischer Herkunft sind, da viele die deutsche Staatsangehörigkeit besitzen (dies sind über 40 % der Jugendlichen mit Migrationshintergrund) und somit hier nicht berücksichtigt sind.

Signifikant ist auch der Befund, dass 39 % der männlichen Jugendlichen, die muslimische Ausländer sind, eine Gewaltaffinität aufweisen.[347] Die Kriminellen mit Migrationshintergrund weisen, so die Haug-Studie, deutliche Kriterien für eine Abschottung in einer Parallelgesellschaft auf: »Sozialräumliche Segregation … Sprachdefizite … Cliquenbildung«.[348]

Es ist bezeichnend, dass die Talkshow »hart-aber-fair« in ihrer Ausgabe vom 21.11.2016, die unter dem Thema »Verrohung der Gesellschaft« stand, zwei besonders beunruhigende und brutale Fälle darstellte, bei denen jeweils die Täter nahöstlichen Migrationshintergrund aufwiesen und – das ist relativ neu – dies auch offen beim Namen genannt wurde. Immer noch werden solche Sachlagen gerne mit Begriffsakrobatik relativiert, man jongliert mit Termini wie »religiös«, »kulturell« und »sozial«. Versuche, gewisse Verhaltensweisen dem Islam zuzuordnen, werden als »essenzialistisch« gebrandmarkt.

Das Phänomen der Abschottung hat längst europaweite Dimensionen erreicht. Der französische Innenminister Kanner etwa erklärte, in Frankreich gebe es 100 Molenbeeks.[349]

Freilich ist es sehr schwierig, quantitative Angaben zur Bildung von Parallelgesellschaften zu machen; es ist praktisch unmöglich, zu »messen«, wie weit sich Parallelgesellschaften schon ausgedehnt haben, wie viele Menschen ihnen angehören und in welchem Maße. Auch sind Muslime nicht die einzige Gruppe, die Parallelgesellschaften bildet.[350] Andererseits sprechen die Vielfalt und Zahl der genannten Beispiele für sich. Juristische Kriterien allein reichen nicht aus, die Dimensionen einer Parallelgesellschaft zu ergründen.

»Migranten-Lebenswelten in Deutschland 2016« ist der Titel einer Studie des Bundesverbandes für Wohnen und Stadtentwicklung, deren Ergebnisse Ende 2016 teilweise in den Medien verbreitet wurden. Demnach sind Parallelgesellschaften nicht etwa auf dem Rückzug, sondern nehmen zu, wobei sich große Unterschiede zwischen integrierten und integrationsresistenten Migranten zeigen – »immer stärker« klaffen Lebenswelten der Migranten auseinander, auch in der »sozialen Mitte«.[351] Eher bürgerliche Migranten sind oft skeptisch gegenüber den Flüchtlingen der letzten beiden Jahre, »einigen geht die Liberalität zu weit.«

»Parallelgesellschaften sind der erste Schritt zum islamistischen Staat im Staat«, formuliert prägnant der CSU-Leitantrag zum Islam vom 4./5. November 2016.

Islamische Verbände

In Deutschland gibt es eine Vielzahl islamischer Verbände[352] unterschiedlichster Ausrichtung. Die »Türkisch-Islamische Union der Anstalt für Religion e. V.«, die wohl größte unter diesen Organisationen, ist Teil der staatlichen türkischen Religionsbehörde DITIB. Die »Islamische Gemeinschaft Milli Görüs« ist Ableger einer türkischen religiösen Partei und wird vom Verfassungsschutz beobachtet. Der »Verband der islamischen Vereine und Gemeinden e. V.«, bekannt geworden durch den fundamentalistischen Prediger Cemalettin Kaplan, ist inzwischen verboten. Eher arabisch orientiert ist die »Islamische Gemeinschaft in Deutschland«, die bereits 1958 bei uns gegründet worden ist; sie gilt als Zweigstelle der Muslimbrüder und will den Islam in Deutschland tiefer verwurzeln und verbreiten.

Weiter gibt es Organisationen bosnischer und albanischer Muslime, sufisch, alavitisch oder schiitisch orientierter Muslime oder der Ahmadiya sowie einen Liberal-Islamischen Bund (siehe unten), muslimische Pfadfinder, Studentenverbände, Moschee- und Schulvereine. »Lifemakers« ist das vom Fernsehprediger Amr Khaled initiierte Hilfswerk, das Muslime bei Alltagsproblemen unterstützt und soziale Aufgaben übernimmt, vielleicht auch deshalb, um in sozialer »Verkleidung« einen sympathischen Islam darzustellen und dann weiter zu verbreiten, wie es zahlreiche islamische Gruppierungen, z. B. die ägyptischen Muslimbrüder oder die Hamas, vorexerziert haben.

DITIB erhebt den Anspruch, die größte Gruppe deutscher Muslime, »die Türken«, zu vertreten und war oft auch bevorzugter Ansprechpartner für die deutsche Politik. Bequem war dabei, dass die DITIB seit 1960 Imame nach Deutschland entsandte und bezahlte und somit die religiöse Betreuung vieler Türken bei uns übernahm. Gerade hier setzen aber auch zahlreiche Kritiker an: Beklagt wird die Nähe der DITIB zum türkischen Staat, der über die heute fast 1000 Imame, die er weiterhin bezahlt, Einfluss auf Muslime in Deutschland ausübt. Die meisten dieser Imame verfügten kaum über Deutschkenntnisse und werden daher auch nur einen geringen Beitrag zur Integration leisten. Die DITIB wird als »langer Arm Erdogans«[353] gesehen und besonders angesichts der derzeitigen innertürkischen Spannungen, die auch auf Deutschlands Türken ausstrahlen, als Hebel der AKP betrachtet (so z. B. durch die SPD-Politikerin Lale Akgün), denn in den Gremien von DITIB sitzen satzungsgemäß Vertreter der türkischen Auslandsvertretungen. Der Migrationspolitiker Aziz Bozkurt (SPD) stellt fest: »Wo Ditib draufsteht, ist die Ideologie der AKP-Türkei drin.«[354] So stellt sich hinsichtlich mancher Islamverbände die Frage: Helfen sie nur Muslimen in Deutschland, ihren Glauben zu praktizieren, oder begünstigen sie die Entstehung oder das Fortleben bereits bestehender Parallelgesellschaften? Sind sie etwa Machtinstrumente einer möglicherweise immer weniger rechtsstaatlichen und demokratischen türkischen Führung?

Eine besondere Stellung kommt dem »Zentralrat der Muslime« zu, dem es – etwa durch geschickte Namenswahl, mit der er sich in die Nähe des »Zentralrats der Juden« rückt – gelungen ist, in der Öffentlichkeit eine Aufmerksamkeit zu erlangen, die in umgekehrtem Verhältnis zu seiner Bedeutung und Größe steht. Nicht ganz unberechtigt ist die scherzhafte Bezeichnung »Marginalrat« für »die nach Mitgliederzahlen vermutlich kleinste Dachorganisation«,[355] die wahrscheinlich nicht einmal über 0,2 % der deutschen Muslime vertritt (andere Schätzungen gehen von bis zu 0,75 % aus, aber auch die Angaben des Zentralrats selbst liegen deutlich unter 1 %). Die überproportionale Aufmerksamkeit, welche die deutschen Medien dem Zentralrat einräumen, und die häufigen Gelegenheiten, die dessen Vorsitzender Aiman Mazyek erhält, um zu den verschiedensten Anlässen seine Position in den Medien darzulegen, vermittelt der ahnungslosen Öffentlichkeit den Eindruck, er spreche für »den Islam« oder »die Muslime«. Die Positionen des »Zentralrats« sind nicht immer ganz unproblematisch, so etwa wenn Mazyek in einer mit Steuergeldern finanzierten Schrift behauptet, die 1400-jährige Geschichte des Islam belege dessen friedlichen Charakter.[356] Auch die Haltung des Zentralrats zur Gleichberechtigung der Frau ist zumindest zweideutig: Mann und Frau seien zwar vor Gott gleich, aber zu einem Bekenntnis zur Gleichberechtigung der Geschlechter im Diesseits kann man sich nicht durchringen. Die Empörung, die die Ereignisse der Silvesternacht in Köln auslösten, war für den Zentralratsvorsitzenden bezeichnenderweise »Hysterie«[357] – was ein Hinweis darauf ist, welcher »Geist« dort weht.

»Und auch der Zentralrat der Muslime«, so Aziz Bozkurt, »muss sich den Vorwurf gefallen lassen, unter seinem Dach islamistische Verbände zu dulden.«[358]

Die Präsenz der Muslimbrüder ist vielschichtig in Europa : Die Namen von Tariq Ramadan – einem Enkel von Hasan al-Banna, dem Gründer der Muslimbrüder –, der auf »westliche« Weise »reformislamisch-salafistisches« Gedankengut von der Schweiz aus in Europa verbreiten will, wie auch seines Bruder Hani, der – ebenfalls in der Schweiz (und Frankreich) lebend – eine etwas härtere

Variante vertritt, sind mit der Organisation der Muslimbrüder in Verbindung gebracht worden.

Schon ihr Vater, Said Ramadan, mit einer Tochter Hasan al-Bannas verheiratet und lange im europäischen Exil (Deutschland, Schweiz) lebend, hatte das Ziel verfolgt, Europa zu islamisieren. Er machte die Münchner Moschee, in deren Umkreis zunächst auch ehemalige muslimische SS-Leute eine Rolle gespielt hatten und wo die CIA sich gute Chancen ausrechnete, Muslime in den Kampf gegen den Kommunismus einzubinden, zu einem Einflusszentrum der Muslimbrüder.[359] Als einer der Organisatoren der Muslimbrüder in Europa gilt heute Ibrahim el-Zayat, der auch einige erfolgreiche wirtschaftliche Aktivitäten für sich und die Seinen verbuchen kann. Ihm werden Äußerungen nachgesagt, dass eine baldige Islamisierung Europas durchaus im Bereich des Möglichen liege. El-Zayat leitet die »Islamische Gemeinschaft in Deutschland«(IGD), die ein Ableger der Muslimbrüder ist und vom Verfassungsschutz beobachtet wird. Skepsis spricht aus dem, was die ehemalige Bundesministerin Kristina Schröder (geb. Köhler) über die Organisation und deren Chef zu sagen hatte,[360] der auch mit zahlreichen anderen Organisationen verbunden ist. Wir hätten es hier mit einer Form des Islamismus zu tun, der nicht mit unmittelbarer Gewalt vorgehe, aber alle rechtlichen Möglichkeiten und Spielräume unseres Rechtsstaates kreativ nutze und hin und wieder seine wirklichen Ziele auch deutlich formuliere. Wie der Bayerische Verfassungsschutz konstatiert, werden in dieser Organisation immer wieder auch radikale Positionen vertreten. Ahmad von Denffer, der zur IGD gehört und nicht glaubt, Muslime sollten sich der hier gültigen Rechtsordnung unterwerfen, hat verdienstvollerweise das Werk des bereits erwähnten Scheichs al-Qaradawi ins Deutsche übersetzt, damit auch des Arabischen unkundige Leser beispielsweise darüber informiert werden, wann Selbstmordattentate gerechtfertigt sind.[361] Wir dürfen von einem europaweiten Netzwerk der Muslimbrüder ausgehen, das in unterschiedlichen Organisationen und verschiedensten Formen und Aktivitäten die Interessen der Bruderschaft gezielt fördert und ausbaut.

2014 erteilte der britische Premierminister Cameron den Auftrag, die Aktivitäten der Bruderschaft zu untersuchen, und kündigte an, deren Wirken einschränken zu wollen.

Insgesamt gibt es eine unüberschaubare Vielfalt islamischer Organisationen in Europa mit zahlreichen Verästelungen, Abspaltungen, Neugründungen oder Zusammenschlüssen, von denen überraschend viele extremistisch sind, wie den Verfassungsschutzberichten zu entnehmen ist. Auch als Träger von Moscheen und Lehranstalten spielen sie eine zweifelhafte Rolle, weshalb über 90 Moscheen in Deutschland vom Verfassungsschutz überwacht werden, denn, so der Präsident des Bundesamtes für Verfassungsschutz, Hans-Georg Maaßen: »Wir haben Sorge, dass es viele islamistische Moscheegemeinden in Deutschland gibt«.[362] Inzwischen hat man an mehreren deutschen Universitäten Professuren für islamische Theologie geschaffen, die – anders als die traditionellen islamwissenschaftlichen oder »orientalistischen« Universitätsinstitute – muslimische Religionslehrer und Imame ausbilden sollen. Auf diese Weise werden, so hofft man, »moderne« und akademisch geschulte Muslime, die bei uns sozialisiert und im europäischen Umfeld verwurzelt sind, den Islam in Schulen und Moscheen lehren und vertreten, während heute noch viele Imame, die für deutsche Muslime predigen, kaum mit unserer Kultur, Rechts- und Werteordnung vertraut sind und oft nur geringe Deutschkenntnisse haben, was nicht zuletzt auch die Kontrolle der Inhalte, die da vermittelt werden, erschwert.

Wenig transparent sind die Verflechtungen, die zwischen Hilfsorganisationen, religiösen Vereinen, Initiativen zur Straßen-Da'wa (islamische Missionierung im öffentlichen Raum), Benefizveranstaltungen und sozialen Einrichtungen, Moscheegemeinden, Frauengruppen, Kulturzentren und Firmen, die Islam-Produkte vertreiben, bestehen. Hier, so befürchten Sicherheitsbehörden, können sich in einer Grauzone radikale islamistische Einflussfelder bilden. Die Aktion »Lies!« (ein Koranzitat) beispielsweise, die auf der Straße kostenlose Korane verteilt und Info-Stände unterhält, wirkt nach einer Studie von BKA und Verfassungsschutz wie eine »Einstiegsdroge«, denn jeder Fünfte, der aus Deutschland zum IS nach Syrien aufbricht, hat ursprünglich beim »Lies!«-Projekt mitgewirkt.[363] Am 15.11.2016 wurde eine bundesweite Razzia gegen Einrichtungen des Vereins »Die wahre Religion« durchgeführt, der Träger der »Lies!«-Aktion ist. Nicht das Verteilen von Koranen wird ihm vorgeworfen, sondern das Anbahnen von Kontakten, die zur Ausreise von 140 Personen zum IS in den Nahen Osten geführt hätten.[364] Es ist bezeichnend, aber nicht unbedenklich, dass die Migrationsbeauftragte der Bundesregierung, Staatsministerin Özoguz, diese Maßnahme der Sicherheitsbehörden als »Willkür« bezeichnete, die auf »Verschwörungstheorien« beruhe. Solche Aussagen relativieren ihre Distanzierung von islamistischen Websites, an denen ihr Bruder beteiligt ist. Özoguz' Forderung nach mehr »Augenmaß« konterte CDU-Generalsekretär Tauber dankenswerterweise: »Gegen Islamisten ist kein Augenmaß gefragt, sondern die volle Härte des Gesetzes.«[365]

Verfassungsschutz und Polizei befürchten, dass einige dieser Organisationen mit Geldern aus islamischen Staaten unterstützt und zudem auch Einkünfte durch ihre kommerzielle Aktivitäten – etwa Halal-Cola, »islamische« Kredite und Videos – für islamistische Zwecke, schlimmstenfalls für den IS, generiert werden.

Vor diesem Hintergrund ist es vielleicht positiv zu werten, dass lediglich knapp ein Viertel der deutschen Muslime in diesen Verbänden organisiert sind und die Mehrheit der deutschen Muslime vom »Zentralrat« noch nie etwas gehört hat. Denn der Bundesvorsitzende der AG Migration und Vielfalt in der SPD, Aziz Bozkurt, kommt zu dieser bemerkenswerten Schlussfolgerung: » »Der Islam gehört zu Deutschland« – dieser Satz hat vielen Bürgern Angst gemacht, weil nicht wenige den Islam nur mit (ultra)konservativen Verbänden und ihren männlichen Vorstandsriegen verbinden. Die vielen Muslime, die sich für unsere Gesellschaft täglich einsetzen, sind es wert, dass Politik und Gesellschaft sie als unterschiedliche Individuen wahrnehmen.«[366] Dass sich auch muslimische Organisationen, Seite an Seite mit vielen nichtmuslimischen ehrenamtlichen Helfern, 2015 an der Hilfe für Flüchtlinge – die ja in der Mehrheit ihre Glaubensbrüder und -schwestern sind – beteiligten, ist nicht mehr als eine Selbstverständlichkeit.

»Ich scheiß auf Deutschland!«

Bewusste Ablehnung alles Deutschen ist nicht selten unter Muslimen, vor allem in den Problemvierteln deutscher Großstädte, wie die nicht erst durch ihr Buch bekannt gewordene Neuköllner Jugendrichterin Kirsten Heisig bestätigt, die in einem *Spiegel*-Interview drastische Beispiele muslimischer Entgleisungen aus ihrem Berufsalltag zitierte: »Deutsche kann man nur vergasen« oder »Ich scheiß auf Deutschland!«[367] Entsprechungen findet dies auch in anderen Ländern Europas, etwa in Großbritannien, wo Muslime auf Demonstrationen Plakate mit der Aufschrift »Fuck the UK« trugen, oder in den französischen Banlieues, wo »fils de pute«(Hurensohn) die übliche Bezeichnung für Polizisten ist. Oft wird Europa auch in Bausch und Bogen abgelehnt: »Europe is the cancer, Islam is the answer.«

Besonders amüsant ist dies, wenn man an die völlig überzogene »political correctness« auf unserer Seite denkt, die ängstlich und akribisch auch nur den Hauch einer ansatzweise kritischen Haltung gegenüber Islam und Muslimen zu vermeiden sucht. Heute gilt verstärkt, was Richterin Heisig schon vor Jahren kritisierte: »Leider gibt es eine Kultur der Verharmlosung bei uns. Wenn Migranten Deutsche beleidigen, wird dies als Echo auf zuvor erlittene Diskriminierung entschuldigt.«[368]

»Deutschfeindlichkeit« bescheinigt das Kriminologische Forschungsinstitut Niedersachsen über 30 % der türkischen Jugendlichen in Deutschland.[369] Doch ist »Deutschfeindlichkeit« kein rein türkisches Phänomen, sondern kommt in unterschiedlichen ethnischen Milieus unter Muslimen häufig vor. Betül Durmaz, Lehrerin an einer Brennpunktschule in Gelsenkirchen, die über ihre Erfahrungen ein Buch geschrieben hat,[370] sieht dies so: »Mangels Zukunftsperspektiven wächst der Islam zum Identitätsstifter. Motto: Ich bin der Muslim, ich bin der bessere Mensch. Du bist der Christ, und Christ ist ein Schimpfwort. Du bist der schlechtere Mensch, der Schweinefleisch isst.«[371] Bezeichnend ist auch und gern verschwiegen, »dass neben dem Rassismus gegen Deutsche vor allem die Gewalt gegen Roma-Kinder Sorge macht, weil die ganz unten stehen auf der verqueren Werteskala der muslimischen Herren der Straße und der Schulhöfe«.[372]

Ein besonderes Problem ist die Deutschfeindlichkeit an deutschen Schulen, insbesondere in Stadtteilen, in denen ethnodeutsche Schüler eine Minderheit geworden sind. Schon 2010 beklagte der Lehrerverband, »dass Lehrerinnen von muslimischen Schülern als ›Schlampen‹ attackiert werden, dass deutsche Schüler von ebensolchen Schülern gepiesackt, als ›Schweinefresser‹, ›Scheißdeutsche‹ oder ›Nazis‹ apostrophiert werden; dass sich deutsche Schülerinnen und Schüler nicht auf den Pausenhof zu gehen trauen«.[373]

Viele in der Parallelgesellschaft, vor allem im kriminellen Milieu, verachten Deutschland und seinen als »schwach« empfundenen Rechtsstaat geradezu, sehen uns als »Beutegesellschaft«[374] oder, wie ein Kriminalbeamter formulierte, »als Opfergesellschaft«.[375] Als in Berlin in einem Fall von Schwerkriminalität zwei Zwillingsbrüder festgenommen wurden, aber, weil eine eindeutige Zuordnung der DNA nicht möglich war, keiner verurteilt werden konnte, bedankten sich die beiden spöttisch beim deutschen Rechtsstaat.

Vor diesem Hintergrund ist die treuherzige Naivität zu sehen, mit der Journalisten gerne auf die hohe Zahl von Muslimen verweisen, die sich zu Demokratie und Rechtsstaat bekennen. Gerade auch Terroristen und Kriminelle kennen und nutzen gerne die Möglichkeiten, die der Rechtsstaat nicht nur unbescholtenen Bürgern, sondern auch ihnen garantiert, wobei ihre Anwälte (teilweise auch sie mit Migrationshintergrund – ein Solidarisierungseffekt?) sich nicht selten »an der Grenze zur Strafvereitelung« bewegen.[376]

Möglicherweise könnte man in der Neigung vieler besser gebildeter und gut integrierter Muslime überall in unserer Gesellschaft Hass auf Muslime zu wittern oder »antiislamischen Rassismus« (sic!) zu diagnostizieren, eine Art abgemilderter Deutschfeindlichkeit in (pseudo) intellektueller Camouflage sehen. Denn verharren nicht weite Teile der islamischen Welt, wie es der Islamwissenschaftler Stefan Weidner sieht, »in einer Abwehrhaltung, die die Opferrolle pflegt«?[377]

Und radikale Muslime auf der ganzen Welt sehen alle Ansätze zu Verständigung und gutem Miteinander sehr ungern, etwa auch die »Willkommenskultur«, die 2015 Deutschland viel Lob einbrachte. Nicolas Hénin, ehemalige Geisel des IS, sagt hierzu: »Die Bilder aus Deutschland von Menschen, die Migranten willkommen hießen, dürften besonders unangenehm gewesen sein. Zusammenhalt, Toleranz – so etwas wollen sie nicht sehen.«[378]

Immer wieder Muslime – religiöse und/oder soziale Faktoren?

Die Palette der Straftaten, bei denen vor allem Muslime mit Migrationshintergrund beteiligt sind, ist breit und vielfältig – Parallelgesellschaften bieten dabei immer einen günstigen Nährboden: Schutzgelderpressung im kleinen Stil von Hundebesitzern,[379] illegale Autorennen auf öffentlichen Straßen unter völliger Missachtung von roten Ampeln und anderen Verkehrsregeln, die schon in mehreren deutschen Städten Todesopfer unter Unbeteiligten gefordert haben,[380] Körperverletzungen, Schikanen und Belästigungen im Schwimmbad,[381] wo die Schwimmmeister je nach Wetterbericht die Zahl der anzufordernden Sicherheitsleute festlegen, Massenschlägereien[382] – um an dieser Stelle nur einige wenige Beispiele zu nennen.

Der Islam-Bezug ist angesichts der weitgefächerten Vielfalt an Kriminalitätsvarianten unter Migranten mit nahöstlichem Hintergrund sehr unterschiedlich. Bei Gewalt in der Ehe ist der Bezug eindeutig islamisch, eine entsprechende Begründung findet sich sogar im Koran. Ähnliches gilt für »Kinderehen«, wo die Sunna anhand der Praxis des Propheten entsprechende Rechtfertigungen liefert; moderne Salafisten bestätigen diese Auffassung. Auch bei sexueller Gewalt im öffentlichen Raum wird das islamische Frauenbild, obschon nicht durchweg negativ, so doch die Höherwertigkeit des Mannes festschreibend, ein wichtiger Faktor sein. Aber der Islam fordert niemanden auf, eine kriminelle Vereinigung zu gründen, mit brutaler Gewalt die Kontrolle über Rotlichtmilieu und Drogenhandel an sich zu reißen oder psychopathisch anmutende Todesrennen auf öffentlichen Straßen zu veranstalten.

Dennoch fallen hier immer und immer wieder Muslime auf. Es sind eben nicht Tamilen, die kriminelle Familienclans bilden oder gewalttätige Banden gründen, und es sind weder christliche Portugiesen noch buddhistische Ostasiaten, die die absolute Mehrheit der Intensivtäter in den Großstädten stellen, und auch keine Finnen, Amerikaner und Japaner, die sexuelle Übergriffe in auffälliger Zahl bei öffentlichen Veranstaltungen und in Schwimmbädern begehen. Ständig stehen Muslime bei solchen Straftaten im Mittelpunkt, auch wenn durchaus bei gewissen Tatkategorien auch andere Gruppen, etwa aus dem Balkan oder Russland, eine herausgehobene Rolle spielen. Zahlreiche Studien bestätigen diesen Eindruck eindeutig.[383]

Wenn aber immer wieder Muslime die Haupttätergruppe – insbesondere bei Gewaltdelikten – sind, kann es dann sein, dass dies »nichts mit dem Islam zu tun« hat, weil ein direkter Bezug zu religiösen Vorschriften des Islam nicht unmittelbar nachweisbar ist? Ist es nicht eher naheliegend, dass die zahlreichen Gewaltbezüge im Koran und in der Sunna einen direkten Einfluss auf die Mentalität vieler Muslime haben, dass sie Gewalt als etwas »Normales« und mehr oder weniger Selbstverständliches betrachten, insbesondere dann, wenn noch weitere belastende Faktoren wie schichtenspezifische Verhaltensweisen (sehr viele Muslime gehören der Unterschicht an), geringe Bildung und die spezifische Belastung, unter der Migranten ohnehin leben, dazukommen? Der Koran und die Sunna sind dem Muslim ständig präsent, und zwar in einem sehr viel höheren Maße, als die Bibel etwa den meisten Christen gegenwärtig ist. Auch gibt der Koran ihrer Auffassung nach – wir müssen dies einmal mehr wiederholen – das unmittelbare Wort Gottes wieder, während die Bibel ein erzählender Text ist, der sich auf unterschiedliche Autoren beruft. Muslime leben in einem Spannungsfeld zwischen dem eigenen Anspruch und der sozialen Wirklichkeit. »Ihr seid die beste Gemeinschaft« (Koran, Sure 3,110), wird den Muslimen permanent vor Augen gehalten, doch im täglichen Leben erfahren viele, dass sie am Rande der westlichen Gesellschaft leben und denen, die »nur« Ungläubige sind, keineswegs überlegen sind. Wie verächtlich der Islam Christen und Juden sieht, ist durch viele Koranstellen belegt. Religiös bedingte Verachtung für das Gastland und seine Mehrheitskultur, auch religiös bedingte Gewaltaffinität (vgl. Brettfeld/Wetzels-Studie), starke soziale und Bildungsdefizite, enttäuschte Erwartungshaltungen sowie schwierige Rahmenbedingungen (zu denen Gewalterlebnisse im unmittelbaren Familienumfeld und das Nichtstattfinden von Erziehung gehören), aber auch die »Schwäche« des Rechtsstaates sind zweifellos Faktoren, deren Zusammenwirken mangelndes Sozialbewusstsein, geringe Solidarität mit der Mehrheitsgesellschaft und letztendlich Kriminalität generieren.

Außerdem kommen fast alle Muslime aus Ländern, in denen der Staat als repressiv oder willkürlich empfunden wird und in denen man nicht das Gefühl hat, als »Bürger« diesen Staat mitgestalten zu können. In Bürgerkriegs- und Kriegsregionen gibt es oft keine funktionierende Justiz mehr; oft erleben Menschen im Nahen Osten, dass die eigene Religionsgemeinschaft oder – im Nahbereich – der eigene Clan die einzige (funktionierende) Solidargemeinschaft ist, die bei der Lösung von Konflikten und Problemen hilft. Diese Erfahrungen haben sie in den Westen mitgebracht, wo natürlicherweise auch zunächst ein Gefühl der Fremdheit und des Misstrauens gegenüber dem Staatsapparat des Gastlandes und einer ungewohnten Gesellschaftsordnung vorherrschte. Die 500-Seiten-Studie von Brettfeld und Wetzels, die eine sehr breite Fakten- und Datenbasis aufgearbeitet hat, kommt zu einer ganz eindeutigen Schlussfolgerung, wenn sie feststellt, »dass mit islamischer Religionszugehörigkeit eine signifikant erhöhte Akzeptanz von Gewalt verbunden ist«.[384] Sie ermittelt die besorgniserregende Erkenntnis, dass 24 % der muslimischen Jugendlichen gewaltaffin sind.[385] Kein Wunder, dass Muslime immer wieder unter »Generalverdacht« stehen. Wenn Muslime beklagen, bei jedem neuen Anschlag oder Gewaltexzess falle sofort der Verdacht auf »den Islam« und seine Anhänger, dann hat dies damit zu tun, dass eben die meisten terroristischen Gewalttaten weltweit tatsächlich von Muslimen verübt werden (vgl. Kapitel 4 und die dort zitierte Literatur). Sehr berechtigt ist deshalb die Frage von Hamed Abdel-Samad: »Warum machen das die Vietnamesen, Hindus, Ukrainer und Russlanddeutschen nicht? Warum stehen sie folglich nicht unter Verdacht? Weil es im Islam tatsächlich ein Gewaltpotenzial gibt, und dieses Potenzial wird täglich in allen Ecken der Welt ausgeschöpft.«[386]

In den OECD-Staaten hat sich die Zahl der Terroropfer von 2014 (77) um mehr als das Siebenfache[387] im Jahr 2015 erhöht (577), wie viele der Opfer auf islamistischen Terror zurückzuführen sind, wird dabei nicht festgestellt. Aber: Boko Haram und der IS allein sind für mehr als 50 % der weltweit über 30 000 Terroropfer verantwortlich und fast 80 % der Terroropfer sind allein in sechs Staaten zu beklagen: Afghanistan, Pakistan, Irak, Syrien, Jemen und Nigeria.[388]

Andererseits sind im deutschen Alltag aber immer wieder auch ermutigende Vorkommnisse zu verzeichnen: Sehr deutlich wird das Spannungsfeld zwischen schulischem Erfolg auf der einen und Leistungsverweigerung sowie asozialem Verhalten auf der anderen Seite in den »Memoiren« von Yiğit Muk, eines »Konvertiten« aus einschlägigem Milieu in Berlin, der durch ein schockierendes Erlebnis seine Katharsis erlebte und sich daraufhin veranlasst sah, sich von seiner »Karriere« als kleinkrimineller Slumrabauke abzuwenden und zum Spitzenabiturienten zu mutieren.[389] Doch Muk ist nicht der einzige ehemals kriminelle muslimische Migrant, der »es« geschafft hat, auch Hammed Khamis[390] wandelte sich vom Berufsverbrecher zum Sozialarbeiter, schrieb ein Buch über seine Metamorphose und wurde durch Fernsehstudios und Talkshows gereicht.[391] Oder Fadi Saad, einst Mitglied einer kriminellen Jugendbande und heute selbst Polizist, der Fußballspiele organisiert, um so ans kriminelle Jugendmilieu in Berliner Problembezirken heranzukommen.[392] Solche Menschen mögen leuchtende Beispiele sein, sie sind und bleiben jedoch leider seltene Ausnahmen.

»Neukölln ist überall« – Wie gehen wir mit den Parallelgesellschaften um?

Im Aufwind sind seit längerem die Autobiografien von Slumexistenzen und Schilderungen von Verbrecherlaufbahnen aus den einschlägigen No-Go-Areas – wie *Arabboy, Der große Bruder aus Neukölln* oder *Gängsterläufer*. Den Verlagen und Filmgesellschaften sichern sie

Verkaufserfolge. Solche Stories sind einerseits unterhaltsam und spannend, andererseits geben sie auch lebhafte und konkrete Vorstellungen von dem, was in den Problemvierteln vor sich geht und wie dort gedacht wird. Sachlicher, objektiver und mindestens ebenso informativ und aufschlussreich, dabei aber problem- und lösungsorientierter sind Bücher wie Joachim Wagners *Richter ohne Gesetz,* Heinz Buschkowskys *Neukölln ist überall,* welches trotz heftiger Kritik und Anfeindungen ein Bestseller wurde, und Kirsten Heisigs *Das Ende der Geduld*[393], deren Ansatz schneller, entschlossener Maßnahmen seitens der Justiz zunächst aufgegriffen wurde, dann aber in Berlin »im Sande verlaufen ist«.[394] Ähnliche Vorschläge wie die Neuköllner Jugendrichterin macht Heisigs Kollege Andreas Müller – auch er Autor mehrerer Bücher[395] –, der zwar ebenso stark kritisiert wurde, aber an dem Ort, an dem er Richter war, einen drastischen Rückgang der Kriminalität erreichen konnte (vor allem mit Maßnahmen gegen Neonazis, die er zur Sozialarbeit in Moscheen verurteilte) und als Wahrer des Erbes von Kirsten Heisig[396] gelobt wurde.[397]

Während in Bayern das Heisig-Konzept aufgegriffen und konsequent umgesetzt wird, bekennen sich manche Kriminologen immer noch zu alten Fehlkonzepten aus den 80er-Jahren, wie etwa der »Strategie des Zuwartens« (sic!), deren gründliches Scheitern seit 30 Jahren evident ist. Leider ist der alte Schlendrian des Aussitzens, Nichtstuns und Wegschauens auch in der Praxis die Regel geblieben – oder ist dorthin dank der Empfehlungen aus gewissen Elfenbeintürmen der Wissenschaft zurückgekehrt. »Langsam, so scheint es, fällt das System zurück in den alten Trott«, meint *DIE ZEIT,* und Heinz Buschkowsky kommentiert: »Business as usual hat wieder das Zepter übernommen.«[398] Die Kriminologische Zentralstelle Wiesbaden hat dankenswerterweise die Mängel der Mottenkistenstrategie des Zuwartens unter die Lupe genommen und sie als Teil des Problems diagnostiziert.

Problembezirke, in denen sich vor allem muslimische Parallelgesellschaften konzentrieren, bilden sich mittlerweile in immer mehr europäischen Großstädten – Journalisten oder Polizisten sind dort nicht gern gesehen. Diese Prekariatsbezirke reklamieren ihre Bewohner für sich selbst, und oft genug für den Islam. Ethnisch-religiöse Konzentrationen in Slums, Terrorismus und Kriminalität gehören hier untrennbar zusammen. Dass nicht jeder, der in Luton, Marxloh oder Berlin-Gesundbrunnen lebt, radikal-islamistisch, kriminell, bildungsfern oder asozial ist, liegt auf der Hand. Aber zu viele, gerade unter den dortigen Muslimen, leben abseits von der Gesellschaft oder in bewusstem Gegensatz zu ihr, sind anfällig für extreme salafistische Einflüsse oder sind im Geist von gewaltaffinen Männlichkeitsnormen sozialisiert worden. Noch immer gibt es selbsternannte »Experten«, die trotz erdrückender Faktenlast die Existenz von Parallelgesellschaften rundweg leugnen oder wegdiskutieren wollen – wie ein Blick in *Wikipedia* zeigt. Sie arbeiten mit entsprechend angepassten Definitionen und Kriterienkatalogen und ignorieren dabei die Tatsache, dass abgeschottete Parallelwelten nicht unter sozialwissenschaftlichen Laborbedingungen und im goldenen Käfig anspruchsvoller Theoriediskussionen stattfinden, sondern auf den Straßen und im Alltag der Problemviertel.

In Szene- und Kiezgazetten erklären uns Nachwuchswissenschaftler: »Ein Problembezirk existiert nicht einfach so. Er wird dazu gemacht, indem er abgestempelt wird – zum Beispiel in Büchern.«

Damit startet dann auch meist der Angriff auf Buschkowsky und Heisig, die »aus einer institutionell privilegierten Position heraus schreiben, die sie mit Glaubwürdigkeit und Expertise für die Mehrheitsgesellschaft ausstattet«. Nur für weiße, etablierte Privilegierte seien diese zu »Problemvierteln« herbeigeschriebenen Stadtteile »Angsträume«, »Phobopolen«, viele andere würden sich dort durchaus »zugehörig« fühlen – alles ist also »von der jeweiligen gesellschaftlichen Position des Betrachters abhängig«.[399]

Es liegt auf der Hand, dass sich Verbrecher im Schutz von Parallelgesellschaften, die gegenüber Vertretern rechtsstaatlicher Behörden »eine Mauer des Schweigens«[400] errichten, und in Bezirken, in denen sie relativ unbehelligt Straftaten begehen können, wohler fühlen als Menschen, die fürchten müssen, für die Unversehrtheit ihres Hundes Schutzgeld bezahlen zu müssen, sexuell belästigt oder angepöbelt zu werden.

Wer hier nur die »Angst vor dem Verlust des hegemonialen Deutungsanspruchs«[401] sieht, kann oder will nicht verstehen, dass ein Rechtsstaat die Entstehung krimineller Schattengesellschaften und einer islamisch oder wie auch immer gearteten Paralleljustiz nicht dulden kann, will er sich nicht selbst ad absurdum führen. Und dass die Mehrheitsgesellschaft die Entstehung von Parallelwelten im Spannungsfeld zwischen politisch-religiösem Fanatismus und »normaler« Kriminalität ebenfalls mit Skepsis betrachtet, ist nur allzu berechtigt. Derlei ist für die genannte Skribentenszene »rassistische Argumentation«. Zur »Machtsicherung« der Mehrheitsgesellschaft würden »Räume der Ausgrenzung« geschaffen, deren Ziel in einer »Abwertung und Ausgrenzung von gesellschaftlich unliebsamen Gruppen wie Migranten oder Geflüchteten« liege. Und man kann dem nur hinzufügen: Und das in einem Staat, wenn auch nicht gerade im Land Berlin, in dem Regierung und Zivilgesellschaft – auch nach Ansicht von Amnesty International – extrem viel für »Migranten und Geflüchtete« tun! Wenn auf Zwangsehen, sexuelle Gewalt oder Ehrenmorde verwiesen wird, sollen »Frauen und Muslime gegeneinander ausgespielt werden.«[402] Der modrige Hauch von 1968 weht durch diese Zeilen – es ist der Diskurs von vor 50 Jahren, aus Opas WG, obwohl der Autor dieser pseudowissenschaftlichen Schlaumeiereien damals noch lange nicht geboren war. Was er nicht verstanden hat: Es geht nicht um Ausgrenzung »unliebsamer Gruppen«, sondern um die Durchsetzung von Rechtsstaatlichkeit und Menschenrechten. Die »Ausgrenzung« nahm ihren Anfang nicht in den Köpfen derer, die sie beschreiben und analysieren, sondern in der sozialen Realität der Slums, wo sie gelebter Alltag ist und wo muslimische Gruppen sie offen befürworten.[403].

Wenn dabei Edward Said[404] bemüht und in seinem Geist darauf verwiesen wird, »die anderen« seien nicht wie »wir« und teilten nicht »unsere« Werte, ist das in gewisser Weise zutreffend : Wer die in unserem Rechtsstaat geltenden Werte, die hier die Form von Gesetzen angenommen haben, nicht zu achten bereit ist, muss gemäß den Normen unseres Strafrechts behandelt werden bzw. hat – in letzter Konsequenz – in unserem Rechtsstaat nichts zu suchen. Die »Werte«

der »anderen« sind nur so lange zu tolerieren, wie sie mit unserer Rechtsordnung kompatibel sind. Wer hier in Ruhe in seiner Moschee beten, die liebenswerten Bräuche und Feste seiner Heimat pflegen, die gewohnten Speisen zubereiten oder in seinem Restaurant anbieten und seinen Kindern eine emotionale Bindung zur Heimat der Eltern und Großeltern vermitteln möchte, soll dies in Freiheit und ungehindert tun und uns weiter willkommen sein.

Nicht geduldet werden können im Rechtsstaat rechtsfreie Räume und eine pauschale Ablehnung unserer zentralen Werte. Zumindest scheint man inzwischen auch in der politischen Führung ein Problembewusstsein diesbezüglich entwickelt zu haben, wenn etwa der SPD-Vorsitzende Gabriel auffordert, nicht länger die Augen vor Parallelgesellschaften zu verschließen.[405]

Gehört der Islam zu Deutschland?

Nicht zuletzt müssen die Entscheidungsträger sich davor hüten, das in Europa seit der Aufklärung weitverbreitete Bild von der Liberalität und Fortschrittlichkeit des »wahren« Islam mit der Wirklichkeit zu verwechseln. (Tilman Nagel)

Zu Deutschland gehört ein Islam, der die Glaubens-, Meinungs- und Pressefreiheit sowie die anderen Grundrechte bejaht, sich also auf den Boden des Grundgesetzes stellt und damit der politischen Kultur des Westens öffnet. (Heinrich August Winkler)

»Sind Muslime besonders schwer integrierbar?« – Tabus, Fakten und das Scheitern von Multikulti

Mit dieser Frage konfrontierte die *Basler Zeitung* den Deutsch-Syrer Bassam Tibi, Adorno-Schüler und selbst Muslim. »Seien wir ehrlich, ein Hindu oder Buddhist integriert sich sicher leichter. Das Gerede, die schlechte Integration von Muslimen habe mit dem Islam nichts zu tun, ist Quatsch. Der Islam macht den Muslimen Schwierigkeiten bei der Integration, solange er nicht reformiert ist.«[406]

So also lautete die eindeutige Antwort eines Mannes, der selbst ein Beispiel gelungener Integration darstellt, wichtige Beiträge zu intellektuellen Debatten in unserem Land geleistet hat (er ist Erfinder des Begriffs der »Leitkultur«)[407] und internationales Ansehen genießt.

Ebenso war Altkanzler Helmut Schmidt »sehr skeptisch« bezüglich der Integration muslimischer Zuwanderer.[408] Und auch der Berliner Migrationsforscher Koopmans hat Bedenken[409], was eine problemlose Integration von Muslimen angeht: »In allen europäischen Ländern liegen muslimische Immigranten bei fast allen Merkmalen der Integration hinter allen anderen Einwanderergruppen.«[410] Dies stimmt überein mit den Schlussfolgerungen, die sich aus anderen Kontexten ergeben: Die Bildung von Parallelgesellschaften, wie sie in erster Linie für Muslime kennzeichnend ist, geht Hand in Hand mit mangelnder Integrationsbereitschaft. Besonders signifikant ist es, dass eine Studie, die Muslime und Nichtmuslime untersucht, die derselben Herkunftsregion entstammten, diese Tendenz bestätigt:

Das Kriminologische Forschungsinstitut Niedersachsen hat in einer Analyse die Integration von Jugendlichen aus dem ehemaligen Jugoslawien mit einem Punktesystem bewertet; dabei erzielten Christen einen Integrationswert von 65,4 Punkten, während Muslime nur auf 35,5 Integrationspunkte kamen.[411] Auch sind Musliminnen deutlich seltener berufstätig als Christinnen aus derselben Herkunftsregion.[412] Je stärker die Religiosität von Muslimen, desto größer die Integrationsresistenz. Denn »strenge Religiosität bedeutet: Ablehnung anderer Bevölkerungsgruppen, Antisemitismus, Feindschaft gegen Schwule und die Idee, dass der Westen den Islam vernichten will ..., schwache Sprachkenntnisse und eine extrem konservative Auffassung über die Rolle der Frau« – so Ruud Koopmans von der Humboldt-Universität Berlin in dem zitierten Interview mit der Wirtschaftswoche. Seine Aussagen werden auch durch die Studie von Brettfeld und Wetzels bestätigt[413] – es gilt die Faustregel: Je mehr Islam, desto größer die Distanz zur Demokratie. Wer sich erinnert, was der Koran seinen Gläubigen über Umgang mit Nichtmuslimen vorschreibt, und wem die Auffassung der Muslime von sich selbst als »die beste Gemeinschaft« noch präsent ist, wird hierüber kaum erstaunt sein.

Wie sich einige Muslime teilweise mit krimineller Energie gegen die Integration ihrer eigenen Töchter oder Schwestern stemmen, zeigen die vielen »Ehrenmorde«, die wir zu beklagen haben. Diese sind nichts anderes als Krisenerscheinungen, die immer dann zum Ausbruch kommen, wenn das Streben Einzelner nach Angleichung an die Gesellschaft des Gastlandes mit einem dumpfen Traditionalismus des familiären Umfeldes kollidiert, der vorwiegend religiös geprägt ist und auch so empfunden und legitimiert wird.

Selbst Gudrun Krämer, eine der heute führenden deutschen Islamwissenschaftlerinnen, der niemand eine islamfeindliche Grundhaltung unterstellen kann, findet deutliche Worte: »Wenn Islamisten … Vorstellungen über ein hierarchisches Geschlechterverhältnis propagieren oder wenn sie erwarten, dass ihr religiöser Wahrheits- und Überlegenheitsanspruch sich in der Rechts- und Verfassungsordnung niederschlägt, so ist das mit der deutschen Rechtsordnung nicht zu vereinbaren.«[414]

Das Bild, das sich aus Untersuchungen und Studien zur Integration deutscher Muslime ergibt, ist ambivalent: Wenn knapp 20 % der Muslime »schlecht« integriert sind, [415] 46,7 % die Befolgung der Gebote des Islam über die Demokratie stellen[416] und nur 45,4 % – also weniger als die Hälfte – der muslimischen Jugendlichen sich an die Mehrheitsgesellschaft anpassen wollen,[417] ist dies sicher wenig ermutigend. Auch das Bildungsniveau muslimischer Jugendlicher gibt Anlass zur Besorgnis, denn es liegt deutlich unter dem von Einheimischen oder von nichtmuslimischen Migranten. Die »Gymnasialquote« von Muslimen beträgt 14,3 % gegenüber 45,8 % bei Einheimischen und 34,1 % bei nichtmuslimischen Migranten.[418] Migrantenkinder muslimischer Herkunft verbessern zwar ihren Bildungsstand gegenüber der Elterngeneration, aber nur langsam, und zwar langsamer als andere Migranten.[419]

Zwar haben in Deutschland mehr Migranten(30 %) das Abitur als Einheimische(28,5 %), wobei aber z. B. die Türken deutlich abfallen (14 %), wohingegen die Rate bei Syrern und Afghanen auffallend hoch (über 30 %) ist.[420]

Im internationalen Vergleich schneiden muslimische Migrantenkinder in Deutschland schlechter ab als in vergleichbaren Staaten, was nahelegt, dass auch hiesige Rahmenbedingungen hierfür ursächlich sind. Aber selbst »unter den hochgebildeten Muslimen … ist eine Risikogruppe zu lokalisieren … die eine starke Abwertung des Westens und eine pauschale Aufwertung des Islam in sich trägt …«[421] Auch unter den Gebildeten stellen immerhin fast 18 % die Gebote des Islam über die Demokratie.[422] Brettfeld und Wetzels kommen daher zu einer besorgniserregenden Schlussfolgerung: »Fundamentale Orientierungen, die eine enge religiöse Bindung, hohe Alltagsrelevanz der Religion, starke Ausrichtung an religiösen Regeln und Ritualen verbinden mit einer Tendenz, Muslime, die dem nicht folgen, auszugrenzen sowie den Islam pauschal auf- und westliche, christlich geprägte Kulturen abzuwerten, zeigen eine enorme Verbreitung. In der Allgemeinbevölkerung sind etwa 40 % einem solchen Orientierungsmuster zuzuordnen.«[423] Bedenklich ist dabei besonders, dass auch Muslime, die sich integrieren wollen, mit Ausgrenzung bestraft werden. Hier gewinnt ein *FAZ*-Artikel vom Oktober 2010 eine neue und brisante Relevanz, nach dem nicht nur viele Deutsche die sozialen Brennpunkte verlassen, sondern auch beispielsweise Türken der Mittelschicht, die ob ihrer erfolgreich(er)en Integration von den Unterschicht-Muslimen gemobbt werden.[424]

Ebenso ist die Tendenz besorgniserregend, dass gerade junge Muslime, von denen viele in Deutschland geboren sind, sich auf die eigene Gemeinschaft zurückziehen und stärker zu islamischen Radikalismen neigen. Leider wird der Befund tendenziell durch andere Studien – etwa des Gallup Instituts aus dem Jahr 2009 oder die Untersuchung von W. Frindte und einem Team von Wissenschaftlern aus dem Jahr 2011[425] – bestätigt.[426]

Andererseits: Jeder kennt die charmante Moderatorin, den beliebten Schauspieler, den anerkannten Arzt, die kompetente Kollegin, den netten Gemüsehändler, den freundlichen Gastwirt mit muslimischem Migrationshintergrund. Fast 80 % der deutschen Muslime stehen der Integration positiv gegenüber (und immerhin 52 % der nichtdeutschen), gut 10 % können als »sehr gut integriert«[427] gelten. In Universitäten, Parlamenten und Parteien haben heute Muslime beachtliche Positionen inne und, was wichtiger ist, über Konfessionsgrenzen hinweg Anerkennung gefunden: Cem Özdemir, türkischer Herkunft, und Tarek al-Wazir, mit jemenitischen Wurzeln, gehören ebenso zu dieser Gruppe wie der Bürgermeister von London, Sadiq Aman Khan, der pakistanische Wurzeln hat, oder Najat Vallaud-Belkacem,[428] Bauarbeitertochter aus Marokko, die eine von zwei Ministerinnen marokkanischer Herkunft in der französischen Regierung ist.

Eine Mehrheit der Muslime fühlt sich in Deutschland, auch das geht aus einschlägigen Studien hervor, prinzipiell wohl. Zudem vertreten viele Muslime durchaus Ansichten, die für eine wachsende Nähe zu unserem Werte- und Gesellschaftssystem sprechen: So haben 58 % selbst der »ziemlich oder sehr religiösen« Muslime nichts gegen eine Ehe homosexueller Paare.[429] Unterschiedliche Integrationskonzepte haben innerhalb Deutschlands zu differenzierten Integrationsmustern und damit auch zu entsprechenden Erfolgen (neben Misserfolgen) geführt: So war in Süddeutschland »Integration durch Arbeit« erfolgreich, sodass islamische Problemviertel dort auch nicht so zahlreich und weniger intensiv in ihrer Ausprägung sind als in der Nordhälfte der Bundesrepublik.[430] In Bayern konnten mehr Flüchtlinge ins Arbeitsleben integriert werden als in jedem anderen Bundesland, wie SAT.1 am 23.9.2016 berichtete. Wer in München einen Migranten anspricht, sollte nicht überrascht sein, eine Antwort in bayerischer Mundart zu erhalten. Es ist nur folgerichtig, dass die »Tagesschau« (ARD) am 23.9.2016 ganz explizit feststellte, dass »Integration« am besten in Bayern funktioniere. Ebenso ist der offene Brief, den 120 Islamgelehrte im September 2014 an den »Kalifen« Abu Bakr al-Baghdadi und den IS richteten, ein positives Signal, mit dem sich der Mehrheitsislam in 24 zentralen Thesen gegen radikale Strömungen positioniert.[431]

Integration ist jedoch ein dynamischer Prozess, der keineswegs abgeschlossen ist oder als zeitlich begrenzte Phase missverstanden werden darf. Integration ist eine permanente gesamtgesellschaftliche Aufgabe, die die Mitwirkung aller erfordert, und zurecht betonte daher Bundeskanzlerin Merkel im Sommer 2016, »dass wir es nur gemeinsam schaffen«.[432] Auch und besonders die Mehrheitsmuslime sind gefordert, auf jene ihrer Glaubensbrüder und -schwestern einzuwirken, die der Integration noch wenig aufgeschlossen gegenüberstehen, sich vielleicht in Parallelgesellschaften abschotten oder die als neu eingetroffene Flüchtlinge noch wenig Kenntnisse über und wenig Verständnis für unsere Gesellschaft und ihre Werte haben. Integration darf nicht bedeuten, eine falsche Toleranz zu üben und alle Erscheinungen, die nicht mit unserem Wertesystem oder unserer Rechtsordnung vereinbar sind, zu beschönigen und mit der Aussage, das sei halt eine »andere Kultur«, zu verharmlosen. Sie impliziert, dass »wir natürlich eine Anpassung verlangen« und dass »man ihnen eine Perspektive gibt, gleichzeitig aber auch ganz klare Grenzen aufzeigt«.[433] Die Tolerierung von Parallelgesellschaften, die ein Hort für Radikalismus und Kriminalität sind, ist das Gegenteil von Integration; sie schadet dem gesellschaftlichen Zusammenhalt, fördert Isolierung und (Selbst-)Ausgrenzung.[434] Ein neues Integrationsgesetz mit Arbeitsmarktrelevanz, Ausbildungskomponenten, Akzenten auf Sprach- und Wertevermittlung, Verpflichtung zu aktiven Integrationsbemühungen der Betroffenen und Maßnahmen zur Verhinderung neuer Ethnoghettos und sozialer Brennpunkte ist sicher ein wichtiger Beitrag zu einem verbesserten, umfassenden Integrationsprozess – der aber dann auch die Erfassung und Sanktionierung (etwa durch Leistungskürzungen) von Integrationsverweigerern beinhalten muss,[435] um die Fehler vergangener Jahre und Jahrzehnte nicht zu wiederholen. Und es wäre sicherlich, wie Mathias Rohe, Fachmann für islamisches Recht, zutreffend urteilt, »verantwortungslos, wenn wir die Menschen, die sich rechtstreu verhalten, aber auch an ihren religiösen und kulturellen Vorstellungen festhalten möchten, aus dem demokratisch-rechtsstaatlichen Konsens hinausdefinieren würden«[436] – wobei hier allerdings die Einschränkung anzubringen wäre : Freilich immer unter der unverhandelbaren Voraussetzung, dass diese »religiösen und kulturellen Vorstellungen« mit unserer Rechtsordnung vereinbar sind.

Der »Multikulti«-Ansatz jedenfalls ist in seiner ursprünglichen Form gründlich gescheitert[437] – und selbst Politikern, die unverdächtig sind, Fremdes abzulehnen oder andere Kulturen zu diskriminieren, wie etwa Bundeskanzlerin Merkel, ist dies längst klar geworden.[438] Dass diese »Illusion von Intellektuellen«[439] immer noch durch die eine oder andere Gazette geistert, ist so unvermeidbar wie belanglos.[440] Auch Intellektuelle mit muslimischem Migrationshintergrund wie Bassam Tibi oder Seyran Ateş, die gegen die »Multikulti-Fanatiker«[441] ein Buch geschrieben hat,[442] sind sich über das Scheitern von Multikulti längst im Klaren. Das bunte und farbenprächtige Bild unterschiedlicher Kulturen, die friedlich und in gegenseitiger Toleranz mit- und nebeneinander leben, ist letztlich ein Traum geblieben, der am Ende nur zu Konflikten und zur Bildung abgeschotteter Parallelgesellschaften geführt hat, in denen Radikalismus und Kriminalität eine Brutstätte finden, unsere Rechtsordnung missachtet wird und die Errungenschaften des aufgeklärten modernen Westens abgelehnt werden. Dies darf aber nicht bedeuten, dass wir auf die vielen internationalen Aspekte unseres modernen Lebens verzichten oder uns in deutschtümelnd-nationalistische Dumpfheit zurückziehen sollten, Einflüsse, die ständig aus der ganzen Welt auf uns einströmen, ängstlich abwehren müssen oder alles »Fremde« mit Argwohn zu betrachten haben. Vielmehr muss gelten, was der ehemalige Bundesaußenminister Guido Westerwelle 2010 so treffend formulierte: »Wenn Multikulti heißt, dass wir unsere Wertmaßstäbe aufgeben sollen, dann ist Multikulti ein Irrweg. Wenn Multikulti heißt, dass Vielfalt und Vernetzung mehr denn je unser aller Leben prägen, daheim und international, dann ist Multikulti Realität.«[443]

»Wer Muslime ernst nimmt, muss Islamkritik üben« – Islamophobie versus Islamophilie

»Islam« ist ein Thema, das polarisiert – nicht nur in Deutschland. Die einen halten ihn für die »Religion des Friedens«, die anderen für eine Gewaltideologie. Die einen glauben, der Islam bereichere Europa, die anderen sehen bereits die »Islamisierung des Abendlandes« am Horizont. Verschwörungstheoretiker fürchten die Entstehung von »Eurabien«[444] und Islamapologeten sehen die Muslime heute in einer ähnlichen Rolle wie früher die Juden (siehe unten). Eine sachliche Diskussion ist schwierig, da sie immer wieder Gefahr läuft, die Militanz der einen oder anderen Seite herauszufordern – denn Ausgewogenheit und nüchternes Abwägen ist die Sache beider Seiten nicht immer.

Das »große Bild«: 57 % der Deutschen empfinden den Islam als bedrohlich, 40 % fühlen sich wegen des Islam als »Fremde im eigenen Land«.[445] Eine Studie von YouGov (Juli 2016) ergab, dass 66 % der Deutschen dem Satz »Wir schaffen das«, den die Kanzlerin Ende Juli 2016 in der Bundespressekonferenz wiederholt hatte, »eher oder überhaupt nicht« zustimmen (im September 2015 hatte die Ablehnungsrate lediglich 51 % betragen).[446] 36,6 % der Deutschen sprechen sich gar für ein Verbot der Zuwanderung von Muslimen aus (2014).[447] 58 % der Deutschen findet (Mai 2016), dass sich die etablierten Parteien nicht genug mit den Sorgen der Bevölkerung bezüglich des radikalen Islam befassen, 52 % befürchten, dass durch den Flüchtlingsstrom der Einfluss des Islam in Deutschland zu stark wird.[448] Gut die Hälfte der Deutschen steht also dem Islam mit deutlicher Skepsis gegenüber, und dies, obwohl – oder gerade weil? – die Deutschen relativ wenig Muslime kennen und wenig über den Islam wissen.[449] Es dürften also aktuelle Ereignisse wie die Vorkommnisse der Neujahrsnacht 2015/16 sein, die zahlreichen Terroranschläge, die permanent und weltweit, sozusagen zwischen Orlando und Ansbach, im Namen des Islam verübt werden, sowie die negativen Schlagzeilen, welche Ehrenmorde und ähnliche mit dem Islam in Verbindung gebrachte Verbrechen oft machen, die das Islambild vieler Deutscher prägen und Ängste entfachen – und vielleicht auch die diffuse Furcht vor dem »Fremden« und vor den wirtschaftlichen Konsequenzen der Flüchtlingswelle.[450] Dies alles führt die Feministin Alice Schwarzer zu dem Schluss, »dass es die AfD … gar nicht gäbe, hätten die etablierten Parteien … nicht die steigende Malaise der Menschen mit dem Scharia-Islam ignoriert bzw. verharmlost«.[451]

Es gibt einen »Begriffsdschungel«, wenn es in »oft emotional geführten Debatten« um die unterschiedlichen Einstellungen gegenüber dem Islam und den Muslimen geht.[452] Armin Pfahl-Traughber macht in einer kurzen, prägnanten Darlegung den Versuch, die Unterschiede zwischen den verschiedenen Ansätzen und Argumentationsweisen zu klären, denn, wie er zutreffend schreibt, es geht nicht »nur um einen Streit der Worte«, sondern durchaus auch um »unterschiedliche Inhalte«. Dabei legt er, mangels einer wissenschaftlich scharfen Begriffsabgrenzung, die Verwendungspraxis zugrunde.

»Islamophobie« bezeichne »generell ablehnende Einstellungen gegenüber muslimischen Personen und allen Glaubensrichtungen, Symbolen und religiösen Praktiken des Islam«; ihr verwandt sei die »Islamfeindlichkeit«, und wer islamfeindlich sei, »zeichne ein durchgängig negatives Bild vom Islam und bringe seine eigenen Auffassungen in eine konfrontative Gegenposition«, wie es rechtspopulistische Parteien und Propagandisten tun. Dagegen abzugrenzen sei die »Islamkritik«, die oft undifferenziert als »Islamfeindschaft« abgefertigt werde. Doch sei »Kritik noch keine Feindschaft«. Denn »›Islamkritik‹ richtet sich mit Einwänden gegen bestimmte Erscheinungsformen der Religion, verwirft die Religion aber nicht im Sinne eines pauschalen Feindbildes«. Einer pauschalen »Muslimenfeindlichkeit« gegenüber stellt Pfahl-Traughber die »Muslimenkritik«: Wenn »eine Reihe sozialwissenschaftlicher Studien bestimmte Besonderheiten der in Deutschland lebenden Muslime« belegt, kann »der kritische Hinweis auf diese Besonderheiten allein … nicht als ein Ausdruck von ›Islamfeindlichkeit‹ oder ›Islamophobie‹ gelten, wie dies gelegentlich geschieht«. Mit anderen Worten: Wer Kritik an islamischen Inhalten, Aussagen oder Prinzipien, oder auch an den heiligen Texten des Islam oder am Verhalten von Muslimen übt, kann nicht pauschal der Islamfeindlichkeit bezichtigt werden, auch wenn manche darin eine »weitgehend populistisch agierende Islamkritik«[453] entlarvt zu haben glauben.

Der weite Bogen spannt sich von »einer aufklärerisch menschenrechtlichen Islamkritik einerseits« bis hin zu »einer fremdenfeindlich hetzerischen Muslimenfeindlichkeit andererseits«. Wer differenzierte »Islamkritiker als ›Islamfeinde‹ diffamiert«[454] wird unglaubwürdig und setzt sich Zweifeln an seiner Seriosität aus.

Ganz eindeutig ist: Wenn im Internet der Islam als »grüne Pest« verunglimpft und Muslime als »Hinternhochbeter« diffamiert werden, wenn der Islam ungestraft als »Kinderfickersekte«[455] verunglimpft wird, oder wenn der von einem Islamisten ermordete Filmemacher Theo van Gogh Muslime als »Geitenneukers« (Ziegenficker) verächtlich machte, wenn Flüchtlingsunterkünfte (deren Bewohner ja mehrheitlich Muslime sind) brennen, haben wir es mit Islamfeindlichkeit im eigentlichen Sinn zu tun. Auch die Positionen, die der Präsident der USA, Donald Trump, zur Zeit seiner Präsidentschaftskandidatur (2016) gegenüber dem Islam eingenommen hat, ähneln eher Phrasen, um gewisse antiislamische Ressentiments zu bedienen als ernst zu nehmenden Politkkonzepten. Die Aussage des französischen Schriftstellers Michel Houellebecq: »La religion la plus con, c'est quand même l'Islam«,[456] ist als bewusste Provokation zu werten und wurde von dem Autor inzwischen relativiert – er sei nicht mehr dieser Ansicht, denn er habe inzwischen den Koran gelesen.[457] Sein Werk »Soumission« (inzwischen auch auf deutschen Bühnen gespielt) hat einen Doppelsinn: Es ist einerseits die wörtliche Übersetzung des Begriffs »Islam« und hat andererseits eine schleichende (Selbst-)»Unterwerfung« Frankreichs unter die Herrschaft des Islam zum Gegenstand. Es handelt sich um eine literarische Fiktion, und der Autor hat bestritten, ein antiislamisches Werk intendiert zu haben. Während es legitim sein mag, einige extremistische islamische Gruppierungen als »faschistisch« zu apostrophieren, ist die Verallgemeinerung von Hamed Abdel-Samad, »der Islam« schlechthin sei faschistisch, wohl eine absichtliche Überspitzung[458] – allerdings ist es auch bezeichnend, dass der Autor für sein Buch mit dem Tod bedroht worden ist.[459] Auch der niederländische Politiker Geert Wilders hat dem Islam den Vorwurf gemacht, faschistoid zu sein, [460] und auch er muss wegen Drohungen unter besonderen Sicherheitsvorkehrungen leben.

Die NSU-Morde, denen zwischen 2000 und 2006 neun Menschen (darunter acht Türken) zum Opfer fielen, sollten, so Bundesanwalt Diemer beim NSU-Prozess in München, die »nationalsozialistisch geprägten, völkisch-rassischen Vorstellungen der Täter von einem ›Erhalt der deutschen Nation‹«[461] verwirklichen. Auch der Mörder an der Ägypterin Marwa el-Sherbini (2009) in einem Dresdner Gerichtssaal handelte eindeutig aus fremdenfeindlichen, rassistischen und antiislamischen Motiven. Wenige Tage vor dem 3. Oktober 2016 explodieren Bomben vor Moscheen und werden vor muslimischen Institutionen Schweinsköpfe deponiert. Dies sind Taten von rechtsradikalen Kriminellen, die am äußersten rechten Rand der Gesellschaft agieren, aber keine Unterstützung irgendeiner auch nur annähernd seriösen Partei oder Gruppierung finden. Dies gilt auch für die Ausschreitungen des rechten Unterschichtmobs unter dem Schlagwort »Hooligans gegen Salafisten« (2014/15), bei denen auch zahlreiche Polizeibeamte verletzt wurden.

Antiislamische Gewalttaten sind zwar deutlich rückläufig in Deutschland, doch zählten die Sicherheitsbehörden im ersten Halbjahr 2016 immer noch 29 derartige Straftaten (im Vergleich zu 44 Vorfällen im zweiten Halbjahr 2015).[462] Dazu kommen allerdings über 660 Straftaten, die sich (von Anfang bis Mitte 2016) gegen Asylunterkünfte gerichtet haben. Im September 2016 stellte jedoch die Bundesregierung erneut eine besorgniserregende Zunahme fremdenfeindlicher Aktionen in den östlichen Bundesländern fest, wobei auch die Grenze zwischen konservativen »Normalbürgern« und kriminellen Nazis verwischt zu werden droht. Ganz eindeutig ist: Islamfeindlichkeit hat in Deutschland eine geringe Akzeptanz – die große Mehrheit der Bevölkerung lehnt sie entschieden ab, und selbst bei der AfD spricht sich eine deutliche Mehrheit gegen »Islamfeindlichkeit« aus. Nach einer Forsa-Umfrage für den *Stern* im Juli 2016 stimmen 57 % der AfD-Anhänger der Aussage zu, »Muslimfeindlichkeit solle genauso geächtet werden wie Antisemitismus«.[463]

Islamophobie und Islamfeindlichkeit mögen allgemeinsprachlich akzeptable Begriffe sein, eine wissenschaftliche Begriffsdefinition freilich fehlt, und so werden die Termini im Nebelfeld zwischen Rassismus und Xenophobie gerne, häufig und ungenau verwendet – je nach Bedarf des Benutzers.

Ebenso gerne wird jedoch auch die Grenze zwischen Islamfeindlichkeit und (legitimer) Islamkritik verwischt, wenn etwa die rechtspopulistische Pegida[464] in den Medien systematisch mit dem Adjektiv »islamkritisch« belegt wird, was dazu führt, dass »Islamkritik« mit rechtspopulistischen Tendenzen und Nazi-Mentalität einer Bewegung am Rande der Legalität assoziiert und damit diskreditiert wird. Und wenn auf der anderen Seite »der Begriff der Islamophobie in den öffentlichen und akademischen Debatten sowohl einen analytischen Anspruch als auch einen propagandistischen Anteil hat, der nicht eindeutig voneinander zu trennen ist«[465], so ist dies ein ganz bewusst gesteuerter Prozess. Denn damit soll jede sachliche und zutreffende Kritik als »rassistisch« oder »islamfeindlich« disqualifiziert und zurückgewiesen werden. Es soll nicht mehr legitim sein, islamischen Terrorismus, diskriminierende und Gewalt legitimierende Stellen im Koran oder gewisse Schwierigkeiten der Muslime, sich bei uns zu integrieren, auch nur zu thematisieren.

Bezeichnenderweise ist es ein muslimische Professor für islamische Theologie, der feststellt: »Niemand verteidigt heute den Islam und die Muslime heftiger als westliche Konvertiten und Religionsdialog-Amateure.« Aber: »Wir Muslime sollten keine Angst vor Kritik haben, denn fundierte Islamkritik bedeutet nicht Ablehnung unserer Religion, sondern ist eine emanzipatorische und herrschaftskritische Notwendigkeit.«[466] Doch die Medienvorzeigemuslimin Lamya Kaddor »weiß«, dass die »sogenannten Islamkritiker … nicht kritisieren im eigentlichen Sinn, sondern … mit kruden Thesen und schrillen Tönen in der Öffentlichkeit Stimmung machen …, dass zwei Drittel der Deutschen problematische Positionen bezüglich Islam und Muslimen vertreten…, dass nun wieder eine Minderheit denunziert wird.«[467]

Da es, abseits des äußersten rechten Randes, gar nicht so einfach ist, wirkliche Islamfeindschaft nachzuweisen, wird sie eben konstruiert: Wenn als Beleg dafür, dass seitens der Mehrheitsgesellschaft eine reale Ablehnung der Muslime »faktisch existiert«, »Proteste gegen Moscheebauvorhaben«[468] angeführt werden, so verkennt diese Aussage, dass es für die ablehnende Haltung gegen einen Moscheebau die unterschiedlichsten Gründe geben kann – bis hin zur Angst vor Lärmbelästigung (wer längere Zeit in muslimischen Ländern gelebt hat, weiß, was hier gemeint ist) oder verstärktem Verkehr in einer schmalen Wohnstraße,[469] also alles Gründe, die – hier nun wirklich einmal! – nichts mit dem Islam zu tun haben. Solche schwachen Argumente belegen die Beweisnot derer, die »eine massive Ablehnungshaltung der deutschen Mehrheitsgesellschaft gegenüber Muslimen/innen«[470] herbeischreiben wollen. Selbst wenn bei einer Umfrage 46,1 % der Befragten der Aussage zustimmen, es gebe »zu viele Muslime in Deutschland«, lässt dies nicht zwingend den Schluss zu, hier liege eine primäre »Ablehnungshaltung« gegen Muslime zugrunde. Vielleicht haben viele der Menschen, die »zu viele Muslime in Deutschland« sehen, dies unter dem Eindruck eines katastrophalen Anschlags, der im Namen des Islam am gleichen Tag verübt wurde, getan; oder sie haben von einem Ehrenmord gehört oder den rbb-Fernsehbeitrag »Hauptstadt der Diebe« gesehen, wo über Schwerstkriminalität unter arabischen Clans in Berlin berichtet wird; oder ihr Kind besucht eine Schule, in der es von muslimischen Mitschülern Gewalt erfährt oder als »Schweinefresser« diskreditiert wird. Vielleicht hätten viele diese Aussage auch abgelehnt, würden nicht zahlreiche Studien zu dem Ergebnis kommen, Muslime seien weniger als andere Migranten in der Lage und gewillt, sich zu integrieren, und gäbe es nicht ständig Horrormeldungen über Enthauptungen durch muslimische Extremisten (nicht nur auf den »killing fields« im Nahen Osten, sondern auch in Europa – beispielsweise in Frankreich), und würden nicht so viele Bücher erscheinen, in denen traumatisierte Frauen von ihren Schreckenserfahrungen mit dem Islam berichten, oder immer wieder Nachrichten gesendet über Polizisten, die durch salafistische Messerattacken schwerst verletzt (in Bonn und Hannover) oder ermordet (in Frankreich) wurden. Es geht also nicht um eine grundsätzliche Ablehnung von Muslimen, sondern um Reaktionen auf ein spezifisches Verhalten von (einigen) Muslimen. Es geht nicht um Ressentiments und Rassismus, sondern um eine Häufung negativer Erfahrungen. Sehr anschaulich ist in diesem Kontext der Vergleich von Oliver Jeges: »Wenn täglich irgendwo auf der Welt ein Passagierflugzeug abstürzen würde, hätte man berechtigterweise ziemliche Flugangst. Dass die Mehrheit aller Flieger sicher landet, wäre dann völlig irrelevant … Ein Flugzeug pro Tag! Man hätte Sorge, dass es überall und jederzeit passieren könnte. Aber das ist nur ein Gedankenspiel. Mit dem Islam verhält es sich jedoch tatsächlich so. Man kann nicht sagen, wann und wo es das nächste Mal krachen wird … Ist es wirklich islamophob, diese Zustände zu kritisieren, ohne jedes Mal auf die friedliche Mehrheit der Muslime zu verweisen? Man muss die Fluggesellschaften nicht dafür loben, dass sie ihre Jumbojets oben halten können. Genauso wenig muss man Muslimen applaudieren, wenn sie sich an das Grundgesetz halten. Es ist schlichtweg eine Selbstverständlichkeit.«[471]

Solchen Anfechtungen sind viele Streiter wider die »Islamfeindlichkeit« nicht ausgesetzt. Selbst hinter der Feststellung unbestreitbarer Fakten, wie etwa islamistische Terroranschläge, vermuten sie noch »Islamfeindlichkeit«.[472] Fast 90 % der deutschen Muslime sind z. B. »wütend«, wenn nach Terroranschlägen immer zuerst Muslime verdächtigt werden[473] – obwohl diese Annahme leider durch die bisherigen Erfahrungen gestützt wird. Es ist eben extrem selten, dass Terroranschläge von Buddhisten, Altkatholiken oder Anhängern des Maria-Lionza-Kultes begangen werden.

Die Diskussion über Islamophobie darf nicht im »luftleeren Raum« geführt werden, sie muss Zusammenhänge sehen, Rahmenbedingungen berücksichtigen, in größere Kontexte einordnen – nicht nur irgendwelche Umfragen nach vordergründigen Kriterien auswerten und simplifizierend interpretieren.

Eine besonders dreiste Variante des Islamophobie-Vorwurfs ist die Behauptung, »was früher das Judentum gewesen sei, sei heute der Islam«[474], wie Gesine Schwan »irrlichterte«. Hierzu fand Giovanni di Lorenzo, Chefredakteur der *ZEIT,* die passenden Worte: »Das ist ein furchterregend abwegiger Vergleich. Er signalisiert ..: Hier soll nicht mehr argumentiert werden, hier wird einfach nur tabuisiert. Wirkungsmächtiger könnte man für Pegida nicht werben.«[475] Leider hat auch der seit 45 Jahren in Deutschland lebende syrische Autor Rafik Schami, der von seinem Geburtsland aus wohl kaum die Karriere gemacht hätte, die ihm bei uns möglich wurde, hier Anschluss gesucht und gefunden : »Die Islamophobie ist der salonfähige Antisemitismus«,[476] schwadroniert er. Dass er, wie er durchblicken lässt, von deutschen Intellektuellen nicht die Aufnahme und Wertschätzung erfahren hat, die er erhofft hatte, mag sein; solche Entgleisungen indessen rechtfertigt dies nicht. Schamis und Schwans Aussagen sind aber nicht originell, sondern schon etwas abgestanden: Urheber der Legende »Die Türken sind die neuen Juden Europas« ist Faruk Şen, der ehemalige Direktor des Zentrums für Türkeistudien, der vor allem durch schräge, aber publikumswirksame Thesen wie den Vergleich Juden/Türken oder zum Armenier-Genozid hervorgetreten ist. Auch die Wissenschaft hat sich mit den Parallelen von Antisemitismus und Islamophobie befasst und die Zusammenhänge zwischen beiden kontrovers diskutiert – wobei sich hier auch besonnene Stimmen zu Wort gemeldet haben.[477] Dass Faruk Şen von den Chancen, die seine Wahlheimat Deutschland ihm geboten hat, »lange auskömmlich gelebt hat, dass deutsche Stellen, Verbände, Institutionen jemand wie ihn oft für sein finsteres Deutschlandbild bezahlt und … ausgezeichnet haben – darüber ließe sich wohl ein eigener Integrationsgipfel abhalten«.[478] Şens Grundthese, Integration der Migranten sei eine Bringschuld der deutschen Gesellschaft, atmete den »Geist« des Jahres 1968 und bediente die Neigung mancher Muslime, sich gerne als Opfer zu sehen und sich jeder Eigenverantwortung zu entziehen, fand aber ein dankbares Publikum – nicht nur unter Migranten. Dass vor allem auch die zu Integrierenden an der komplexen Aufgabe »Integration« aktiv mitwirken müssen, war für Şen und ist immer noch für viele Islamfeindlichkeitstheoretiker (und leider auch für manchen Muslim) völlig nachrangig, da für ihre einfachen Thesen nicht brauchbar. Auch heute sehen viele derjenigen, die von »Islamophobie« sprechen und schreiben, bei den Deutschen irrationale Ängste vor dem »Anderen«, emotionale Abneigung gegen »Fremdes«, deutschtümelnde Rückwärtsgewandtheit sowie geistige Starre, die die Abkehr vom Ideal einer monoethnischen Gesellschaft erschwere, als Ursachen für das, was sie – teils fälschlich – als Islamfeindlichkeit verstehen. Derartige Faktoren mögen durchaus eine Rolle spielen. Aber: Anschläge wie die von Nizza, Würzburg, Ansbach oder im Kirchlein bei Rouen (alle im Juli 2016), vom Flüchtlingsboot ins Mittelmeer geworfene Christen, Parallelgesellschaften in unseren Städten, sexuelle Übergriffe nordafrikanischer »Antänzer«, das Treiben nahöstlicher Clans und Banden, das längst auch auf bürgerliche Stadtviertel übergreift, oder der mangelnde Wille von Muslimen, sich zu integrieren – derartige Fakten als Gründe zu erkennen für Vorbehalte, die teilweise in der Mehrheitsgesellschaft gegen Migranten muslimischer Prägung bestehen, daran hindert sie ihre ideologische Festlegung. Derartiges verdrängen sie rasch und setzen Hunderten von Terroropfern entgegen, dass ein »totes Schwein auf Moscheebaustelle abgelegt«[479] wurde.

»Das hat aber nichts mit dem Islam zu tun« – dieses Mantra war lange Zeit eine Art Glaubensbekenntnis der Islamophilie in der öffentlichen Diskussion, wobei sich der Begriff »Islamophilie«, im Gegensatz zur »Islamophobie«, bezeichnenderweise nie durchgesetzt hat. Bei allen Vorkommnissen, die inkompatibel waren mit dem positiven Islambild, das die »political correctness« vorgab, und nicht durch Relativierung und Verharmlosung entschärft werden konnten, wurde diese Beschwörungsformel bemüht, die die Funktion hatte, den Islam im Zustand der unbefleckten Reinheit zu erhalten. Inzwischen haben aber zumindest die Akteure, die in der Öffentlichkeit einem gewissen intellektuellen Anspruch gerecht werden wollen, realisiert, dass diese Phrase doch etwas zu holzschnittartig ist.[480] Die Töne wurden differenzierter und sogar in der *FAZ* kamen gegensätzliche Stimmen zu Wort. So war der Titel eines Gastbeitrags des Berliner Migrationsforschers Ruud Koopmans in bewusstem Kontrast zu »Das hat aber nichts mit dem Islam zu tun« formuliert: «Der Terror hat sehr viel mit dem Islam zu tun.«[481]

Mit der Zeit wurde es immer schwerer, die Fiktion aufrechtzuerhalten, es gebe radikale Gruppierungen, die den Islam vereinnehmen und instrumentalisieren wollen, obwohl sie »dem Islam« – also »unserem« Islam, wie wir ihn gerne sehen wollen und wie er demnach auch sein muss – vollkommen fremd und fern sind. Manche beginnen zu begreifen (und ein Blick in den Koran ist hier sehr hilfreich), »dass der Islamismus nicht das Gegenteil vom Islam ist, sondern eine seiner Spielarten.«[482] Und auch dass Fußballspiele abgesagt werden mussten, Karnevalszüge nicht stattfinden konnten und Operninszenierungen[483] abgesetzt wurden, weil sie die eine oder andere Gruppierung des Islam, der im Grunde immer noch eine »Religion des Friedens«[484] sei, zu neuen Gewaltexzessen hätten provozieren können, könnte irgendwie doch mit einer Gefährdung durch Muslime zu tun haben. Denn wenn die verschiedenen Formen von Terror und Gewalt »nur« kulturell – als ob »Kultur« und »Religion« so einfach zu trennen wären – oder sozial bedingt sind, müssten sie auch von anderen Gruppen ausgehen, die ähnlichen kulturellen und sozialen Milieus angehören, was aber nur selten der Fall ist. Hamed Abdel-Samad bringt es auf den Punkt: »Das hat mit dem Islam nichts zu tun, das sind nur soziale oder geopolitische Probleme. – Falsch!«[485]

Differenzierte Islamkritik – im Gegensatz zur »Islamfeindlichkeit« im Pegida-Stil – kam in der Tat auch und gerade von führenden Repräsentanten des Geisteslebens in Deutschland. Der Literaturwissenschaftler Rüdiger Safranski etwa hat sich zu Wort gemeldet mit Aussagen, die eigentlich überflüssig sein sollten, es aber in diesen Tagen offenbar nicht sind: »Selbst in einer Wohlfühlgesellschaft wie der unseren muss darüber gesprochen werden, in welche Kultur integriert werden muss. Die Verfassung steht über dem Koran.«[486] Mit klaren Worten drückt Safranski das aus, was andere kaum anzudeuten wagen: » Der politische Islam … ist eine einzige Katastrophe … Diesen politischen Islam tragen viele mit sich, und damit wird in Deutschland zum Beispiel … der islamische Antisemitismus mächtig werden. In Frankreich ist das heute schon zu spüren, da fühlen sich Juden nicht mehr sicher. Viele Muslime wissen nicht, was es heißt, eine andere Religion zu respektieren. Man hat vergessen, dass auf den Flüchtlingsboten Christen ins Wasser geworfen wurden. In den Flüchtlingslagern bekämpfen sich die ethnischen und religiösen Gruppen. Sie sind also schon dabei, die Verfeindungen, Ursache ihrer eigenen Flucht, in unser Land einzuschleppen …«[487] Der Philosoph Peter Sloterdijk wirft den Befürwortern eines weiteren Flüchtlingszustroms vor, »den Schlaf der Gerechten«[488] zu schlafen. Auch Hans-Ulrich Wehler, einer der führenden deutschen Historiker des 20. Jahrhunderts, findet klare Worte: »Der Islam ist nicht Teil Deutschlands … Toleranz gegenüber Migranten … muss man mit der Forderung verbinden, dass sich vor allem Migranten aus der Türkei nach 30, 40 Jahren in Deutschland endlich stärker um Integration bemühen sollten …«[489] Da gegen solche Aussagen sachlich nicht viel eingewendet werden kann, greift man auf das bewährte

Mittel der persönlichen Diffamierung zurück (so wie eine kurdische Aktivistin Thilo Sarrazin nicht mit Sachargumenten, sondern wegen seines Aussehens angegriffen hat) – es handele sich eben um Meinungen alter Männer, die nicht mehr mitkommen.

Selbst Bassam Tibi, ein gebürtiger Syrer, der den Begriff der »Leitkultur« geprägt hat, welcher lange in Deutschland heftig diskutiert wurde, ist mehr als skeptisch: »95 % der Flüchtlinge … kommen aus der Welt des Islam. Ihre Bereitschaft, sich in unsere Gesellschaft einzugliedern und die Regeln dieser Gesellschaft anzuerkennen, ist sehr gering. Die Folge ist, dass Parallelgesellschaften entstehen. … Den Euro-Islam wird es nicht geben.«[490] Sehr viel drastischer hat der ehemalige Berliner Senator und Bundesbankvorstand Thilo Sarrazin sich positioniert. Seine Aussagen zu genetischer Veranlagung und zur Vererbung von Intelligenz, insbesondere in Bezug auf Muslime, haben scharfe Kritik ausgelöst und zu vehementem Widerspruch geführt. Die *FAZ* befand zwar, dass der Autor »sehr viele richtige und notwendige Dinge«[491] zum Ausdruck bringe, kritisiert aber seinen »Biologismus«. Die *Neue Züricher Zeitung* betrachtete Sarrazins Thesen als »alarmistisch«, der Erfolg seiner Bücher liege daran, »dass die deutsche politische Klasse das Thema allzu lange schönfärberisch verdrängt« habe.[492] Der Historiker Wehler befand, Sarrazin habe mit einigen seiner Thesen »ins Schwarze« getroffen,[493] und Joachim Gauck fand sie immerhin »mutig.«[494] Berthold Kohler schrieb in der *FAZ:* »Die Freiheit der Andersdenkenden war einmal. Auch Voltaire scheint in Potsdam und Berlin nicht mehr häufig gelesen zu werden.«[495] Vonseiten derer, denen das geistige Rüstzeug zu sachbezogener Auseinandersetzung nur unzureichend zu Gebote steht, mussten sich solche Andersdenkende dann auch übelste Herabwürdigungen und persönliche Beleidigungen gefallen lassen.[496] Sarrazins Schlussfolgerungen mögen teils überzogen und bewusst provokativ sein, manche seiner Thesen nicht haltbar und nicht alle seine statistischen Angaben einer Überprüfung standhalten – aber er hat das Tabu der »political correctness« gebrochen und damit eine notwendige Debatte, gerade auch außerhalb der Fachkreise, angeregt. Sein Parteifreund Dohnanyi, ehemaliger Bundesminister und Bürgermeister der Stadt Hamburg, merkte an: »Nur in Deutschland macht man sich unmöglich, wenn man das Offensichtliche benennt.«[497] Die Aussagen zum Islam in Sarrazins neuestem Buch[498] jedenfalls sind sachlich und beziehen sich auf angesehene Gewährsleute (wie die Professoren Heinrich August Winkler, renommiert für seine ausgewogen-reflektierten Standpunkte zur Flüchtlingsproblematik, und Abdel-Hakim Ourghi, der selbst Muslim ist). Viele Sarrazin-Kritiker folgern »messerscharf, dass nicht sein kann, was nicht sein darf« (Christian Morgenstern).

Weiter vom gesellschaftlichen Konsens entfernt war Udo Ulfkotte, der sogar bei Pegida-Veranstaltungen aufgetreten ist. Er wird aufgrund seiner Verschwörungstheorien und seiner Schreckensszenarien von einer bevorstehenden Machtübernahme des Islam im »Abendland« der rechten Szene zugeordnet. Die Fachwelt hält seine Schriften für unseriös. Gisèle Littmann, ägyptisch-jüdische Britin, die uns schon unter ihrem Pseudonym Bat Ye'or begegnet ist, hat einerseits zurecht auf die existenziellen Probleme der Christen in der islamischen Welt hingewiesen, andererseits aber baut auch sie eine Drohkulisse auf, welche eine Verschmelzung Europas mit »Arabien« zeigt und daher einer Verschwörungstheorie recht nahekommt. In Frankreich hat die Verschwörungstheorie des »grand remplacement«, die befürchtet, dass die bisherige »europäische« Bevölkerung durch Zuwanderer aus Afrika ersetzt wird, in letzter Zeit eine wachsende Zahl von Anhängern gefunden.

Nicht alles, was die Verschwörungstheoretiker schreiben und behaupten, ist falsch und widersinnig, denn sie arbeiten teils mit unbestreitbaren Fakten, problematisch sind allerdings die Argumentationsstrukturen und Gesamtkonzepte, die sie ausgestalten, und die Schlussfolgerungen, zu denen sie gelangen.

Islamkritik auf höherem Niveau ist mit Namen wie Tilman Nagel, Hans-Peter Raddatz oder Karl-Albrecht Schachtschneider verbunden. Bei Raddatz etwa finden sich zahlreiche berechtigte Forderungen (z. B. dass Muslime sich zur Gleichberechtigung der Frau und zum staatlichen Gewaltmonopol bekennen sollen und die Scharia nicht unter den Schutz des Grundgesetzes fallen dürfe, da sie diesem widerspreche), andererseits gelangt er aber auch zu überspitzten Theorien, wie die der drohenden Gefahr eines »Chrislam«. Aber, so Raddatz, »statt der gegenseitigen Verteufelung« sollten Muslime und Christen miteinander diskutieren.[499] Mit der sachlichen Kühle des Juristen geht der Staatsrechtler Schachtschneider an den Islam heran: »Solange der Islam nicht nachhaltig säkularisiert und entpolitisiert ist, steht er außerhalb des religiösen Grundrechtsschutzes des Grundgesetzes«[500] – eine Schlussfolgerung, die er aus dem muslimischen Staatsanspruch ableitet, der zahlreiche mit unserer Rechtsordnung unvereinbare Elemente enthalte. Damit steht er in einem gewissen Gegensatz zu Juristen, die abstrakte Positionen, wie sie in den heiligen Texten des Islam erscheinen, für weniger relevant halten als das konkrete Verhalten der Muslime – wobei natürlich fraglich ist, ob und wann dieses in eine konkrete Anwendung von mit unserer Rechtsordnung nicht kompatiblen Prinzipien ausartet. Allerdings ist Schachtschneider in politischen Kreisen aufgetreten, die auch seine zutreffenden Aussagen zum Islam – seine eurokritischen tun hier nichts zur Sache – problematisch erscheinen lassen könnten.

Tilman Nagel, einer der führenden deutschen Islamwissenschaftler, setzt sich in mehreren Büchern (erwähnt sei hier nur *Angst vor Allah?,* aus dem bereits mehrfach zitiert wurde) streng wissenschaftlich mit dem Islam auseinander, zieht aber auch konsequent Schlussfolgerungen, die in den Kreisen der Islamophilie keine ungeteilte Zustimmung erwarten dürfen, wie z. B.: »Wer meint, er verfüge mit Gewissheit über eine von Allah selber stammende Lösung für die Probleme dieser Welt, wird in dem geistigen Kosmos, den wir Europa nennen, niemals heimisch werden.«[501]

Auch seine Hinweise auf die islamischen Prinzipien der *taqiyya*[502] (»taktische Unwahrheit«) und der *mudarah*[503] (»schmeichlerische Täuschung«) sind zwar zutreffend, aber gerade deswegen unliebsam.

Schon 1977 hatte Karl Binswanger gewarnt: »Die Orientalistik sollte sich hüten, zu einer verbohrten ›wissenschaftlichen Islamophilie‹ zu entarten; sonst verdient sie zwar den neckischen Namen eines ›Orchideenfaches‹, nicht aber den einer Wissenschaft.«[504] Was damals fast abwegig erscheinen mochte, diagnostiziert Tilman Nagel

2014 wie folgt: »Westliche Islamforschung … die sich leider oft dazu versteht, den Verfechtern eines ewig wahren Islams nach dem Mund zu reden, [ist] verliebt in das romantische Bild vom Islam, das sich seit dem 18. Jahrhundert in den gebildeten Schichten Europas behauptet.«[505] Freilich hat sich Nagel dazu verleiten lassen, in sehr fragwürdigen Kontexten seine im Grunde oft zutreffenden Thesen zu präsentieren.

Es wäre ungerecht, wollte man die deutsche Orientalistik/Islamwissenschaft auf ihre teilweise Islam-romantisierende Dimension reduzieren. Sie hat Weltgeltung errungen[506] durch zahlreiche und wesentliche Beiträge, die sie zur heutigen Kenntnis der islamischen Welt geleistet hat. Noch heute bietet sie ein differenziertes Erscheinungsbild in farbiger Vielfalt[507] – trotz der oft beklagten Mittelknappheit. Es sind inzwischen Professuren für islamische Theologie gegründet worden, die – in Abgrenzung und in Ergänzung zur Orientwissenschaft – islamische Imame und Religionspädagogen an mancher deutschen Universität ausbilden, sodass diese nicht mehr wie ein Fremdkörper im Deutschland des 21. Jahrhunderts wirken. Und der Präsident der Stiftung Preußischer Kulturbesitz, Hermann Parzinger, hat in einem lesenswerten Beitrag mit dem liebenswerten Titel »Der Islam gehört zur Museumsinsel« auf die islamischen Kunstschätze hingewiesen, die deutsche Museen bergen, pflegen und allen Interessierten zugänglich machen.

Den Islamkritikern diametral entgegensetzt ist der Journalist Patrick Bahners, dessen »Streitschrift« (so die Selbstbezeichnung seines unten zitierten Werkes) sich gegen alle richtet, die auch nur entfernt verdächtig sein könnten, dem Islam und den Muslimen nicht mit kritikloser und bedingungsloser Sympathie entgegenzukommen. Gegen den Einbürgerungstest in Baden-Württemberg zieht er ebenso zu Felde wie gegen Opfer des Islam, die über ihr Schicksal berichten und gerade deshalb für ihn unglaubwürdig und in ihrer Kritik am Islam unqualifiziert seien (!). »Hat man so von oben herab eigentlich auch katholische Missbrauchsopfer behandelt?«, fragt zurecht Matthias Matussek im *Spiegel*.[508] Alle, die vor islaminhärenten Gefahren warnen, sind für Bahners »Panikmacher«.[509] Deshalb ist auch seine Antwort auf die Frage, warum gerade der Islam »so starke Affekte« hervorrufe, die ihm in einem *ZEIT*-Interview gestellt wurde, bezeichnend (wobei ihm die leichte Ironie, die der Frage immanent ist, wohl entging): »Das ist für mich ein Rätsel.«[510] Würde er sich mit der Geschichte des Islam befassen, den Koran lesen oder eine Tageszeitung unter Verzicht auf Ausblendungsmechanismen, wüsste er, warum.

Sein Rundumschlag trifft Ayaan Hirsi Ali ebenso wie Necla Kelek, Alice Schwarzer genauso wie Altbundeskanzler Helmut Schmidt. Auch er gehört zu den Verschwörungstheoretikern, ist er doch einer »islamkritischen Internationale« auf die Spur gekommen. Sein Bruder im Geiste, Thomas Steinfeld von der *Süddeutschen Zeitung,* versteht unter »der sogenannten Islamkritik die ›schreibende Eingreiftruppe‹ einer falsch verstandenen Aufklärung«.[511]

Islamkritik auf der einen Seite und eine grundsätzlich positive Haltung Muslimen gegenüber auf der anderen Seite sollten und dürften eigentlich kein Gegensatz sein. Kritik zu üben, da wo sie angebracht scheint, unterschiedliche Meinungen auszutauschen und konstruktive Debatten zu führen – das sind keine Zeichen für unauflösbare Antagonismen und »Feindschaft«,[512] sondern in unserer offenen, aufgeklärten Gesellschaft eine Selbstverständlichkeit, die sich auch liberale Muslime zu eigen gemacht haben: »Wer Muslime ernst nimmt, muss Islamkritik üben«.[513]

Leider sind wir hiervon noch weit entfernt, denn die Beschäftigung mit »antimuslimischem Rassismus« ist eine regelrechte Forschungsrichtung[514] geworden – eine Nische, in der sich auch viele »Berufsmigrant/innen« behaglich eingerichtet haben. Zu dieser »Schule« ist auch der Journalist Thorsten Gerald Schneiders zu rechnen, der hinter jedem Ansatz zu Islamkritik »Islamfeindlichkeit« wittert. Er ist bemüht, hier fließende Übergänge aufzuspüren mit dem Ziel, letztlich Islamfeindlichkeit und Islamkritik als weitgehend identisch darzustellen.[515]

Eine kritische Haltung gegenüber dem Islam kann mitten in Europa heute tödlich sein, wie entsprechende Beispiele belegen. So wurden der antiislamische Politiker Pim Fortuyn 2002 (der Täter rechtfertigte seine Tat damit, Muslime schützen zu müssen)[516] und der islamkritische Filmemacher Theo van Gogh 2004 auf offener Straße ermordet, viele islamkritische Autoren und Politiker in ganz Europa müssen unter Personenschutz gestellt werden.

»Den Islam und die Muslime zu kritisieren ist inzwischen eine lebensgefährliche Angelegenheit«, konstatiert Abdel-Hakim Ourghi, Professor für islamische Theologie und Religionspädagogik in Freiburg.[517] Dabei ist es unerheblich, wie man zu den Positionen der Betroffenen steht; man kann ihre Thesen oder Schlagworte, ihre politischen Äußerungen oder ihre künstlerische Auseinandersetzung mit dem Islam geschmacklos oder abstoßend finden und scharf kritisieren – aber Mord an Andersdenkenden mag zwar für gewisse muslimische Extremisten und ihre Sympathisanten legitim sein, ist jedoch mit dem Konsens unserer rechtsstaatlichen Demokratien, in denen Meinungsfreiheit herrscht, unvereinbar. Wer hierfür Verständnis zeigt, macht sich zum Komplizen. Dies gilt auch für Menschen, die Aktionen der rechtsstaatlichen Organe gegen gefährliche Islamisten öffentlich angreifen und missbilligen.

Angesichts dieser Sachlage, nämlich der ständigen Gewalt von Muslimen in unseren westlichen Rechtsstaaten, aber auch in den mehrheitlich muslimischen Ländern Afrikas und Asiens, stellt es daher die Geduld der Mehrheitsgesellschaft auf die Probe, wenn Hatice Durmaz, Vorsitzende des »Rates muslimischer Studierender und Akademiker« uns in einem Interview altklug belehrt: »Etwas weniger ›Islamdebatte‹ und weniger ›Islamkritik‹ täten uns als Gesamtgesellschaft gut.«[518] Mit solchen Äußerungen fördert sie antiislamische Ressentiments und die von ihnen profitierenden politischen Strömungen. Es wäre an der Zeit, dass die Muslime dafür sorgen, dass der Islam und seine Anhänger nicht ständig mit Negativschlagzeilen auffallen – dann wäre tatsächlich weniger Islamdebatte die natürliche Folge. Auch der anerkannte Experte für islamisches Recht, Mathias Rohe, der dem Islam entschieden positiv gegenübersteht, warnt davor, sich dem Islam anzubiedern und von vorneherein alles umgehen zu wollen, was einigen Muslimen auch nur missfallen könnte.[519]

Der ehemalige Bundesaußenminister Steinmeier erklärte anlässlich eines Besuches in Tunesien Anfang 2015: »Wer mit Religion Feindbilder schafft, liegt genauso falsch wie derjenige, der gegen Religion Feindbilder schafft.«[520] Dies gilt für alle Seiten.

»Der Islam gehört zu Deutschland«

Die Bundeskanzlerin hat diesen Satz zu einem ganz bestimmten Zeitpunkt ausgesprochen, nämlich im Januar 2015, kurz nach dem Anschlag auf *Charlie Hebdo.* Er muss im Zusammenhang gesehen werden mit dem Statement der Kanzlerin im Rahmen ihrer Pressekonferenz von Ende Juli 2016, die aus Anlass der islamistischen Anschläge, die innerhalb weniger Tage Deutschland erschütterten, vorverlegt worden war: »... eine nationale Aufgabe ... ich bin ... davon überzeugt, dass wir es schaffen ... ›Wir‹, das sind wir alle ...« Sie betonte, »dass wir unseren Bürgerinnen und Bürgern Sicherheit geben wollen und dass wir auch die Integrationsaufgabe meistern wollen«.[521] Bei der CDU-Regionalkonferenz, die am 3.12.2016 in Jena stattfand, spezifizierte die Kanzlerin jedoch ihre Aussage: Nur diejenigen Formen des Islam, die mit den Prinzipien des Grundgesetzes vereinbar seien, gehörten zu Deutschland. Gerade Ereignisse wie die großen islamistischen Anschläge bedrohen den inneren Konsens, bergen das Risiko, dass den Millionen Muslimen in unserem Land Misstrauen oder offene Ablehnung entgegenschlagen. Nötig war in dieser Lage ein Bekenntnis zu ihnen. Millionen Menschen, die sich in Deutschland zum Islam bekennen, konnten nicht der Gefahr der Ausgrenzung ausgesetzt werden, kein Keil durfte zwischen die Mehrheitsgesellschaft und die zahlenmäßig bedeutende muslimische Minderheit getrieben werden; keine Kluft durfte sich öffnen zwischen den Angehörigen der Religion, in deren Namen immer wieder und immer häufiger auch »bei uns« abstruse Gewalttaten verübt wurden, und »uns«. Es ging nicht darum, ob »der Islam« zu den geistig-kulturellen Grundlagen des »Abendlandes« gehört oder wie lange schon Muslime in wachsender Zahl bei uns leben, wie manche Kritiker missverstanden. Es ging um ein Signal: »Diese Muslime, ihre Religion und ihre Kultur gehören zu uns«, sie dürfen nicht unter

Generalverdacht gestellt werden, eine Polarisierung muss vermieden werden, es darf keine scharfe Trennung erfolgen – »die« und »wir«. Sie sind Teil unseres Staates, unserer Gesellschaft, unserer Realität. Doch führte dieser Satz der Kanzlerin zu Missverständnissen – da er eine extrem kurze Formel war für komplexe Sachverhalte und die daraus abzuleitende Aufgabe für unsere ganze Gesellschaft. Wichtig ist deshalb die Verbindung zu den Worten der Kanzlerin vom Juli 2016, als sie erläuterte, ihr »Wir schaffen das« meine eine nationale Aufgabe« und das »wir« seien »wir alle« – und dass es auch darum gehe, die Integrationsaufgabe zu meistern. In der Tat ist eine bessere Integration der Muslime und des Islam eine umfassende gesamtgesellschaftliche Aufgabe, die nur gelingen kann, wenn sie von verschiedenen Ansatzpunkten her und unter Einschluss aller Muslime angegangen wird. Die Verbindung mit der Flüchtlingsproblematik liegt auf der Hand: Von den fast 900 000 Flüchtlingen (so nach unten korrigierte Schätzungen der Bundesregierung vom September 2016), aber vielleicht sind es auch mehr, denn niemand weiß, wie viele unregistriert untertauchten, die seit 2015 in unser Land gekommen sind – sind über 90 %, also mehr als 800 000, Muslime. Mit den bis dahin zu uns gekommenen Muslimen hat diese Gesellschaft bereits Probleme, ihre Integration ist nur teilweise gelungen, scheint oft sogar unmöglich, weil von vielen gar nicht wirklich gewollt. Zumindest stellt sich dies dem Bürger so dar, der in der sozialen Realität unserer Städte lebt, nicht in der virtuellen Welt von Talkshows, Universitäten oder Think Tanks, die ihre eigenen Realitäten herbeidiskutieren und -schreiben. Die Komplexität dessen, was sich hinter nur scheinbar so einfachen Floskeln wie »Der Islam gehört zu Deutschland« oder »Wir schaffen das« verbirgt, erschließt sich vielen Bürgern nicht ohne Weiteres und würde daher zusätzliche Erläuterungen und Erklärungen erfordern. Tatsache ist: Millionen Muslime, die in Deutschland leben – teilweise hier geboren oder seit Jahrzehnten ansässig, vielfach mit deutscher Staatsangehörigkeit –, können nicht einfach »nach Hause« geschickt (zumal viele hier »zu Hause« sind – auch wenn dies nach klassischer islamischer Rechtsauffassung nicht zutrifft) oder zur Aufgabe ihrer muslimischen Identität gezwungen werden. Insofern gehören die Muslime inzwischen tatsächlich eindeutig zu Deutschland. Dass es mit dieser simplen Feststellung allerdings nicht getan ist, hat sich in den vergangenen Monaten gezeigt. Besonders akut wurde die Problematik durch die Flüchtlingswelle von 2015, durch welche die Debatte auch eine starke Emotionalisierung erfuhr.

Gerade unter diesen verschärften Bedingungen, zwischen Terrorfurcht und schweren, schon vor dem Flüchtlingsstrom bestehenden Integrationsproblemen, sowie konkreten und begründeten oder auch irrationalen Ängsten wäre es nötig gewesen, der verunsicherten Bevölkerung Orientierung zu geben, sie einzubeziehen, eine Debatte über die breite gesellschaftliche Aufgabe anzustoßen und zu moderieren, die sich hinter der Aussage, der Islam gehöre zu Deutschland, und der Zuversicht, man werde es schon schaffen, verbarg. Dass sich stattdessen viele Bürger alleingelassen und orientierungslos fühlten, hat die politische Landschaft verändert.

Dies wirkte wie eine Schocktherapie. Man scheint inzwischen verstanden zu haben, dass es kontraproduktiv sein kann, Offensichtliches zu verschweigen, Skandalöses zu ignorieren, Negatives zu beschönigen, Informationen durch Beschwichtigung, Transparenz durch Stillschweigen, Aufklärung durch Schönfärberei zu ersetzen. Ein »weichgezeichneter Islam«[522] führt nicht zu mehr Verständnis und Akzeptanz, sondern zu Misstrauen und Ablehnung. Die Verunsicherung vieler Bürger und ihr subjektives Gefühl, fehlinformiert, von den etablierten Parteien ignoriert oder gar hinters Licht geführt zu werden, begünstigte das Entstehen und Erstarken neuer politischer Formationen am rechten Rand des politischen Spektrums.

Dem Islam und den gemäßigten Muslimen werden wir nicht gerecht, wenn wir darauf verzichten, die Dinge beim Namen zu nennen und eine offene Diskussion ohne Tabus zu führen. Das Gewaltpotenzial, das im Islam zweifellos vorhanden ist, dürfen wir nicht verschweigen, verdrängen oder verharmlosen. Wer Andersdenkende diskriminiert, Gewalt gegen »Ungläubige« fordert oder die Gleichheit aller Menschen nicht akzeptiert (auf die einschlägigen Koransuren wird in diesem Buch und in vielen anderen verwiesen), stellt sich außerhalb unserer Rechtsordnung. Derartiges mit dem Pochen auf Religionsfreiheit zu rechtfertigen, ist widersinnig. Religionsfreiheit findet ihre Grenzen an den Prinzipien unserer Rechtsordnung. Wer dem widerspricht, muss sich nach seinem Verhältnis zum Rechtsstaat und zum Grundgesetz fragen lassen. So z. B. Thomas Steinfeld *(Süddeutsche Zeitung)*, der die Ansicht vertritt, man dürfe die demokratischen Grundwerte nicht als »Glaubensartikel« betrachten und sich dann zu abwegigen Aussagen versteigt wie: »Wer auf Toleranz beharrt, für den kann die Toleranz nicht aufhören, wenn ein anderer nicht tolerant sein will.«[523] »Absurd«, nennt *Die ZEIT* derartige journalistische Verirrungen vernünftigerweise und erfreuliche Gegenpositionen finden sich dazu bei führenden Geistesvertretern dieses Landes, wie z. B. Karl Jaspers, Karl Popper oder Thomas Mann. Man möchte Steinfeld und seinen Gesinnungsgenossen die Lektüre von Max Frischs *Biedermann und die Brandstifter* empfehlen, dessen Relevanz nicht nur auf Bezügen zu Nationalsozialismus und Kommunismus beruht. Man fühlt sich an die Zeiten des Kalten Krieges erinnert, als eine selbst ernannte linke »Elite« es für besonders intellektuell hielt, kommunistische Diktaturen und ihre Konzentrationslager für Dissidenten schönzuschwafeln, dagegen aber kleinste Mängel in unseren Rechtsstaaten mit Pathos anzuprangern.

Dass dieser Vergleich naheliegt, zeigt sich am Beispiel des französischen Paradeintellektuellen Roger Garaudy (1913–2012). Nachdem er sich zunächst vom Christentum ab- und dem Marxismus zugewandt hatte, entdeckte er – als der Marxismus und sein Provokationspotenzial langsam verblassten – den Islam (1982), wurde zum Holocaustleugner und dafür gerichtlich verurteilt, aber zum Trost dafür mit saudischen und libyschen Auszeichnungen bedacht. Wichtig war ihm, gegen den Strom zu schwimmen und aufzufallen – unter welcher Flagge auch immer.

Radikalislamische Positionen zu verteidigen, zu relativieren oder Gewaltexzesse im Namen des Islam zu bagatellisieren ist Verrat an den gemäßigten Muslimen – denn sie sind in erster Linie die Opfer ihrer radikalen Glaubensgenossen, die Gewalt und Schikanen gegen

»Abweichler« bis hinein in unsere Gesellschaft tragen. Der Rechtsstaat darf, wenn er ernst genommen werden will, nicht dulden, dass muslimische Extremisten eine Schreckensherrschaft bereits in Flüchtlingslagern errichten und diese dann erfolgreich in ethnisch-religiösen Schwerpunkten westeuropäischer Städte etablieren. Eine offen geführte Debatte ist aber nur eine von vielen Komponenten in einem erfolgversprechenden Integrationsprozess. Energische Sicherheitskonzepte, international vernetzte Strategien gegen den Terror und entschlossene, konkrete Schritte in der Praxis vor Ort (etwa das bewährte Null-Toleranz-Prinzip) sind ebenso unerlässlich wie eine breite Palette von Integrationsmaßnahmen, zu denen Bemühungen, Flüchtlinge rasch in den Arbeitsprozess einzugliedern, ebenso gehören wie auch Maßnahmen, die sicherlich nicht bei allen beliebt sein werden, wie etwa die staatliche Einflussnahme auf die Wahl des Wohnsitzes von Flüchtlingen. Denn deren natürliche Neigung zur Bildung ethnischer Schwerpunkte muss als Integrationshindernis verstanden und deshalb verhindert werden, weil wir aus der Vergangenheit gelernt haben, dass derartige ethnische Konzentrationen zu Problembezirken führen, die zu einem Nährboden für Terrorismus und »Normal-Kriminalität« werden. Dabei ist die Justiz gefordert, sich vom »ideologischen Sperrmüll«[524] vergangener Jahrzehnte zu trennen und auf fahrlässige Milde zulasten der Opfer zu verzichten. Ebenso sind entschiedene Maßnahmen wie die Ausschöpfung aller Instrumente und Möglichkeiten zur Abschiebung erforderlich, die natürlich Sanktionen gegen Staaten einschließen müssen, welche nicht bereit sind, ihre Bürger wieder aufzunehmen. Und dennoch muss aber auch weiterhin gelten, was die Islamwissenschaftlerin Gudrun Krämer herausstellt: »Man hilft kritischen Geistern … nicht, wenn man den Islam pauschal als mittelalterliches, zur Demokratie unfähiges System beschreibt. Man betreibt damit sogar das Spiel bestimmter Islamisten, die ja genau diesen Blick auf den Islam haben und ihn als geschlossenes Gebäude präsentieren, das zur Zeit des Propheten Mohammed errichtet wurde und heute genauso bewohnbar sein soll wie vor 1400 Jahren. Das wollen viele andere Muslime nicht.«[525]

Seit Langem empfindet man eine Art Islam-Malaise in unserem Land. 2006 wurde deshalb erstmals die Islamkonferenz einberufen, und im September 2016 wurde das zehnjährige Jubiläum gefeiert – aber war damit die Malaise überwunden? »Man wollte die Beziehungen des Staates zu in Deutschland lebenden Muslimen intensivieren. Doch der Dialog stockt auch nach Jahren noch.«[526]

Bekir Yilmaz, Vorsitzender der türkischen Gemeinde Berlin, äußerte in der »Abendschau« des rbb-Fernsehens (27.9.2016) die Ansicht, 80 % der Türken hätten »keinen Schimmer«, was die Islamkonferenz intendiere. Und die liberale Muslimin Lamya Kaddor urteilt: »Die Islamkonferenz hat heute keine wirkliche Bedeutung mehr.«[527]

Moderner Islam?

Es gibt heute – sowohl in der islamischen Welt als auch unter der muslimischen Minderheit in westlichen Ländern – eine große Zahl von Muslimen, die einen Islam praktizieren, der kompatibel ist mit demokratischen rechtsstaatlichen Gesellschaften. Bei uns leben viele Muslime, die integrationswillig und -fähig sind, die sich aktiv einbringen in unsere Gesellschaft und sie auch innerlich akzeptieren, die also hier wirklich »angekommen« sind. Diese Muslime können und müssen in noch höherem Maße unsere Diskussionspartner werden. Zu den Muslimen, die sich für eine moderne, mit der Gegenwart kompatible Lesart des Islam einsetzen, gehörte der 2014 verstorbene Franko-Tunesier Abdelwahhab Meddeb, gehören Mouhanad Khorchide und Lamya Kaddor (die inzwischen von Islamisten und Nazis bedroht wird)[528], Necla Kelek und Ayaan Hirsi Ali (auch wenn sie sich nicht mehr zum Islam bekennt, sind ihre Forderungen praktisch die eines Insiders), aber auch Bassam Tibi, Abdel-Hakim Ourghi und Ahmad Mansour – um nur einige wenige Beispiele zu nennen.

Die Muslime für unser Gesellschaftsmodell und unsere Werte zu gewinnen, ohne ihnen ihre Identität zu nehmen, ist nicht eine einmalige, punktuelle Aufgabe, sondern ein dauerhafter Prozess, der sich nicht auf »runde Tische« und Sonntagsreden beschränken darf.

Gerade Jugendliche aus diesem Umfeld sind oft anfällig für dschihadistische Propaganda, brauchen Orientierung und Begleitung. Den gemäßigten Muslimen muss der Rücken gestärkt und Unterstützung geleistet werden für ihre Auseinandersetzung mit dem radikalen Islam und seinen militanten Vertretern, mit den Intoleranten und Fanatikern – denn nur die gemäßigten Muslime können diese Diskussion führen. Argumente von uns Nichtmuslimen, »Ungläubigen«, und also Beiträge von »außen« sind eher kontraproduktiv. Sinnvoll ist nur eine »innermuslimische« Debatte. Dabei ist auch unsere Gesellschaft gefordert, die eben diesen radikalen Gruppen nicht mit Duldsamkeit und Appeasement begegnen darf – und dies auch im Interesse der gemäßigten, liberalen Muslime ebenso wie im Interesse der Mehrheitsgesellschaft. Wir dürfen nicht in falsch verstandener Toleranz, »eben jenen Muslimen in den Rücken fallen, die sich, selbst in Europa vielfach von ihren Glaubensbrüdern bedroht, um eine tatsächliche Anpassung des Islams an eine offene Gesellschaft bemühen«.[529]

Keine Toleranz den Intoleranten[530] lautet der Titel eines Buches zu eben diesem Thema, und bereits Karl Jaspers hatte postuliert: »Es darf keine Freiheit geben zur Zerstörung der Freiheit« – dies sollten wir alle, die Mehrheitsgesellschaft und die aufgeklärten Muslime, besonders aber die »Appeasement-Prediger«,[531] beherzigen, wenn wir unsere Werte ernst nehmen und sie vor denen, die sie miss- und verachten, schützen wollen. Dies hat nichts mit einer »ideologisch geschlossenen Islamfeindlichkeit«[532] zu tun, denn gerade »damit Muslimfeindlichkeit nicht salonfähig wird«[533], müssen wir unterscheiden zwischen integrationswilligen und integrationsresistenten Muslimen. Die Muslime selbst können und müssen uns dabei helfen, indem sie sich selbst positionieren, denn wenn muslimische Politiker/innen von Volksparteien Maßnahmen der Sicherheitskräfte gegen muslimische Extremisten in unfairer Art kritisieren, ist dies wenig hilfreich – außer für die AfD. Nach den Worten von Verfassungsschutzpräsident Maaßen »brauchen wir auch die Muslime in Deutschland, die Moderaten, die auf der Grundlage der Verfassungsordnung mit uns zusammen gegen den Extremismus ankämpfen wollen«.[534] Sie müssen die Aufgabe in Angriff nehmen, bei der wir ihnen zwar helfen können, die sie letztlich aber vor allem selbst erfüllen müssen: den Islam an die Moderne heranführen und mit der Gegenwart kompatibel machen; die konservativen Muslime aus der Erstarrung herausführen, sie von der Befangenheit in archaischen Formeln und Vorschriften befreien, sie einer »Reform« des Islam zugänglich machen; ihnen verdeutlichen, dass ein guter Muslim nicht unhinterfragt und wortwörtlich Texte des 7. Jahrhunderts in ihrer konservativsten Auslegung implementieren und leben muss. Die Islamwissenschaftlerin Gudrun Krämer sagt zutreffend: »Wie die Bibel kann auch der Koran in vielerlei Weise gelesen werden.«[535] Die Muslime müssen das Islamverständnis überwinden, das aus den Worten des Mörders Theo van Goghs spricht: »Keine Diskussionen, keine Demonstrationen, keine Petitionen.« Das Gegenteil der Sprachlosigkeit dieser stumpfen Gewalt muss erreicht werden, die Diskussionsverweigerung muss überwunden, der Islam muss kommunikativer, kreativer und flexibler werden. Diejenigen Muslime, die sich diese Kreativität und Beweglichkeit bereits erarbeitet haben, müssen sie an diejenigen Muslime herantragen, die noch nicht so weit sind. Unser Prinzip des Islam-Dialogs muss »islamisiert« werden, denn ein solcher Dialog kann nur sinnvoll sein, wenn er auch unter den Muslimen selbst geführt wird – eben weil gerade die konservativsten bzw. militantesten Muslime Argumente, Konzepte, Anregungen, die von nichtmuslimischer Seite kommen, kaum akzeptieren. Diese Problematik war denen, die den Islam-Dialog aus der Taufe gehoben haben, nicht in vollem Umfang bewusst. Unsere Toleranz, die wir anderen Ethnien, Kulturen oder Religionen entgegenzubringen versuchten, war vielfach keine wirkliche »Toleranz« im Sinne des vollen Akzeptierens und Geltenlassens des »Anderen«; es war mehr ein Anbiedern (und Vereinnahmen) im Sinne eines »Ach, wir sind doch alle irgendwie gleich« (mit Emphase auf »irgendwie«). Aus diesem Missverständnis entstand auch die Idee zum Islam-Dialog, die von der Annahme ausging, ein Dialog sei selbst mit den islamischen Extremisten möglich. Diese werden wir aber auf diesem Wege nicht erreichen, da jeder Dialogansatz aus deren Sicht bereits gegen den Islam (ihren Islam) gerichtet und damit ein Beweis für die wörtliche Richtigkeit aller in Koran und Sunna gegen die Nichtmuslime gerichteten Vorwürfe und Herabsetzungen ist. Mit anderen Worten: Die, die wir mit dem Islam-Dialog erreichen, brauchen ihn nicht so sehr wie diejenigen, die wir erreichen müssten, aber kaum erreichen können, weil sie ihn a priori ablehnen.

Und dennoch wäre es trotz dieses nur schwer aufzulösenden Dilemmas wünschenswert, wenn mehr und mehr Muslime ein Verhältnis zu ihrer Religion entwickeln würden, das etwa dem von Bundespräsident Steinmeier zu »seinem« Christentum entspräche, wie er es vor Studenten 2015 in Tunesien definiert hat: »Mein Glaube inspiriert zwar mein Handeln, im privaten wie im öffentlichen Raum, aber mein Glaube darf nicht selbst zum Gegenstand der Politik werden – und schon gar nicht zum Instrument gegen Andersgläubige.«[536]

Auf diesem Weg sind durchaus schon viele Muslime. So hat der islamische Theologe Abdel-Hakim Ourghi mit Gleichgesinnten in der »Freiburger Deklaration« im September 2016 eine grundlegende Reform des Islam eingefordert, die so aussehen soll: »Wir müssen die kanonischen Quellen – den Koran und das Leben des Propheten – reflektiert verstehen und zeitgemäß interpretieren. Wir leben in einem westlichen Kontext, also sollten wir versuchen, anhand der Vernunft die islamische Identität kritisch infrage zu stellen und uns damit im Rahmen einer Islamreform auseinanderzusetzen.«[537]

Carlos Fraenkel hat die These aufgestellt, mithilfe der Philosophie könne der Nahostkonflikt beigelegt werden.[538] In dieser Aussage, die auf den ersten Blick etwas naiv und weltfremd erscheint, steckt ein wahrer Kern, sodass sie sich ebenso – *mutatis mutandis* – auf das Problem des Islam in Deutschland anwenden lässt. Es gilt, verhärtete Positionen, unversöhnliche Gegensätze, starre Haltungen, sture Buchstabentreue zu hinterfragen[539] – im wörtlichen Sinn. Sicher wird es nicht leicht sein, die in einem monolithischen Glauben an die wörtliche Gültigkeit alter Texte befangenen und blockierten Muslime ins Gespräch zu ziehen, sie – angesichts eines häufig sehr niedrigen Bildungsniveaus – diskussionsbereit und -fähig zu machen und sie damit aus ihrem teils selbst gewählten, teils erzwungenen Kokon zu befreien. Einen Versuch wäre es allemal wert, zumal wir – und nicht zuletzt die gemäßigten Muslime – mit denen, die heute noch Extremisten sind oder sich uns verweigern, zusammenleben müssen. Die Voraussetzungen dafür sind bereits geschaffen, denn es gibt ihn schon, den reformbereiten Islam, mag er auch noch, wie die deutsch-türkische Abgeordnete Lale Akgün bedauert, »ein zartes Pflänzchen« sein. Einige Muslime sind längst dabei, einen Islam zu gestalten und zu leben, der nicht im Widerspruch steht zur modernen Welt und zu den Werten westlicher Demokratien, in denen offenbar auch radikale Muslime so gerne leben.

Namhafte Vertreter des Islam, die eine reformierte oder – besser – zeitgemäß interpretierte Ausgestaltung ihrer Religion präsentieren, haben sich immer wieder zu Wort gemeldet. Wenn sie an Einfluss gewinnen, kann auch Gestalt annehmen, was der ehemalige Bundesaußenminister und jetzige Bundespräsident Steinmeier in einer Rede am 11.7.2016 vor der Katholischen Akademie in Bayern gesagt hat: »Demokratie gibt dem Islam Raum, und der Islam gibt der Demokratie Raum.«

Die Krux des (konservativen) Islam besteht darin, dass (früh-) mittelalterliche Texte immer noch wörtlich genommen und als in diesem wörtlichen Sinn bis heute verbindlich betrachtet werden, wobei das Vorbild für alle Muslime der islamische Urstaat ist, den der Prophet Mohammed errichtet hat – im unmittelbaren, nicht im übertragenen Sinn. Eine solche Auffassung ist jedoch nicht logisch zwingend, vielleicht nicht einmal naheliegend. Die Schule von Ankara[540] etwa weist hier seit den 1990er-Jahren einen neuen Weg; sie zeigt uns ein Islamverständnis, das sich veränderten Zeitumständen durchaus anpassen kann, ohne die Substanz des Islam und seine Identität zu »verraten«: Der Koran sei ja nicht als »Buch« gesandt worden, er sei als »Rede« von Mohammed übermittelt worden; an ein spezifisches Publikum in einer bestimmten Epoche sei er gerichtet gewesen. Mohammed habe die Botschaft Gottes den Arabern des 7. Jahrhunderts gebracht, in einen bestimmten politischen, historischen, soziologischen Kontext hinein. Ein zeitgebundener, von Rahmenbedingungen bestimmter Text sei ganz bewusst als Rede, nicht als ein für die Ewigkeit fixiertes »Buch« gesandt worden (der Koran wurde in der Tat erst später als Buch niedergeschrieben). Die Essenz, die Substanz des Islam sei sehr wohl ewig gültig – keineswegs aber dürfe jeder Satz von Koran und Sunna als auf ewig wortwörtlich zu befolgende Weisung missgedeutet werden. Andere Muslime haben ähnlich argumentiert. Die Professoren Said Hatipoglu und Ilhami Güler aus Ankara haben demonstriert, warum es durchaus berechtigt sei, zwischen solchen religiösen Prinzipien, die ewig gültig seien, und solchen, die nur im (damaligen) aktuellen Kontext relevant waren, zu unterscheiden.[541] So sehen heute viele aufgeklärte Muslime die Pflicht zum Dschihad als Aufforderung zu geistig-moralischer Anstrengung, nicht zu Gewalt. Viele sind der Auffassung, der militärische Dschihad sei nur als Verteidigung erlaubt, nicht aber offensiv-aggressiv. Und zahlreiche Muslime betrachten es nicht mehr als verpflichtend, der Scharia zu folgen, sondern erkennen die Rechtsordnungen ihrer Gastländer an. Sie praktizieren ihren Glauben, aber im Privaten, im persönlichen Bereich, und sie fordern auch keinen Staat mehr, der der muslimischen Urgemeinde in Medina gleicht. »Einen freundlichen, aufgeschlossenen Islam«[542] lernen wir hier kennen, der keine Parallelgesellschaften mehr bildet, weil er sie nicht braucht; einen Islam, den viele Bürger der Mehrheitsgesellschaft als zu Deutschland gehörig akzeptieren könnten und von dem sie nicht täglich, stündlich neue Gewaltexzesse befürchten müssten.

Institutionell organisiert ist dieser Islam in Deutschland beispielsweise im »Liberal-Islamischen Bund« (LIB); dieser »bekennt sich nicht nur zu einem humanistisch-verfassungstreuen, selbstkritischen und vom Ausland unabhängigen Islam, sondern praktiziert ihn auch«.[543] Im Gegensatz zu manch anderen muslimischen Verbänden in unserem Land schweigt der LIB nicht zu Massakern an Christen in islamischen Ländern, stellt sich gegen bei vielen Muslimen so beliebte Prediger wie al-Qaradawi und deren Rechtfertigung von Gewalt und spricht sich für eine historisierende Lesart des Korans aus. Diese notwendige Historisierung, also Betrachtung und

Bewertung im historischen Kontext, wäre »eine Luke aus dem Gefängnis der ehernen Wortwörtlichkeit autoritativer Texte«.[544] Der LIB erklärt: »Respekt und Achtung vor Andersgläubigen, Akzeptanz von Meinungsverschiedenheiten und ein friedvolles Miteinander … sind für uns selbstverständlich.«[545] Wichtig wäre daher ein intensiverer Austausch zwischen »liberalen« und »konservativen« Muslimen, die Entstehung einer innermuslimischen Debattenkultur und mehr islamische Selbstkritik, wie sie der LIB vorführt. Wenn Hatice Durmaz betont, der von ihr geleitete »Rat muslimischer Studierender und Akademiker« »sei gegen die Herabsetzung von Menschen jeder Art, gegen Rassismus und Antisemitismus und andere Formen der Ausgrenzung«,[546] ist dies sicher erfreulich – am »Tag des antimuslimischen Rassismus«, den sie ins Leben gerufen hat, sollte sie dann aber auch der vielen Opfer gerade des islamischen Rassismus gedenken und sich die Frage stellen, ob das, was viele überempfindliche Muslime als »antiislamischen Rassismus« empfinden, nicht oftmals nur Reaktionen auf muslimisches Fehlverhalten sind. Denn »wie eine Reise ins Mittelalter«[547] muten nicht nur, wie Durmaz zurecht kritisiert, die populistischen Forderungen rechter Vereinigungen an, sondern leider auch immer noch die Gedankenwelt mancher muslimischer Gruppen und Akteure, die sich die Deutungshoheit über alles Muslimische anmaßen.

Gehört der Islam zu Deutschland?[548] Wir sind zum Optimismus verdammt. »Wir« – das sind Muslime und Nichtmuslime in Deutschland gleichermaßen. Wir haben die Verpflichtung, an dem Prozess gegenseitiger Verständigung mitzuwirken, der die Beantwortung dieser Frage darstellt. Falsch verstandene Toleranz gegenüber dem rigiden, konservativen Islam jedoch ist hier nicht der richtige Weg, wir müssen vielmehr den »Mut haben, … Grenzen aufzuzeigen«.[549] Es geht darum, den liberalen Muslimen zu helfen, einer Lesart des Islam, die dem 21. Jahrhundert adäquat ist, zum Durchbruch zu verhelfen. Wir müssen unseren Rechtsstaat und seine Bürger vor muslimischer Gewalt schützen, ob auf dem Schulhof, im öffentlichen Raum oder im häuslichen Gefängnis der Zwangsehen. Die Religionsfreiheit muss ihre Grenzen am Grundgesetz und an unserer Rechtsordnung finden. Zur Überwindung vorhandener Spannungen und Gegensätze und um die Entstehung neuer zu verhindern, müssen wir bessere Integrationsarbeit leisten. Integration ist nicht erst gescheitert, wenn Mordfälle vor illegalen muslimischen Imamgerichten verhandelt werden anstatt vor ordentlichen rechtsstaatlichen Gerichten; nicht erst, wenn eine alleinerziehende Mutter, die kurz vor dem Abschluss ihrer Ausbildung steht, auf offener Straße ermordet wird wegen ihrer allzu »westlichen« Lebensart – wie die 1982 in Berlin geborene Kurdin Hatun Sürücü,[550] deren Familie, nachdem ihr Bruder die Tat begangen hatte, sich auch noch erdreistete, das Sorgerecht für Hatuns Kind zu fordern; nicht erst, wenn Studenten von Hamburg aus die bislang größten islamistischen Anschläge auf Ziele in Manhattan und Washington planen und durchführen – sondern wir haben es bereits mit schwerwiegenden Integrationsproblemen zu tun, wenn muslimische Schüler die Schule schwänzen, wenn Nichtmuslime und Nichtmusliminnen in Schwimmbädern und Schulen angepöbelt und angegriffen werden, wenn zur Durchführung einfacher polizeilicher Maßnahmen in Vierteln wie Gesundbrunnen im Bezirk Berlin-Mitte ganze Hundertschaften mobilisiert werden müssen oder Frauen tagtäglich, z. B. auf der Warschauer Brücke in Berlin-Friedrichshain, sexuell belästigt werden.

»Die Flüchtlingsfrage wird fruchtbringend für die Gesellschaft werden. Aber es wird auch ein harter, steiniger Weg.«

Mit dieser vorsichtig zuversichtlichen Prognose, die allerdings auch eine Warnung vor allzu unbekümmerter Sorglosigkeit einschließt, positioniert sich der katholische Erzbischof von Berlin, Heiner Koch, Anfang 2016.[551] Auf diesen »harten, steinigen Weg« muss sich unsere Gesellschaft machen.

Nicht die 93,6 Milliarden Euro, die die Bundesregierung für die Flüchtlinge bis 2020 veranschlagt hat[552] – hierfür ist die Maxime der Bundeskanzlerin »Wir schaffen das« zweifellos zutreffend –, sind das Problem. Die zentrale Aufgabe ist vielmehr, die muslimischen Flüchtlinge und viele der bereits in unserem Land seit Langem lebenden oder sogar hier geborenen Muslime so zu sozialisieren, so einzugliedern und so mit unseren Normen und Werten vertraut zu machen, dass sie kein Sicherheitsrisiko sind. Dass sie hier, ohne Parallelgesellschaften zu bilden, in einer Weise leben, die mit unserem Rechtsstaat und unserem Grundgesetz vereinbar ist, ohne dass sie das Gefühl haben müssten, dadurch ihrer Identität, auch ihrer religiösen, beraubt zu werden. Dies hat auch Vizekanzler Gabriel im August 2016 gefordert, als er daran erinnerte, dass die Formel »wir schaffen das« allein nicht ausreiche.[553] In einer Berliner Tageszeitung hatte er hierzu bereits Anfang 2015 ausgeführt: »Ja, der Islam gehört längst zu Deutschland, weil seit Jahrzehnten eine wachsende Anzahl von Muslimen zu Deutschland gehört … Aber mit dem Satz allein ist es nicht getan. Wenn die in Deutschland lebenden und noch kommenden Muslime dazugehören sollen, dann müssen wir dafür auch die wirtschaftlichen, sozialen und kulturellen Voraussetzungen schaffen. Und davon sind wir noch weit entfernt. Ändern wir das nicht, wird der Satz »Der Islam gehört zu Deutschland« zur Phrase.«[554] Diese Aussage ist aktueller denn je.

Anfang der 1990er-Jahre hat der Deutsch-Syrer Bassam Tibi den Begriff und das Konzept des »Euro-Islam«[555] geprägt und entwickelt. Er forderte eine islamische Identität für die europäischen Muslime, die mit den Gesellschaftssystemen ihrer Gastländer vereinbar sei, also einen Islam, der in Theorie und Praxis mit westlichen Werten und Normen kompatibel sein würde. »Ein europäischer, ziviler Islam«,[556] schwebte ihm, wie er sagt, damals vor. Heute glaubt er jedoch nicht mehr an seine damalige Idee, hält sie inzwischen für »chancenlos«. »Ich kapituliere. Den Euro-Islam wird es nicht geben. Er war eine schöne Hoffnung, aber die Realität ist leider eine andere.«[557] Doch ein Fünkchen Hoffnung bleibt selbst dem Skeptiker Bassam Tibi, der sich im Gegensatz zu vielen anderen nichts vormacht, weil er weiß, wovon er spricht, dennoch: »Es ist noch nicht zu spät. Aber es ist fünf vor zwölf. Europa muss dringend ein Konzept für den Umgang mit muslimischen Migranten entwickeln, das diesen Namen verdient … Eine Unterkunft und ein Deutschkurs reichen da nicht. Es geht um gesellschaftliche, kulturelle und politische Eingliederung. Gelingt das nicht, werden die Parallelgesellschaften sich ausweiten. Dann drohen Zustände wie in den Banlieues, den Vorstädten von Paris und Marseille.« Wir haben allen Grund, Tibis Aufforderung ernst zu nehmen und damit die Formel »Der Islam gehört zu Deutschland« mit Leben zu erfüllen. Kamel Daoud allerdings hat uns ins Bewusstsein gerufen, dass dies ein langer Prozess sein wird: »... die Augen davor zu verschließen, was für eine lange Arbeit die Integration wird – die auch eine Arbeit an sich selbst und mit den anderen bedeutet –, wäre ein mörderisches Gutmenschentum ... Das Problem besteht in der Frage nach den ›Werten‹, die man teilen, durchsetzen, verteidigen und – vermitteln muss.«[558]

Die tragischen Ereignisse der letzten Monate des Jahres 2016 haben uns noch einmal drastisch vor Augen geführt – wir stehen am Scheideweg.

Anmerkungen

1 Der renommierte Islamwissenschaftler Rudi Paret (1901–1983) übersetzt in seiner heute maßgeblichen Koranausgabe: »Die Ungläubigen sind (ausgesprochen) unrein«. In der vokalisierten (also unzweideutigen) arabischen Originalversion steht »nadschas«, dies ist eindeutig die Nominalform »Schmutz, Dreck«; das Adjektiv würde lauten »nadschis«; Paret ist »Schmutz« jedoch zu drastisch, er übersetzt also »unrein«, ist sich jedoch bewusst, dass dies sprachlich nicht wirklich korrekt ist; damit also die Intensität des arabischen Originals nicht völlig verloren geht, ergänzt er in Parenthese »ausgesprochen«; anstatt also wörtlich »Die Ungläubigen sind (ein) Schmutz« zu übersetzen, formuliert er weniger korrekt, aber auch weniger drastisch, und dafür »vornehmer«: »Die Ungläubigen sind (ausgesprochen) unrein«.

2 Rudi Paret: *Mohammed und der Koran.* Stuttgart 2008 (11. Auflage); Hartmut Bobzin: *Mohammed.* München 2011 (4. Auflage); Fred M. Donner: *Mohammed and the Believers.* Cambridge MA 2010; Tilman Nagel: *Mohammed.* München 2008.

3 Wolfgang Kallfelz: *Nichtmuslimische Untertanen im Islam.* Wiesbaden 1995.

4 Antoine Fattal: *Le statut légal des non-musulmans en pays d'Islam.* Beirut 1958, S. 248, nach zeitgenössischen Originalquellen. Das Werk ist nach wie vor aktuell, auch nach 60 Jahren nicht überholt und unersetzlich, da es die islamische Literatur des Mittelalters auswertet.

5 Der Islam stieß in Regionen vor, die bereits weitgehend christlich waren und in denen sich vielfältiges christliches Leben mit blühender Kunst und Literatur in den alten Sprachen der Weltregion (z. B. Koptisch, Syrisch-Aramäisch), die uns heute als »arabisch« erscheint, entwickelt hatte. Die historischen und kulturellen Hintergründe hierzu bei Wolfgang Hage: *Das orientalische Christentum.* Stuttgart 2007.

6 Karl Binswanger: *Untersuchungen zum Status der Nichtmuslime im Osmanischen Reich des 16. Jahrhunderts.* München 1977, S. 130.

7 Fattal, op. cit., S.107 f. et passim.

8 Fattal, op. cit., S. 83: »protectorat d'exploitation«.

[9] Claudia Dantschke/Ahmad Mansour/Jochen Müller/Yasemin Serbest: *»Ich lebe nur für Allah« – Argumente und Anziehungskraft des Salafismus.* Eine Handreichung für Pädagogik, Jugend- und Sozialarbeit, Familien und Politik. Berlin 2011.

[10] Rita Breuer: *Im Namen Allahs? Christenverfolgung im Islam,* Freiburg 2015; hier werden zahlreiche solcher Fälle aufgeführt.

[11] *Washington Times,* 10.10.2014.

[12] Rainer Hermann: »Saudi-Arabien – Der Nährboden des Terrors«, *FAZ.net,* 28.11.2015.

[13] Vgl. rbb »Klartext« vom 27.1.2016 *(rbb-Mediathek).*

[14] Montgomery Watt: *Mohammed at Medina.* Oxford 1981 (reprint).

[15] Mehmed E. Düzdağ: *Şeyhülislam Ebussuud Efendi Fetvaları ışığında 16. Asır Türk Hayatı.* Istanbul 1972, Nr. 478; Binswanger, op. cit., S. 345–348.

[16] Alfred Schlicht: *Die Araber und Europa.* Stuttgart 2008, S. 27 ff. Die Formel, die Henri Pirenne vor 80 Jahren prägte, »Ohne Mohammed kein Karl der Große«, ist freilich etwas pointiert und wurde seither differenziert und verfeinert.

[17] William Bernstein: *A Splendid Exchange – How Trade Shaped the World.* London 2009; Peter Feldbauer/Gerald Hödl/Jean-Paul Lehners (Hg.): *Rhythmen der Globalisierung.* Wien 2009; darin vor allem Peter Feldbauer/Gottfried Liedl: »1250–1620. ›Archaische‹ Globalisierung?‹«, S. 17–54.

[18] Hans Eberhard Mayer: *Geschichte der Kreuzzüge.* Stuttgart 2005 (zahlreiche Auflagen).

[19] Klaus Herbers: *Geschichte Spaniens im Mittelalter.* Stuttgart 2006.

[20] Alexander P. Bronisch: *Reconquista und heiliger Krieg.* Münster 1998.

[21] Zur Fiktion des goldenen Zeitalters von al-Andalus vgl. Dario Fernandez-Morera, »The Myth of the Andalusian Paradise«, in: *The Intercollegiate Review – Fall 2006,* S. 23–31.

[22] Alfred Schlicht: »Columbus und der Islam«, in: Thomas Beck u. a. (Hg.): *Überseegeschichte.* Beiträge der jüngeren Forschung. Stuttgart 1999, S. 200–205.

[23] Salvatore Bono: *Piraten und Korsaren im Mittelmeer.* Stuttgart 2009.

[24] Reinhard Schulze: *Geschichte der islamischen Welt im 20. Jahrhundert.* München 2002; zusammenfassend dazu auch Alfred Schlicht: »Kriege, Krisen, Katastrophen – der Nahe Osten«, in: Helmut Konrad u. a. (Hg.): *Die Welt im 20. Jahrhundert nach 1945.* Wien 2010, S. 117–139.

[25] Interview mit *ZEIT online* am 7.12.2015.

[26] Peter R. Neumann: *Die neuen Dschihadisten.* Berlin 2015.

[27] Die Schattenseiten des Christentums hat in umfassender Weise Karlheinz Deschner: *Kriminalgeschichte des Christentums,* Bd. 1–10, Reinbek 1986 ff. dargestellt.

[28] Interview in *Spiegel online,* 27.9.2016.

[29] Albert Hourani: *Arabic Thought in the liberal Age.* Oxford 1970, S. 130 ff.

[30] Zum Wissenstransfer Antike – Islamische Welt – Abendland vgl. John Freely: *Platon in Bagdad.* Stuttgart 2013, sowie Jim al-Khalili: *Im Haus der Weisheit.* Frankfurt a. M. 2011.

[31] Luzie Kahlweiss/Samuel Salzborn: »Islamophobie als Kampfbegriff. Zur konzeptionellen und empirischen Kritik des Islamophobiebegriffs«, in: Armin Pfahl-Traugheber (Hg.): *Jahrbuch für Extremismus- und Terrorismusforschung.* Brühl 2012, S. 248–263.

[32] Interview mit Ahmad Mansour in *FAZ.net,* 29.11.2015.

[33] Eine sehr gelungene literarische Annäherung an das Thema der Radikalisierung von Akademikern verdanken wir Mohsin Hamid: *The Reluctant Fundamentalist.* New York 2007, dessen Buch auf Platz 4 der *»New York Times* Bestseller List« stand.

[34] *Frankfurter Rundschau online,* 8.4.2016.

[35] Hamed Abdel-Samad: *Mohamed – eine Abrechnung.* München 2015, S. 197–219. Bemerkenswert die Rezension des Buches durch den islamischen Theologen Abdel-Hakim Ourghi in *ZEIT online,* 14.12.2015.

[36] *Neue Züricher Zeitung online,* 27.4.2016.

[37] Bassam Tibi in *Schwarzer,* op. cit., S. 93.

[38] *Deutschlandfunk,* 27.3.2016.

[39] Vgl. Hugh Kennedy: *The Great Arab Conquests.* Philadelphia PA 2010; Fred M. Donner: *Mohammed and the Believers.* Cambridge MA 2010; Robert G. Hoyland: *In God's Path: The Arab Conquests and the Creation of an Islamic Empire.* Oxford 2014.

[40] Mouhanad Khorchide: *Scharia – der missverstandene Gott.* Freiburg 2013.

[41] In deutlichen Worten macht Graeme Wood: »What ISIS really Wants«, in: *The Atlantic,* März 2015 (online), das Dilemma deutlich: »People want to absolve Islam.« Muslime legen sich eine »cotton-candy view of their own religion« zurecht, Christen berufen sich auf eine »interfaith-Christian-nonsense tradition«.

[42] Tilman Nagel: *Angst vor Allah?* Berlin 2014, S. 204.

[43] Ebd., S. 203; vgl. auch MEMRI special dispatch 542, 24.7.2003.

[44] »Es ist schlicht töricht zu behaupten, … die Gewaltakte radikaler Islamisten ließen sich von den religiösen Idealen trennen, von denen sie inspiriert sind.« Ayaan Hirsi Ali: *Reformiert Euch!* München 2015, S. 10.

[45] Interview mit *ZEIT online,* 12.1.2015.

[46] Dieser Problematik sind sich auch zunehmend europäische Islamwissenschaftler bewusst, etwa Tilman Nagel: *Angst vor Allah,* S. 204 ff. oder Tilman Seidenstikker, der am 29.6.2016 in der *Neuen Zürcher Zeitung* schrieb, die Diskussion sei so besonders schwierig, »weil sich friedfertige Muslime wie auch Extremisten auf ein und dieselbe Tradition aus Koran und Äußerungen sowie Taten des Propheten Mohammed berufen – und zu völlig unvereinbaren Ergebnissen kommen.«

[47] Interview mit *ZEIT online,* 7.12.2015.

[48] Guido Steinberg: *Der nahe und der ferne Feind.* München 2005.

[49] Matthias Dahlke: *Der Anschlag auf Olympia '72.* München 2006.

[50] Die »List of Islamist terrorist attacks« in der englischsprachigen Wikipedia (in der deutschen Version gibt es keine) ist sehr umfangreich: Sie listet Anschläge seit den1980er-Jahren auf, wird ständig zeitnah aktualisiert und führt in über 250 Anmerkungen zahlreiche Belegstellen auf.

[51] Lawrence Wright: *The Looming Tower: Al-Qaeda and the Road to 9/11.* New York 2006.

[52] Es sollen pro Jahr 600 Mio. $ an Unterstützungsgeldern aufgebracht worden sein.

[53] Zu Sayyid Qutb vgl. Gilles Kepel: *Das Schwarzbuch des Dschihad.* München 2002.

[54] Deshalb wurden sie 2014 auch wieder bevorzugte Opfer des IS. Der deutsche Islam-Konvertit Pierre Vogel empfahl ihnen den Übertritt zum Islam (siehe unten), womit er lediglich die klassisch-islamische Position wiedergibt. Allerdings haben über 100 islamische Gelehrte eine Fatwa unterzeichnet, die fordert, die Jesiden wie »Leute des Buches« (d. h. wie Christen und Juden) zu behandeln, sie also nicht zu töten oder zur Annahme des Islam zu zwingen.

[55] Vgl. Mike Smith: *Boko Haram. Der Vormarsch des Terror-Kalifats.* München 2015.

[56] UNICEF: *Beyond Chibok.* April 2016 (PDF online).

[57] Ahmed Rashid: *Taliban: Militant Islam, Oil and Fundamentalism in Central Asia.* New Haven 2000; ders.: *Am Abgrund. Pakistan, Afghanistan und der Westen.* London 2012.

[58] *DiePresse.com,* 11.2.2011.

[59] Rod Nordland: »Afghan Rights Groups Shift Focus to Taliban«, *New York Times,* 9.2.2011.

[60] Zu Zarkawi siehe Guido Steinberg: *Kalifat des Schreckens.* München 2015, vor allem Kapitel 1 und 2, wo auch die Verbindungen zu Deutschland diskutiert werden.

[61] Eine französische IS-Geisel, die frei gekommen ist, hat ihre Erfahrungen veröffentlicht: Nicolas Hénin: *Der IS und die Fehler des Westens.* Zürich 2016.

[62] Vgl. z. B. das oben genannte Werk von Jim al-Khalili.

[63] *Evening Standard,* 14.12.2015.

[64] Karl May brachte den Teufelsanbeter-Mythos durch seinen Roman *Durchs wilde Kurdistan*(1895) auch einem breiteren deutschen Publikum ins Bewusstsein, wobei May die Jesiden allerdings in Schutz nimmt.

[65] *Spiegel online,* 13.10.2014.

[66] Damit liegt der IS im Trend: Der Einsatz von Kindern, vor allem auch von Mädchen, als Selbstmordattentäter, steigt an – besonders in Westafrika bedient sich Boko Haram zunehmend dieser Methode, wie UNICEF in der Analyse »Beyond Chibok« (online verfügbar) darlegt; dort auch Zahlenangaben.

[67] *FAZ,* 3.2.2014.

[68] *Dabiq,* 13 (1437/2016).

[69] Dabiq ist ein kleiner Ort in Nordsyrien, der sowohl historische Bedeutung hat als auch, nach einem zuverlässigen Hadith, eine wichtige Rolle in islamischen Endzeitszenarien spielt (hier wird eine entscheidende Konfrontation zwischen Christen und Muslimen stattfinden).

[70] Vgl. *Spiegel online,* 17.9.2014; *New York Times,* 22.8.2014; *Reuters* 20.8.2014.

[71] Zitiert bei Steinberg, *Kalifat des Schreckens,* S. 15 f.

[72] David Cook: *Martyrdom in Islam.* New York 2007.

[73] Interview mit Nicolas Hénin, in: *stern* 2/2016 (online).

[74] *Focus online,* 27.12.2015.

[75] *Dabiq,* 13 (1437/2016).

[76] *FAZ.net,* 2.3.2014.

[77] Interview am 27.4.2016 mit der *Deutschen Welle.*

[78] *FAZ.net,* 23.10.2014.

[79] *tagesschau.de,* (Archiv), 22.5.2013.

[80] *FAZ.net,* 24.5.2013.

[81] UK Ministry of Justice FOI 91870 Freedom of Information – Request (July 2014); dort eine Aufstellung der geleisteten Kosten.

[82] Michael Kemper: *Herrschaft, Recht und Islam in Daghestan.* Wiesbaden 2005. In Tolstois Novelle »Hadschi Murat« wird einem der Führer der kaukasischen Muslime dieser Epoche ein literarisches Denkmal gesetzt, das sich um historische Authentizität bemüht.

[83] *The Independent,* 22.9.2014; vgl. zum »urislamischen« Hintergrund auch Graeme Wood, op. cit.

[84] *Spiegel online,* 5.8.2016.

[85] Ursula Spuler-Stegemann: *Islam in Deutschland.* Freiburg 2005; Mathias Rohe: *Der Islam in Deutschland.* München 2016.

[86] Diese Aussage hatte in ähnlicher Form bereits 2006 der damalige Innenminister Wolfgang Schäuble anlässlich einer Erklärung zur Deutschen Islamkonferenz getroffen.

[87] *FAZ.net,* 2.7.2010.

[88] *taz,* 3.6.2011.

[89] So kritisierte z. B. Volker Kauder: »Der Islam ist nicht Teil unserer Tradition und Identität in Deutschland und gehört somit nicht zu Deutschland.« *(Passauer Neueste Presse,* 19.4.2012) Auch der ehemalige bayerische Ministerpräsident Stoiber und der sächsische Ministerpräsident Tillich äußerten Vorbehalte *(Welt online,* 25.1.2016).

[90] *Spiegel online,* 12.1.2015: ZEIT online, 1.7.2015.

[91] *Handelsblatt,* 14.1.2015.

[92] *Deutschlandradio Kultur,* Politisches Feuilleton, 24.5.2016.

[93] *Süddeutsche Zeitung,* 12.5.2016.

[94] Der Präsident der Bundesanstalt für Arbeitsvermittlung bestritt schon damals eine arbeitsmarktpolitische Notwendigkeit, räumte aber ein, dass es politisch opportun sein könnte, türkische Arbeitskräfte nach Deutschland kommen zu lassen. Vgl. Heike Knortz: *Diplomatische Tauschgeschäfte.* Köln 2008.

[95] Rainer Wendt, Chef der »Deutschen Polizeigewerkschaft«, in: *Handelsblatt,* 6.10.2015.

[96] Interview in *DiePresse.com,* 20.3.2016.

[97] Der Schotte Montgomery Watt, dessen Werke über Mohammed Mitte des 20. Jahrhunderts Klassiker wurden. Heute gibt es eine Reihe hervorragender Studien über den Propheten des Islam (einige Beispiele in Kapitel 1); auch die wichtigsten Originalquellen zum Leben Mohammeds liegen seit langem in deutscher Sprache vor.

[98] Weiteres hierzu in den Kapiteln 1 und 2 sowie Fattal, op. cit., Nagel, Angst vor Allah?, und Breuer, Im Namen Allahs?.

[99] Vgl. dazu auch Rudolph Peters: *Jihad in Classical and Modern Islam.* Princeton 1996 (mit zahlreichen Beispielen).

[100] »Ihr Gläubigen! Nehmt euch nicht die Juden oder Christen zu Freunden« (Koran, Sure 5,51).

[101] »... in die Herzen der Ungläubigen werde ich Schrecken werfen ... schlagt ihnen jeden Finger ab« (Koran, Sure 8,12).

[102] *Spiegel online,* 9.12.2016.

[103] Zitiert nach *Handelsblatt,* 14.1.2015.

[104] Nagel: *Angst vor Allah?,* S. 67.

[105] Murad W. Hofmann: *Koran.* München 2002, S. 12.

[106] Alle Zitate aus einem Interview mit Mouhanad Khorchide in *Qantara.de,* 12.5.2010.

[107] *Spiegel online,* 9.6.2013.

[108] *Wiener Zeitung,* 7.5.2009; *BBC news (online);* 7.7.2004 (Magdi Abdelhadi); *The Guardian,* 19.7.2003.

[109] *Arche Islam Online*/Fatwa Bank.

[110] Jusuf al-Qaradawi: *Erlaubtes und Verbotenes im Islam.* München 1994, S. 12.

[111] *Wiener Zeitung,* 7.5.2009; MEMRI-Special Dispatch 2224 (3.2.2009).

[112] Bereits zitierter MEMRI Special Dispatch 2224: »I will shoot Allah's enemies, the Jews ...«

[113] *Religionsmonitor* Bertelsmann-Stiftung – *Sonderauswertung Islam 2015* (online).

[114] Integration und Religion aus der Sicht von Türkeistämmigen in Deutschland. Repräsentative Erhebung von TNS Emnid im Auftrag des Exzellenzclusters »Religion und Politik« der Westfälischen Wilhelms-Universität Münster 2016.

[115] Westfälische Wilhelms-Universität Münster, Exzellenzcluster »Religion und Politik«, Pressemitteilung vom 16.6.2016.

[116] »Im Auftrag des Herrn«, in: *Süddeutsche Zeitung,* 9.4.2012.

[117] Hintergrundinformation in Bernard Lewis: »The New Anti-Semitism«, in: *The American Scholar.* Essays. Winter 2006 (1.12.2005).

[118] Nur drei Beispiele aus der großen Zahl von Untersuchungen und Darstellungen der Thematik: Gilbert Achcar: *Die Araber und der Holocaust.* Hamburg 2012; David Motadel: *Islam and Nazi Germany's War.* Cambridge/MA 2014; Gerhard Höpp: *Mufti-Papiere.* Berlin 2001 (mit wichtiger Quellensammlung und zahlreichen Literaturhinweisen).

[119] Michel Bernhardt/Julia Jaki: »Die Protokolle der Weisen von Zion«, in: Schirin Fathi (Hg.): *Komplotte, Ketzer und Konspiration. Zur Logik des Verschwörungsdenkens. Beispiele aus dem Nahen Osten.* Bielefeld 2010, S. 179–228.

[120] So wurde z. B. auch auf einer »Friedensparty« in Koblenz 2014 auf die »Protokolle« hingewiesen, worauf die Staatsanwaltschaft tätig wurde. Vgl. *Rhein-Zeitung,* 26.6.2014.

[121] Unter diesem Titel ein Beitrag auf *Spiegel online,* 1.12.2015 – Der Präsident des Zentralrats der Juden in Deutschland spricht von »importiertem Antisemitismus«, vor dem auch die Kanzlerin gewarnt hatte. *Südwest-Presse,* 15.3.2016.

[122] *Spiegel online,* 28.7.2014.

[123] *FAZ.net,* 14.7.2014; *Die Welt online,* 14.7.2014.

[124] *bpb (online)* Dossier Islamismus, 5.7.2011. Wir dürfen in diesem Zusammenhang auch auf einschlägige Koranstellen verweisen: Suren 2,62; 4,155; 7,166–168.

[125] *Basler Zeitung,* e-paper, 7.7.2016.

[126] *BMFTV.fr,* 26.12.2015 »L'immigration en Israel des Juifs de France atteint un niveau record«; *Spiegel online,* 29.12.2015. Wichtig für die historische Einordnung der Gastbeitrag von Rafael Seligmann in *ZEIT online,* 26.2.2015; vgl. ebenso *focus online,* 10.1.2014.

[127] *L'Espresso,* 16.4.2015, sieht für die Taten »motivi religiosi« und »odio religioso«; *La Stampa,* 16.4.2015, nennt unter Berufung auf Gewährsleute »ragioni esclusivamente religiose«; ebenso geht *Le Monde.fr,* 17.4.2015 von »haine religieuse« aus; siehe ferner: *ZEIT online,* 16.4.2015; *Spiegel online,* 16.4.2015; *Daily Mail (mailonline),* 18.4.2015.

[128] *ZEIT.de,* 16.8.2014; *Welt.de,* 18.1.2016; *FAZ.net,* 31.5.2016; *The Washington Post online,* 10.5.2016. Dabei hat sich allerdings herausgestellt, dass nicht alle Behauptungen erhärtet werden konnten und seriös waren.

[129] Unter den 50 Ländern, in denen nach dem »Weltverfolgungsindex« Christen verfolgt werden, sind 38 islamische Staaten (Weltverfolgungsindex 2012). Vgl. auch »Geduldeter Hass«, in: *Spiegel,* Nr. 8, 22.2.2010 sowie Otmar Oehring: »Zur Lage der Christen in Syrien und im Irak«, in: *KAS Auslandsinformationen,* Juni 2015, S. 67–82.

[130] *ZEIT online* 25.12.2015

[131] *The 9/11 Commission Report* (July 2004), vor allem Kapitel 5.3 zur Hamburger Zelle (www.9-11commission.gov/report/).

[132] *Die Welt,* 17.9.2015. Der Täter war behördenbekannt und zum Tragen einer elektronischen Fußfessel verpflichtet, die er am Tag der Tat abgenommen hatte.

[133] *ZEIT online,* 26.4.2016.

[134] *Süddeutsche.de,* 1.10.2016.

[135] *Stern (online):* »Behörden erwägen Ausbürgerung deutscher IS-Kämpfer«, 21.9.2014

[136] *RTLNEXT.de,* 3.5.2016; *Focus,* 2.5.2016.

[137] *Süddeutsche Zeitung,* 4.5.2015.

[138] Noch Ende 2015, als die Erkenntnisse über die Attentäter von Paris, die im Flüchtlingsstrom gekommen waren, schon vorlagen, warnte die Bundesregierung davor, die Themen »Terrorismus« und »Flüchtlinge« zu vermengen; eine Verbindung herzustellen, sei unverantwortlich *(meta.tagesschau.de,* 16.11.2015). Vgl. auch *Frankfurter Rundschau,* 23.11.2015, wo der ehem. *Spiegel*-Chef Aust zitiert wird, der bei Günther Jauch davor gewarnt hatte, die Gefahr kleinzureden. Festnahmen von »Terror-Flüchtlingen« erfolgten in Deutschland Mitte September und im Oktober 2016.

[139] Die Routen, die etwa Mittäter des Anschlags vom November 2015 in Paris als »Flüchtlinge« genommen hatten, sind detailliert rekonstruiert worden. Vgl. Beitrag von Jörg Diehl u. Roman Lehberger in *Spiegel online,* 16.2.2016; vgl. auch *Welt.de* vom 11. u. 15.9.2016 und *Spiegel online,* 11.5.2016.

[140] *Tagesspiegel,* 25.11.2015.

[141] *Kölner Stadtanzeiger,* 16.10.2015.

[142] *Le Monde,* 31.1.2016, jetzt auf Deutsch in Alice Schwarzer (Hg.): *Der Schock – die Silvesternacht von Köln.* Köln 2016, S. 49–56.

[143] Christine Schirrmacher/Ursula Spuler-Stegemann: *Frauen und die Scharia.* München 2004.

[144] *Spiegel online,* 26.1.2016; gemeint sind wohl gewisse rechtliche Besserstellungen der Frau im Vergleich zur vorislamischen Praxis.

[145] Neuerdings wird auch eine phantasievolle Interpretation dieser Koranstelle verbreitet. Anstatt »die Männer stehen über den Frauen« solle man lesen: »die Männer stehen für die Frauen ein«. Vgl. *Spiegel online,* 9.12.2016 (Interview mit der Islamwissenschaftlerin Klausing).

[146] Zum Vergleich: Auch im Neuen Testament ist ausdrücklich festgelegt, dass die Frau sich dem Mann unterzuordnen hat (Paulus an die Epheser, Kapitel 5,22–23). Der Heilige Bonifatius, fast ein Zeitgenosse des Propheten, befand, dass Frauen in der Kirche nicht singen sollten.

[147] Rohe, op. cit., S. 158.

[148] al-Qaradawi, op. cit., S. 175 f.

[149] Der hoch angesehene Erlanger Arabist Hartmut Bobzin hierzu in einem Interview: »Eine muslimische Feministin aus Köln übersetzt ›Trennt Euch‹. Aber das ist nicht vom arabischen Text gedeckt.« Interview mit Prof. Hartmut Bobzin in *Focus-Magazin,* Nr. 12, 2010.

[150] Gastbeitrag Samuel Schirmbeck in der *FAZ* vom 11.1.2016.

[151] Bassam Tibi: »Syrien und Deutschland«, in: Schwarzer, op. cit., S. 91–97, S. 93.

[152] Bundesministerium für Familie, Senioren, Frauen und Jugend (BMFSFJ): *Gesundheit-Gewalt-Migration. Eine vergleichende Sekundäranalyse zur gesundheitlichen und Gewaltsituation von Frauen mit und ohne Migrationshintergrund in Deutschland.* Kurzzusammenfassung zentraler Ergebnisse. Berlin 2009, S. 15.

[153] Ebd., S. 14.

[154] BMFSFJ: *Gesundheit – Gewalt – Migration. Eine vergleichende Sekundäranalyse zur gesundheitlichen und Gewaltsituation von Frauen mit und ohne Migrationshintergrund in Deutschland.* Enddokumentation 2007 (Langfassung), Berlin 2008, S. 64

[155] Ebd., S. 65.

[156] BMFSFJ: *Gewalt gegen Frauen in Paarbeziehungen. Eine sekundäranalytische Auswertung zur Differenzierung von Schweregraden, Mustern, Risikofaktoren und Unterstützung nach erlebter Gewalt.* Enddokumentation November 2008. Berlin 2008, S. 178.

[157] Ebd., S. 179.

[158] Ebd., S. 180.

[159] Ebd., S. 181.

[160] Ebd., S. 182.

[161] Ebd., S. 183.

[162] *Die Welt,* 19.4.2013.

[163] *Weser-Kurier,* 20.12.2015.

[164] *Stern (online),* 25.11.2015.

[165] *Die Welt,* 20.1.2010.

[166] Rohe, op. cit., S. 106.

[167] Dieser Begriff hat sich bei uns eingebürgert und wird, da ein dem Leser vertrautes Etikett, hier verwendet trotz des Einwandes, man mache sich mit der Verwendung dieses Begriffs die Sicht der Täter zu eigen, die für sich in Anspruch nehmen, im Namen irgendeiner »Ehre« zu morden – mag dieser Ehrbegriff auch noch so pathologisch und unreflektiert sein. Es gibt inzwischen eine umfangreiche Literatur zur Thematik. Vgl. z. B. Serap Çileli: *Eure Ehre – unser Leid.* München 2008; Hülya Özaktürk: »Ehrenmorde in der Türkei«, in: *Pera-Blätter,* 22 (2012) (online deutsch u. türkisch). Die Website »*Ehrenmorde.de*« führt im November 2016 für das laufende Jahr in Deutschland 44 derartige Morde auf.

[168] Nach einer Umfrage des Meinungsforschungsinstituts »Metropol« hält ein Drittel der türkischen Studenten einen »Ehrenmord« für eine akzeptable Reaktion

auf eine Verletzung der Familienehre *(Die Welt digital,* 27.10.2006; *Spiegel Special* 6/2008).

[169] Phyllis Chesler: Worldwide Trends in Honor Killings, in: *Middle East Quarterly,* 17/2 (Frühjahr 2010) S. 3–11. Die Autorin geht davon aus, dass es faktisch sehr viel mehr Ehrenmorde gebe.

[170] *Spiegel Special* 6/2008.

[171] *al-Jazeera* Archive: »Jordan squashes ›honor crimes‹ law«, 7.9.2003.

[172] Deren »Ehrenmorde« werden bei uns, weil sie eben nicht islamisch sind, besonders gerne und ausführlich von den Medien behandelt, vgl. etwa *ZEIT*-Dossier vom 22.9.2016.

[173] »Kultureller Rabatt für ›Ehrenmord‹«, in: *FAZ.net,* 25.3.2014.

[174] *Spiegel online,* 2.8.2011.

[175] Vgl. zur Problematik und zu verwandten Themenkreisen Rita Breuer: *Familienleben im Islam.* Freiburg/Basel/Wien 2006.

[176] Filiz Sütcü: *Zwangsheirat und Zwangsehe.* Frankfurt a.M. 2009; vgl. auch Zwangsverheiratung. Information des Berliner Arbeitskreises gegen Zwangsverheiratung. Berlin 2013.

[177] *Spiegel online,* 1.11.2010.

[178] *Spiegel online,* 10.8.2007.

[179] Zitiert nach *Sueddeutsche.de,* 30.11.2011.

[180] Ebd.

[181] Ebd.

[182] *Spiegel online,* 30.11.2011.

[183] Ebd.

[184] Ebd.

[185] UNICEF: *Ending Child Marriage – Progress and Prospects,* New York 2014 (online-Version).

[186] Girls not Brides: Child Marriage Around the World 2016 (online-Version)

[187] Nojoud Ali/Delphine Minoui: *Ich, Nojoud, 10 Jahre, geschieden.* München 2009 (französ. Originalausgabe: *Moi Nojoud, 10 ans, divorcée.* Neuilly-sur-Seine 2009)

[188] Carl Brockelmann (Hg.): *Ibn Saad, Biographien,* Band VIII (Biographien der Frauen), Leiden 1904 (online verfügbar), S. 39 ff Biographie 'Ā'išas. Vgl. auch Denise Spellberg: *Politics, Gender and the Islamic Past.* New York 1994.

[189] *Welt am Sonntag,* 9.10.2015.

[190] *Deutschlandfunk.de:* »Schutz von Minderjährigen – Niederlande verbieten Kinderheirat«, 28.12.2015.

[191] *Welt am Sonntag,* 9.10.2015

[192] *Spiegel online* 9.9.2016

[193] *Amnesty International:* Menschenrechtsverletzungen an Frauen (online)

[194] *Bayernkurier,* 1.6.2016

[195] Die »Tagesschau« gab am 10.7.2016 als Ergebnis der »Recherchekooperation NDR/WDR/SZ« bekannt: 1200 Übergriffe, 900 Opfer und 120 ermittelte Täter seien das Ergebnis der »Silvesternacht« in Deutschland. Zu diesem Zeitpunkt waren bereits erste Bewährungsstrafen (!) verhängt worden.

[196] Schwarzer, op. cit., S. 24.

[197] *Spiegel online,* 2.1.2017.

[198] *Die Welt,* 10.1.16; FAZ, 11.1.2016.

[199] *ZEIT-magazin,* 3.7.2013; *The Guardian,* 5.7.2013; *Al-Ahram* 21.2.2013.

[200] *Spiegel online,* 10.4.2013; FAZ.net, 23.1.2016.

[201] *Daily Mail,* 1.12.2012.

[202] Rohe, op. cit., S. 164.

[203] Council of Europe. Parliamentary Assembly. Collection Written Amendments. Doc. 13961 (online).

[204] So z. B. am 1.1.2016 der *Kölner Stadtanzeiger* (online).

[205] Von »Schweigekartell«(Ex-BM Friedrich) und »Nachrichtensperre« war die Rede, vgl. *Der Tagesspiegel,* 7.1.2016.

[206] *Spiegel online,* 5.1.2016; RP online, 5.1.2016.

[207] *Sueddeutsche.de,* 7.1.2016.

[208] *Spiegel online,* 5.1.2016.

[209] *Handelsblatt (online),* Datum nicht feststellbar, »Silvesternacht in Köln – Frauen sind kein Freiwild«.

[210] *FAZ.net,* 8.1.2016; Wizorek argumentierte auch mit falschen Zahlen (siehe z. B. *Badische Zeitung,* 13.1.2016).

[211] *Stuttgarter Zeitung.de,* 5.1.2016; *Sächsische Zeitung,* 5.1.2016. Auf *taz.de,* 25.3.2016, wurde Spahn heftig kritisiert.

[212] *Süddeutsche Zeitung,* 11.1.2016.

[213] Ebd.

[214] *Tagesanzeiger,* 22.1.2016; *Die Welt,* 21.1.2016. Auch bei den Vergewaltigungen auf dem Tahrir-Platz in Kairo hatten konservative Muslime Vorwürfe gegen Frauen erhoben *(ZEIT-magazin,* 3.7.2013).

[215] *Rheinische Post,* 6.1.2016.

[216] Diesen Terminus bekräftigte sie ausdrücklich in der ARD-Sendung »hart aber fair« am 12.12.2016.

[217] *Der Spiegel,* 16.1.2016.

[218] Hirsi Ali, op. cit., S. 17.

[219] *Der Spiegel,* 16.1.2016.

[220] *FAZ.net,* 16.1.2016.

[221] *ZEIT online,* 7.1.2016.

[222] *L'Express online,* 17.1.2016.

[223] *FAZ.net,* 6.2.2016.

[224] *Figaravox,* 14.1.2016.

[225] *Marianne (online),* 24.1.2016.

[226] *LeMonde.fr (online),* 31.1.2016.

[227] In Darmstadt soll es mindestens 26, in Berlin acht sexuelle Übergriffe gegeben haben.

[228] *Die Welt,* 6.7.2016.

[229] *ZEIT online,* 28.5.2016: »Zunächst werfen die Taten von Berlin einmal mehr die Frage auf, wie verbreitet solche Übergriffe in Deutschland sind.« Vgl. zum Schlossgrabenfest in Darmstadt: SZ.de, 31.5.2016.

[230] *Die Welt,* 6.7.2016.

[231] Bassam Tibi in: Schwarzer, op. cit., S. 93.

[232] *Spiegel online,* 4.7.2016.

[233] »It's not only Germany that covers up mass sex attacks by migrant men… Sweden's record is shameful.« The Spectator, 16.1.2016.

[234] *Spiegel online,* 13.5.2016.

[235] Spiegel online unter Berufung auf »Dagens Nyheter« und »Expressen«, 21.1.2016 u. 12.1.2016; vgl. auch die englische Online-Ausgabe von »Dagens Nyheter«, 11.1.2016.

[236] *Der Spiegel,* Nr. 3, 16.1.2016, S. 32.

[237] *Zeit online,* 26.8.2014.

[238] Sehr aufschlussreich dazu das Interview mit dem Deutsch-Syrer Bassam Tibi in der online-Ausgabe der *Basler Zeitung,* 7.7.2016.

[239] Siehe aber den Beitrag von Ayatollah Ghaemmaghani in FAZ.net, 17.11.2010; auch im iranischen Strafgesetzbuch ist Steinigung bei Ehebruch vorgeschrieben. Laut Amnesty International gab es seit 2002 mindestens sieben Steinigungen im Iran.

[240] Siehe *ZEIT online,* 3.11.2015 und vor allem den Beitrag – auch über theologische und rechtliche Hintergründe – von Professor Tilman Nagel, einem führenden deutschen Islam-Kenner, in FAZ.net, 19.8.2010.

[241] Vgl. auch den Beitrag von Samuel Schirmbeck in *FAZ.net,* 11.1.2016.

[242] *Spiegel online,* 21.10.2012; *Welt.de,* 1.2.2013; *ZEIT online,* 17.8.2011; *FAZ.net,* 15.1.2016.

[243] Bassam Tibi in der *Basler Zeitung* vom 7.7.2016: Migranten glauben zu wissen, »dass es in Deutschland tolle Wohnungen, blonde Frauen und den Sozialstaat gibt«.

[244] So wörtlich im Interview mit Bassam Tibi in der *Basler Zeitung,* 7.7.2016.

[245] www.auswaertiges-amt.de/VereinigteArabischeEmirate.

[246] *Spiegel online,* 23.1.2014; taz.de, 23.7.2013; *Sueddeutsche.de,* 19.7.2013.

[247] *Spiegel online,* 13.6.2016; *ZEIT online,* 12.6.2016.

[248] *Die Welt online* vom 14.1.2016 zitiert dazu Aiman Mazyek: »Massenhafte Vergewaltigungen oder Ansätze davon in der muslimischen Welt, das ist wirklich ein Ammenmärchen.« Dies erfordert keine weitere Kommentierung. Bezeichnend

ist in diesem Kontext, dass es in der arabischen Wikipedia keinen Artikel zu »Taharrusch Gama'i«, also kollektiven sexuellen Übergriffen gibt, während dieser »terminus technicus« in der deutschen Wikipedia aber sehr wohl erscheint – aus gutem Grund.

[249] *Welt online,* 10.1.2016.

[250] *FAZ.net,* 15.1.2016.

[251] *Bild plus,* 12.12.2016.

[252] *FAZ.net,* 3.12.2016.

[253] *Badische Zeitung,* 21.10.2016.

[254] *Spiegel online,* 4.12.2016.

[255] Jytte Klausen: *The Cartoons that Shook the World.* New Haven/London 2009.

[256] *Frankfurter Rundschau,* 2.2.2006.

[257] *Sueddeutsche.de,* 3.2.2006; zum weiteren Hintergrund vgl. *Der Spiegel,* Nr. 39, 21.9.2013.

[258] *Jyllands-Posten online,* 30.1.2006, wo die Entschuldigung in englischer Sprache veröffentlicht wurde.

[259] Beim Flaggenverbrennen trat die Undifferenziertheit des blindwütigen Pöbels sehr deutlich zutage: Auch französische und Schweizer Flaggen brannten.

[260] So geht die *New York Times* vom 15.10.2012 von mindestens 200 Todesopfern aus.

[261] *ZEIT online,* 4.5.2015; *The Dallas Morning News online,* 3./4.5.2015, dort auch Informationen zu den Tätern; *The Atlantic,* 4.5.2015.

[262] Middle East Media Research Institute, Clip Nr. 1024, online, 3.2.2006.

[263] *The Guardian,* 4.2.2006.

[264] *Spiegel online,* 18.2.2006.

[265] *The Guardian,* 6.2.2006; *The Daily Telegraph,* 6.2.2006 u. 4.2.2006.

[266] *The Telegraph,* 7.2.2008.

[267] *Spiegel online,* 4.2.2006.

[268] *FAZ.net,* 9.2.2006.

[269] *Spiegel online,* 2.2.2006; *Handelsblatt,* 2.2.2006.

[270] »Oui, on a le droit de caricaturer Dieu«, La dépêche.fr, 2.2.2006.

[271] Bat Ye'or (Gisèle Littman): *Islam and Dhimmitude. Where civilisations collide.* Madison 2001; dieselbe: *Der Niedergang des orientalischen Christentums unter dem Islam.* Gräfelfing 2002. Vgl auch den Artikel »Dhimmitude« in der englischen Ausgabe der *Wikipedia.*

[272] *The Guardian,* 30.9.2006.

[273] Hirsi Ali, op. cit., S. 21 f.

[274] Vatican: Apostolische Reise von Papst Benedikt XVI. … Ansprache von Benedikt XVI., Aula Magna der Universität Regensburg, 12.9.2006 (Gesamttext der Vorlesung: online unter www.vatican.va). Originalquelle des Zitats: Karl Förstel

(Hg.): Manuel II. Palaiologos. Dialog mit einem Muslim. (Corpus Islamo-Christianum, Series Graeca 4.1). Würzburg 1993, Bd. I, S. 240 ff.

275 *Spiegel online,* 15.9.2006.

276 *Spiegel online,* 16.9.2006.

277 *Spiegel online,* 15.9.2006.

278 In verschiedenen Formen publiziert, hier (in deutscher Übersetzung): islam.de »Offener Brief an seine Heiligkeit Papst Benedikt XVI.« oder auf http://islam.de/files/misc/ulema_papst_10_06.pdf

279 *ZEIT online,* 18.10.2007.

280 Interview mit *ZEIT online,* 21.9.2006.

281 *kath.net,* 29.12.2006.

282 *Time,* 13.5.2002; *Spiegel online,* 7.5.2002.

283 Interview mit Ayaan Hirsi Ali zum Film und zur Ermordung van Goghs in *Spiegel online international* 20/2005, 14.5.2005.

284 Hirsi Ali, op. cit., S. 14.

285 Mit ausdrücklicher Zustimmung des Zentralrates der Muslime! Vgl. Die Welt 14.8.2008; siehe auch im *Tagesspiegel* vom 29.1.2016 das Interview mit Serdar Somuncu, der sich selbst als »Quoten-Kanake« bezeichnete und über die »Refugees-Welcome-Kacke« spottete. Ebenso »Kabarett zwischen Koran und Kruzifix« in *Hohenzollersche Zeitung/Südwest-Presse,* 29.4.2016.

286 *Stern online,* 20.1.2010; auch Jahre später bestätigte er ausdrücklich, dass er seine Tat nicht bedauere, vgl. DutchNews.nl online, 9.7.2010.

287 Vgl. hierzu auch den Beitrag des Jenaer Islamwissenschaftlers Tilman Seidenstikker in der *Neuen Züricher Zeitung,* 29.6.2016.

288 Hirsi Ali, op. cit., S. 26 f.

289 »Molenbeek: Im Nachschublager des Jihad«, in: *DiePresse.com,* 17.11.2015; vgl. *Der Tagesspiegel,* 17.11.2015

290 *DiePresse.com,* 18.11.2015; vgl. auch Bundeszentrale für politische Bildung – Dossier Frankreich: »Problemgebiet banlieue: Konflikte und Ausgrenzung in den französischen Vorstädten« (online).

291 *FAZ.net,* 26.10.2009; *Berliner Morgenpost,* 29.10.2015; *ZEIT online,* 20.6.2013.

292 *Die Welt,* 10.4.2016; *Berliner Morgenpost,* 14.4.2016; *Spiegel online,* 26.10.2010.

293 *Der Tagesspiegel,* 8.10.2015.

294 Alle Zahlenangaben sind aus dem »Neukölln-Programm 2015/2016« des Bezirksamts Neukölln. Berlin 2015, S. 2–7 (online) und beziehen sich auf das Jahr 2015.

295 *Berliner Zeitung,* 29.3.2014.

296 *Berliner Zeitung,* 30.3.2016.

297 *Stern,* 11.2.2015.

298 *ZEIT online,* 20.9.2012.

[299] Heinz Buschkowsky: *Neukölln ist überall.* Berlin 2012. Das Buch stand ab September 2012 wochenlang auf Platz 1 der »*Spiegel*-Bestsellerliste«, erhielt scharfe Kritik und begeistertes Lob zugleich. Vgl. auch *Sehepunkte,* Ausgabe 13 (2013), Nr. 2 (Rezension des Buches von Buschkowsky).

[300] *Berliner Morgenpost,* 10.7.2008.

[301] *FAZ.net,* 19.9.2012.

[302] Mathias Rohe/Mahmoud Jaraba: *Paralleljustiz. Zusammenfassung einer Studie im Auftrag des Landes Berlin.* Berlin 2015 [?] (Bezeichnenderweise findet sich in der online-Ausgabe kein Hinweis auf Erscheinungsort oder -jahr, was als »berlintypisch« gewertet werden darf).

[303] *Der Tagesspiegel,* 22.12.2014; FAZ.net, 29.10.2009.

[304] Joachim Wagner: Richter ohne Gesetz: *Islamische Paralleljustiz gefährdet unseren Rechtsstaat.* Berlin 2012, S. 112.

[305] »... absolut gescheitert«, wie die Kanzlerin auf dem Deutschlandtag der JU 2010 erklärte; *Spiegel.de,* 16.10.2010.

[306] Wagner, op. cit., S. 75.

[307] Ebd., S. 232.

[308] Zitiert in Wagner, op. cit., S. 11.

[309] Seine Einlassungen vor dem Berliner Abgeordnetenhaus werden zitiert von Wagner, op. cit., S. 239.

[310] *Der Spiegel,* 7.4.2012, S. 37.

[311] Zitiert bei Wagner, op. cit., S. 17.

[312] Nagel, *Angst vor Allah?,* S. 45.

[313] *The Telegraph,* 7.2.2008.

[314] *The Guardian,* 7.9.2014.

[315] *Spiegel online,* 3.5.2016.

[316] *Handelsblatt online,* 8.9.2014.

[317] *Spiegel online,* 6.9.2014.

[318] *Die Welt online,* 7.9.2014.

[319] Nagel, *Angst vor Allah?,* S. 316 f.

[320] Emmanuel Brenner: *Les territoires perdus de la République.* Paris 2002. Hinter dem Pseudonym Emmanuel Brenner verbirgt sich ein jüdisch-französischer Historiker marokkanischer Herkunft. Der Titel seines Werkes ist zu einem Schlagwort in der französischen Politik geworden.

[321] Nagel, op. cit., S. 45.

[322] Ulrich Kraetzer: *Salafisten: Bedrohung für Deutschland?* Gütersloh 2014; *ZEIT online,* 13.10.2011; taz.de, 7.9.2014.

[323] Der Generalbundesanwalt beim Bundesgerichtshof. Pressemitteilung 20/2016, 12.4.2016.

[324] *qantara.de,* 21.6.2012; Spiegel online, 9.6.2012.

[325] *FAZ.de,* 2.2.2010.

[326] *Kölner Stadt-Anzeiger,* 22.8.2014.

[327] *Die Welt,* 24.4.2008.

[328] *FAZ.net,* 26.11.2010. Vgl. Sonja Haug: *Jugendliche Migranten – muslimische Jugendliche. Gewalttätigkeit und geschlechterspezifische Einstellungsmuster.* Kurzexpertise für das BMFSFJ. Berlin 2010 (hier zahlreiche weitere Daten und Fakten).

[329] *FAZ.net,* 10.1.2008.

[330] Katrin Brettfeld/Peter Wetzels: *Muslimisches Leben in Deutschland.* (Studie des BAMF). Nürnberg 2009 S. 332 ff. Vgl. auch Berufsbildungsbericht der Bundesregierung 2011 (www.bmbf.de), S. 51.

[331] Sonja Haug u. a.: *Muslimisches Leben in Deutschland.* Nürnberg 2009, S. 16.

[332] Ebd., S. 218 f.

[333] *Berliner Zeitung,* 29.3.2014.

[334] Aus diesem berüchtigten Milieu stammt allem Anschein nach auch der Täter, der Ende November 2016 in Hameln eine Frau an seinem Auto festband und sie hinter sich her durch die Stadt schleifte, bis das Seil riss und die Frau lebensgefährlich verletzt liegen blieb. Der stellvertretende Vorsitzende der kurdischen Gemeinschaft in Deutschland, Tanriverdi, der offenbar die deutsche Rechtsprechung aus ähnlich gelagerten Fällen kennt, forderte prophylaktisch, eine solche Tat dürfe nicht »mit kulturellem Rabatt im Strafmaß gemildert« werden *(Spiegel online,* 22.11.2016).

[335] Beate Krafft-Schöning: Blutsbande. *Wie aus einer arabischen Großfamilie in Deutschland der berüchtigte »Miri-Clan« wurde.* München 2013.

[336] *Spiegel online:* Interview mit der durch ihre energische Linie bekannten Jugendrichterin Kirsten Heisig am 10.10.2009 – Das Interview ist noch heute äußerst aufschlussreich

[337] Ein anschauliches Bild Berliner Verhältnisse bieten *Die Welt,* 10.4.2016; Deutschlandradio Kultur »Die illegalen Geschäfte arabischer Clans«, 17.5.2016; *berliner-zeitung.de,* 5.3.2016.

[338] Wagner, op. cit., S. 206.

[339] Wagner, op. cit., S. 213.

[340] Zitiert bei Wagner, op. cit., S. 95.

[341] *Wallstreet online:* »Ausländerkriminalität – ein deutsches Tabuthema«, 14.4.2003; *Focus online,* 29.1.2016.

[342] Alle Zitate nach Inhaltsprotokoll des Abgeordnetenhauses Berlin, Ausschuss für Inneres, Sicherheit und Ordnung, 70. Sitzung 6.12.2010, S. 1–3.

[343] Haug, op. cit., S. 11.

[344] Ebd., S. 13.

[345] Vgl. ebd., Grafiken auf S. 15 u. S. 17.

[346] Nach der Studie von Reusch aus dem Jahr 2007, zitiert von Haug, op. cit., S. 18.

[347] Brettfeld/Wetzels, op. cit., S. 290.

[348] Haug, op. cit., S. 30.

[349] *L'Express,* 27.3.2016.

[350] Vgl. Rohe/Jaraba, op. cit., Kapitel 2.

[351] *FAZ.net* 1.12.2016.

[352] Rohe, op. cit., S. 117–174.

[353] *ZEIT online,* 18.2.2009.

[354] Gastbeitrag in *DIE ZEIT,* Nr. 38, 8.9.2016.

[355] Rohe, op. cit., S. 139.

[356] »Desinformation« nennt dies zutreffend Nagel, Angst vor Allah?, S. 195.

[357] Rita Breuer: »Silvester beim Zentralrat der Muslime«, in: Schwarzer, op. cit., S. 77–89, hier: S. 79.

[358] DIE ZEIT, Nr. 38, 8.9.2016.

[359] Ian Johnson: *Die vierte Moschee. Nazis, CIA und der islamische Fundamentalismus.* Stuttgart 2011.

[360] Interview mit Kristina Köhler in *FAZ.net,* 11.5.2007.

[361] Bayerisches Staatsministerium des Innern: Verfassungsschutzbericht 2003. München 2004, S. 149 f. – dort eine Fülle weiterer wichtiger Informationen.

[362] *Sueddeutsche.de,* 2.5.2016; vgl. auch *FAZ.net,* 2.5.2016.

[363] *Der Spiegel,* Nr. 34/2016.

[364] *ZEIT online,* 15.11.2016.

[365] *Spiegel online,* 16.11.2016.

[366] Gastbeitrag in *DIE ZEIT,* Nr. 38, 8.9.2016.

[367] Heisig-Interview in Spiegel online, 10.10.2009. Gerade vor diesem Hintergrund entbehrt es nicht einer gewissen Pikanterie, wenn gewisse Muslime – gerade solche, die die Chancen unserer Gesellschaft voll ausgeschöpft haben – ausgerechnet den Vorwurf erheben, »Muslime seien die neuen Juden« in Deutschland.

[368] Ebd.

[369] Haug, op. cit., S. 23.

[370] Betül Durmaz: *Döner, Machos und Migranten.* Freiburg 2009 – aufschlussreich auch das Interview über das Buch mit der Autorin in *taz.de,* 8.7.2009.

[371] Zitiert nach *Focus online,* 17.10.2010.

[372] *FAZ.net,* 25.10.2010.

[373] Deutscher Lehrerverband aktuell (2010) gibt einen Beitrag von Josef Kraus aus dem »Rotary-Magazin« 11/2010 wieder.

[374] So der Islamwissenschaftler Ralph Ghadban, zitiert bei Wagner, op. cit., S. 88.

[375] Zitiert in *Spiegel online,* 9.12.2009.

[376] Wagner, op. cit., nennt ein Kapitel seines Werkes »Anwälte an der Grenze zur Strafvereitelung« (S. 184 ff.).

[377] *FAZ,* 23.10.2001.

[378] Gastbeitrag von Nicolas Hénin in *FAZ.net,* 20.11.2015.

[379] Wagner, op. cit., S. 109.

[380] *FAZ.net,* 12.1.2016. Einige Zeitungen wagen sogar die Nennung ethnischer Schwerpunkte bei den Tätern (Araber, Türken): *Berliner Zeitung,* 6.7.2016; *Die Welt,* 8.2.2016; *Spiegel online,* 17.7.2015 zählt drei unbeteiligte Todesopfer in Köln von März bis Juli 2015.

[381] *SZ-Magazin.de* 18.7.2014 – Merkur.de 9.8.2013 – B.Z. 20.1.2016. Ein Beitrag auch in der ARD-Sendung »Panorama« vom 28.7.2016.

[382] *Der Tagesspiegel* 10.12.2015 (Schlägerei mit vorwiegend muslimischen Teilnehmern an der Alfred-Nobel-Schule in Britz mit 13 Verletzten) – *Berliner Morgenpost* 13.4.2016 (Schlägerei am Kottbuser Tor unter Beteiligung von 40 Tätern, vor allem aus Dealer- und »Antänzer« [Trickdiebe]-Milieu; wobei »Antänzer« gerne auch Eigentumsdelikte mit Sexualstraftaten verknüpfen)

[383] Vgl. z. B. Brettfeld/Wetzels, 2007; Baier/Pfeiffer/Rabold u. a., 2010; Babka von Gostomski, 2003; Haug, 2008 (wobei hier nur eine Auswahl angeführt ist).

[384] Katrin Brettfeld/Peter Wetzels: *Integration, Integrationsbarrieren, Religion und Einstellungen zu Demokratie, Rechtsstaat und politisch-religiös motivierter Gewalt.* Hamburg 2007, S. 312.

[385] Ebd., S. 310.

[386] Interview in *ZEIT online,* 7.12.2015. (Wobei Osteuropäer zwar keine Terrorakte dieses Ausmaßes begehen, aber durchaus im Bereich der »Normalkriminalität« überproportional vertreten sind.)

[387] *Tagesanzeiger,* 16.11.2016.

[388] *FAZ.net,* 16.11.2016.

[389] Yiğit Muk: *Muksmäuschenschlau.* Köln 2015.

[390] *Die Welt,* 24.2.2016.

[391] Hammed Khamis: *Ansichten eines Banditen – Das Schicksal eines Migrantenjungen.* Eschborn 2012.

[392] Karlheinz Gärtner: *Sie kennen keine Grenzen mehr.* Zürich 2017. Hier wird auch die Mitschuld von Politik und Justiz an den Zuständen in den Slums thematisiert.

[393] Kirsten Heisig: *Das Ende der Geduld.* Freiburg 2010.

[394] *Berliner Morgenpost,* 19.10.2015.

[395] In unserem Kontext einschlägig Andreas Müller/Carsten Tergast: *Schluss mit der Sozialromantik.* Freiburg 2013.

[396] Zum Erbe von Kirsten Heisig vgl. *DIE ZEIT,* Nr. 28/2010 und *Neue Züricher Zeitung,* 15.9.2010 (auch zur Frage ihres Suizids). Interessant für das Verständnis nicht nur Heisigs, sondern auch ihres Neuköllner Gesamtkontexts ist der Beitrag von Necla Kelek in *EMMA,* 7.7.2010.

[397] *Die Welt,* 29.12.2010.

[398] *DIE ZEIT,* Nr. 52/2010.

[399] Patrick Helber: »Wie Bücher einen ›Problembezirk‹ konstruieren«, *Neukoellner.net,* 31.3.2016

[400] Senatsverwaltung für Inneres, Berlin, Pressemitteilung 32, 12.4.2016.

[401] Helber, a. a. O.

[402] Ebd.

[403] Laut der Studie von Brettfeld/Wetzels, op. cit., S. 223 f., wollen nur 45 % der jungen Muslime sich wirklich integrieren.

[404] Edward Said: *Orientalism.* New York 1978. In diesem viel beachteten, aber in vielfacher Hinsicht fehlerhaften Werk, das u. a. auch ins Deutsche übersetzt wurde, analysiert Said »unseren« Umgang mit dem »Orient«. Letztlich habe unser Diskurs, beruhend auf Machtinteressen und jahrhundertealten Gegensätzen und Missverständnissen, den »Orient« erst geschaffen, definiert und sich die Deutungshoheit über ihn angemaßt. Helber legt die Methodik von Said wie eine Folie über die »Neukölln-Problematik«, was zwangsläufig zu Fehlschlüssen führt, da der Gegensatz zwischen »Westen« und »Orient« nicht als Hintergrundfolie für die Dichotomie »Mehrheitsgesellschaft« und »Neukölln« taugt.

[405] Wagner, op. cit., S. 82.

[406] Interview mit Bassam Tibi in: *Basler Zeitung,* 7.7.2016.

[407] Bassam Tibi: *Europa ohne Identität? Leitkultur oder Wertebeliebigkeit.* München 2001. Vgl. auch *ZEIT online,* 1.1.2014.

[408] *Spiegel online,* 5.5.2013.

[409] *Focus online,* 9.5.2016. Vgl. auch das Gespräch mit Ruud Koopmans in der *Neuen Züricher Zeitung,* 15.4.2016.

[410] Interview mit der *Wirtschaftswoche,* 27.4.2016.

[411] Angaben nach Wagner, op. cit., S. 79 f.

[412] Rohe, op. cit., S. 106.

[413] Brettfeld/Wetzels, op. cit., S. 167–173.

[414] Interview in *FAZ.net,* 10.5.2016

[415] Brettfeld/Wetzels, op. cit., S. 96.

[416] Ebd., S. 141.

[417] Ebd., S. 223 f.

[418] Ebd., S. 220.

[419] Vgl. das Interview mit der Erziehungswissenschaftlerin Petra Stanat, *Spiegel online,* 6.12.2007.

[420] *Spiegel online,* 9.9.2015.

[421] Brettfeld/Wetzels, op. cit., S. 420.

[422] Ebd., S. 389.

[423] Ebd., S.493

[424] *FAZ.net,* 15.10.2010.

[425] Wolfgang Frindte/Klaus Boehnke/HenryKreikenbom/Wolfgang Wagner: *Lebenswelten junger Muslime in Deutschland.* Berlin 2012.

[426] Von Anfang an wurde die Studie kontrovers diskutiert; vgl. *Süddeutsche Zeitung,* 5.3.2012 (Interview mit dem Leiter der Studie, Prof. Frindte); *Spiegel online,* 1.3.2012; *ZEIT online,* 1.3.2012.

[427] Brettfeld/Wetzels, op. cit., S. 103.

[428] *FAZ.net,* 30.5.2015.

[429] *Spiegel online,* 8.1.2015.

[430] Wagner, op. cit., S. 247.

[431] madrasah.de, 27.9.2014; *Salzburger Nachrichten,* 29.10.2014.

[432] *Deutsche Wirtschafts-Nachrichten,* 25.6.2016.

[433] So der Integrationsforscher Jens Schneider von der Universität Osnabrück in *Augsburger Allgemeine Kompakt,* 19.4.2016.

[434] Siehe das Interview mit Jens Spahn (CDU) und Gregor Gysi (Linke) in *Die Welt online,* 7.5.2016.

[435] *Spiegel online,* 16.10.2010.

[436] Gastbeitrag Mathias Rohe in *FAZ.net,* 22.2.2011.

[437] Vgl. dazu Stefan Luft: *Abschied von Multikulti.* Gräfelfing 2006 und Bassam Tibi: *Europa ohne Identität?* München 1998, wo besonders vor falsch verstandener Toleranz gegenüber dem Islam unter dem Vorwand des Schutzes einer anderen Kultur gewarnt wird.

[438] *Sueddeutsche.de,* 16.10.2010

[439] So Altbundeskanzler Schmidt (SPD) in *DIE ZEIT,* Nr. 18, 22.4.2004.

[440] Alan Posener in *Die Welt online,* 27.2.2015 und Rita Süssmuth in *sueddeutsche.de,* 13.5.2006.

[441] *Spiegel online* 30.10.2007.

[442] Seyran Ateş: *Der Multikulti-Irrtum.* Berlin 2007.

[443] Rede vor der Deutschen Gesellschaft für Auswärtige Politik (DGAP) am 21.10.2010.

[444] Ein Begriff, der von der britischen Autorin ägyptisch-jüdischer Herkunft Bat Ye'or (»Tochter des Nils«, ein Pseudonym) geprägt wurde.

[445] *Süddeutsche Zeitung,* 6.5.2016.

[446] *YouGov.de* 31.7.2016; *Berliner Morgenpost,* 30.7.2016. Der Satz der Kanzlerin bezog sich zwar auf die Bewältigung der Flüchtlingskrise insgesamt, hat aber starke Islam-Relevanz, da die große Mehrheit der Flüchtlinge Muslime sind.

[447] Rohe, op. cit., S. 262.

[448] *Die Welt online* vom 12.5.2016 zitiert eine Umfrage von infratest dimap im Auftrag des WDR; vgl. ebenso *ZEIT online,* 12.5.2016.

[449] *ZEIT online,* 6.5.2015

[450] Mit diesen hat sich das *Manager-Magazin* vom 3.9.2015 ausführlich befasst.

[451] Schwarzer, op. cit., S. 34.

[452] Armin Pfahl-Traughber: »Islamfeindlichkeit, Islamophobie, Islamkritik – ein Wegweiser durch den Begriffsdschungel«, in: Bundeszentrale für politische Bildung »Dossier Rechtsextremismus«, 17.3.2014 (online).

[453] Lothar Schröder: »Islamdebatte zwischen Erregungspotenzial, Populismus und Verantwortung«, in: Spenlen, Klaus (Hg.): Gehört der Islam zu Deutschland? Düsseldorf 2013, S. 13–16.

[454] Pfahl-Traughber, op. cit. (auch die vorangegangenen Zitate sind daraus entnommen).

[455] Zitat bei Rohe, op. cit., S. 223.

[456] *Lire.fr*, September 2001.

[457] *Süddeutsche Zeitung*. 21.1.2015.

[458] Hamed Abdel-Samads Buch *Der islamische Faschismus. Eine Analyse* ist von der Fachkritik als nicht seriös und wissenschaftlichen Standards nicht genügend bezeichnet worden.

[459] *Neue Züricher Zeitung*, 29.10.2014.

[460] *De Volkskrant*, 8.8.2007.

[461] *Der Tagesspiegel*, 14.5.2013.

[462] *ZEIT online*, 4.8.2016.

[463] *stern online* 6.8.2014.

[464] Zu deren Vokabular gehören »Viehzeug« und »Dreckspack« und gegen deren führende Repräsentanten laufen Gerichtsverfahren wegen Volksverhetzung. Einige ihrer Mitglieder sind behördenbekannte Nazis, gegen die wegen Führens der Hakenkreuzfahne und Kindesmissbrauchs ermittelt wird. Vgl. auch den Beitrag von Samuel Salzborn in: Wolfgang Frindte u. a.(Hg.): *Rechtsextremismus und »Nationalsozialistischer Untergrund«*. Wiesbaden 2015 sowie den Aufsatz von Armin Pfahl-Traughber in Uwe Backes/Alexander Gallus/Eckhard Jesse: *Jahrbuch Extremismus und Demokratie 2015*. Baden-Baden 2015.

[465] Kahlweiss/Salzborn, op. cit., S. 248.

[466] Gastbeitrag von Abdel-Hakim Ourghi in *ZEIT online*, 14.12.2015.

[467] Interview mit Lamya Kaddor in *ZEIT online*, 11.4.2016. Von den »kruden Thesen« und »schrillen Tönen«, die von islamischer Seite kommen, will Frau Kaddor lieber nichts wissen. Sie neigt eher dazu, in sie einzustimmen.

[468] Yasemin Shooman: »Islamophobie, antimuslimischer Rassismus oder Muslimfeindlichkeit?«, in: Heinrich Böll Stiftung. *Heimatkunde. Migrationspolitisches Portal*. Juli 2011.

[469] Hierzu auch Kahlweiss/Salzborn, op. cit., S. 260.

[470] Shooman, op. cit.

[471] *Die Welt online*, 28.10.2014

[472] Dirk Halm u. a.: »Pauschale Islamfeindlichkeit?«, in: Siegfried Jäger/Dirk Halm (Hg.): *Mediale Barrieren. Rassismus als Integrationshindernis*. Münster 2007.

[473] Brettfeld/Wetzels, op. cit., S. 108.

474 *ZEIT online*, 31.12.2014; *DIE ZEIT*, Nr. 52, 17.12.2014.

475 Ebd.

476 *Berliner Zeitung*, 23.3.2016; *FAZ.net*, 15.3.2016.

477 Ein bemerkenswerter Beitrag von Julius H. Schoeps in der *Jüdischen Zeitung* 16.7.2010

478 *Die Welt online* 5.7.2008

479 *Sueddeutsche.de*, 25.2.2016

480 Vgl. z. B. das Interview mit Katajun Amirpur in UHH Newsletter, Nr. 71/Februar 2015; vgl. auch *FAZ.net*, 10.1.2015.

481 *FAZ.net*, 1.7.2016.

482 *Weltwoche online*, 3/2015.

483 Für Wolfgang Börnsen, CDU, war dies ein »Kniefall vor radikalen Muslimen« *(Spiegel online*, 26.9.2006), für Rohe, op. cit., S. 280 ff. »vorauseilender Gehorsam«.

484 Immerhin konzedierte selbst die *Süddeutsche Zeitung*, diese Formel sei »zu einfach«, vgl. *Sueddeutsche.de*, 13.1.2015.

485 *ZEIT online*, 7.12.2015.

486 Interview in *Die Welt online*, 28.9.2015.

487 Interview in *Neue Züricher Zeitung*, 8.11.2015.

488 *Tagesspiegel*, 1.2.2016.

489 *Tagesspiegel*, 8.10.2010.

490 Interview in *WAZ*, 5.8.2016.

491 *FAZ*, 30.8.2010.

492 *NZZ*, 1.9.2010.

493 *DIE ZEIT*, 9.10.2010.

494 *Sueddeutsche.de*, 19.2.2010.

495 *FAZ*, 10.9.2010.

496 Zum Hintergrund ein Beitrag von Michael Ginsburg in *Der Freitag*, 14.6.2012.

497 *Sueddeutsche.de*, 5.9.2010.

498 Thilo Sarrazin: *Wunschdenken*. München 2016.

499 *Spiegel online*, 20.10.2005.

500 Beitrag in *Focus online*, 14.3.2011.

501 Nagel, op. cit., S. 19.

502 Ebd. S. 310

503 Ebda., 312. Zur Bedeutung der mudarah im islamischen Vertrags- und Völkerrecht vgl. Hans-Joachim Kissling: Rechtsproblematiken in den christlich-muslimischen Beziehungen, vorab im Zeitalter der Türkenkriege. Graz 1974.

504 Binswanger, op. cit., S. 401.

505 Nagel, op. cit., S. 268.

506 Ursula Wokoeck: *German Orientalism*. London/New York 2009.

507 Abbas Poya u. a. (Hg.): *Das Unbehagen in der Islamwissenschaft*. Bielefeld 2008.

[508] *Spiegel online,* 19.2.2011.
[509] Patrick Bahners: *Die Panikmacher.* München 2012
[510] *ZEIT online,* 17.2.2011.
[511] Zitiert im Beitrag von Matussek in *Spiegel online,* 19.2.2011.
[512] Eine selbstbewusste Islamkritik fordert auch der ARD-Journalist Samuel Schirmbeck, der über zehn Jahre aus Algerien berichtet hat, in seinem Buch: *Der islamische Kreuzzug und der ratlose Westen.* Zürich 2016.
[513] Hamed Abdel-Samad in *ZEIT online,* 26.01.2010.
[514] Zahlreiche Beispiele hierfür in der Bibliographie bei Rohe, op. cit., S. 385 ff.
[515] Thorsten G. Schneiders: *Islamfeindlichkeit.* Wiesbaden 2009.
[516] *The Telegraph online,* 28.3.2003.
[517] *ZEIT online,* 14.12.2015.
[518] *qantara.de,* 12.8.2016.
[519] Rohe, op. cit., S. 280 f.
[520] *Rheinische Post online,* 24.1.2015.
[521] Zitiert nach der Mitschrift (»Im Wortlaut«) der Bundespressekonferenz vom 28.7.2016.
[522] Nagel, op. cit., S. 40.
[523] Zitiert in *ZEIT-Magazin online,* 28.1.2010.
[524] Nagel, op. cit., S. 27.
[525] Interview mit Gudrun Krämer in *FAZ.net,* 10.5.2016.
[526] *Spiegel online,* 27.9.2016.
[527] *heute.de,* 27.9.2016.
[528] Lamya Kaddor: *Muslimisch, weiblich, deutsch.* München 2010.
[529] Nagel, op. cit., S. 243.
[530] Alexander Kissler: *Keine Toleranz den Intoleranten.* Gütersloh 2015.
[531] Ulrich Greiner im *ZEIT-Magazin online,* 28.1.2010.
[532] Yasemin Shooman: »... weil ihre Kultur so ist«: Narrative des antimuslimischen Rassismus. Bielefeld 2014, S. 32.
[533] *Frankfurter Rundschau* 1.7.2015
[534] *Sueddeutsche.de,* 2.5.2016
[535] Interview in *FAZ.net* 10.5.2016
[536] *Rheinische Post online,* 24.1.2015.
[537] *Spiegel online,* 27.9.2016.
[538] Carlos Fraenkel: *Mit Platon in Palästina.* München 2016 (Originalausgabe: Princeton 2015)
[539] Ein »kritisches Hinterfragen« wünscht sich ausdrücklich auch der Frankfurter Professor für islamische Theologie, Ömer Özsoy, vgl. *Frankfurter Rundschau,* 9.2.2012.
[540] *qantara.de,* 9.6.2008.
[541] Vgl. die Zusammenfassung bei Nagel, op. cit., S. 346.

[542] *Spiegel online,* 18.12.2013.

[543] *Die Welt online,* 20.8.2011.

[544] Nagel, op. cit., S. 326.

[545] Homepage des LIB, 27.7.2016.

[546] *qantara.de,* 12.8.2016.

[547] Ebd.

[548] Vgl. Klaus Spenlen (Hg.): *Gehört der Islam zu Deutschland?* Düsseldorf 2013 – eine Zusammenstellung von Aufsätzen verschiedener Autoren zu unterschiedlichen Aspekten dieses Themenkreises. An der Universität Bamberg wird im WS 2016/17 ein Seminar unter dem Titel »Gehört der Islam (nicht) zu Deutschland?« angeboten, das der Frage auch auf Grundlage arabischer Originaltexte nachgeht.

[549] Nagel, op. cit., S. 243.

[550] Speziell zum Fall Hatun Sürücü vgl. Carolin Wildt: *Kann Morden Ehre sein?* Hamburg 2014.

[551] Zitiert nach *Berliner Morgenpost,* 24.1.2016.

[552] *FAZ.net,* 14.8.2016.

[553] ZDF-Sommerinterview vom 28.8.2016 (Mediathek). Hierzu auch *ZEIT online,* 28.8.2016.

[554] Gastbeitrag Sigmar Gabriel in *Der Tagesspiegel,* 17.1.2015.

[555] Tibis Konzept vom »Euro-Islam« darf nicht verwechselt werden mit dem »Euro-Islam« im Sinne von Tariq Ramadan, der als »Reformsalafist« anstrebt, den salafistischen Islam in Europa durch Anpassung an unsere Methoden und gekleidet in eine quasiwestliche äußere Form weiter zu verbreiten und zu konsolidieren.

[556] Gastbeitrag Bassam Tibis in *Die Welt online,* 8.5.2016.

[557] Interview mit Tibi in *WAZ online,* 5.8.2016.

[558] Kamel Daoud in: Schwarzer, op. cit., S. 55.

Literatur

Abdel-Samad, Hamed: Der islamische Faschismus. Eine Analyse. München 2014.

Ders: Mohamed – eine Abrechnung. München 2015.

Achcar, Gilbert: Die Araber und der Holocaust. Hamburg 2012.

Ali, Nojoud/Minoui, Delphine: Ich, Nojoud, 10 Jahre, geschieden. München 2009.

Ateş, Seyran: Der Multikulti-Irrtum. Berlin 2007.

Babka von Gostomski, Christian: Gewalt als Reaktion auf Anerkennungsdefizite?, in: Kölner Zeitschrift für Soziologie und Sozialpsychologie 55 (2003), Nr. 2, S. 253–277.

Backes, Uwe/Gallus, Alexander/Jesse, Eckhard: Jahrbuch Extremismus und Demokratie 2015. Baden-Baden 2015.

Bahners, Patrick: Die Panikmacher. München 2012.

Baier, Dirk/Pfeiffer, Christian/Rabold, Susann/Simonson, Julia & Kappes, Cathleen: Kinder und Jugendliche in Deutschland: Gewalterfahrungen, Integration, Medienkonsum: Zweiter Bericht zum gemeinsamen Forschungsprojekt des Bundesministeriums des Innern und des KFN (KFN-Forschungsberichte Nr. 109). Hannover 2010.

Bat Ye'or (Gisèle Littman): Der Niedergang des orientalischen Christentums unter dem Islam. Gräfelfing 2002.

Dies: Islam and Dhimmitude. Where civilisations collide. Madison 2001.

Bernhardt, Michel/Jaki, Julia: »Die Protokolle der Weisen von Zion«, in: Schirin Fathi (Hg.): Komplotte, Ketzer und Konspiration. Zur Logik des Verschwörungsdenkens. Beispiele aus dem Nahen Osten. Bielefeld 2010.

Bernstein, William: A Splendid Exchange – How Trade Shaped the World. London 2009.

Binswanger, Karl: Untersuchungen zum Status der Nichtmuslime im Osmanischen Reich des 16. Jahrhunderts. München 1977.

Bobzin, Hartmut: Mohammed. München 2011 (4. Auflage).

Bono, Salvatore: Piraten und Korsaren im Mittelmeer. Stuttgart 2009.

Brenner, Emmanuel: Les territoires perdus de la République. Paris 2002.

Brettfeld, Katrin/Wetzels, Peter: Muslimisches Leben in Deutschland. (Studie des BAMF) Nürnberg 2009.
Dies: Integration, Integrationsbarrieren, Religion und Einstellungen zu Demokratie, Rechtsstaat und politisch-religiös motivierter Gewalt. Hamburg 2007.
Breuer, Rita: »Silvester beim Zentralrat der Muslime«, in: Schwarzer, Alice (Hg.): Der Schock – die Silvesternacht von Köln. Köln 2016, S. 77–89.
Dies. Im Namen Allahs? Christenverfolgung im Islam. Freiburg 2015.
Dies. Familienleben im Islam. Freiburg/Basel/Wien 2006.
Brockelmann, Carl (Hg.): Ibn Saad, Biographien, Band VIII (Biographien der Frauen), Leiden 1904.
Bronisch, Alexander P.: Reconquista und heiliger Krieg. Münster 1998.
Bundesministerium für Familie, Senioren, Frauen und Jugend (BMFSFJ): Gesundheit –Gewalt – Migration. Eine vergleichende Sekundäranalyse zur gesundheitlichen und Gewaltsituation von Frauen mit und ohne Migrationshintergrund in Deutschland. Kurzzusammenfassung zentraler Ergebnisse. Berlin 2009.
Dass. Gesundheit – Gewalt – Migration. Eine vergleichende Sekundäranalyse zur gesundheitlichen und Gewaltsituation von Frauen mit und ohne Migrationshintergrund in Deutschland. Enddokumentation 2007 (Langfassung), Berlin 2008
Dass. Gewalt gegen Frauen in Paarbeziehungen. Eine sekundäranalytische Auswertung zur Differenzierung von Schweregraden, Mustern, Risikofaktoren und Unterstützung nach erlebter Gewalt. Enddokumentation November 2008. Berlin 2008.
Buschkowsky, Heinz: Neukölln ist überall. Berlin 2012.
Chesler, Phyllis: Worldwide Trends in Honor Killings, in: Middle East Quarterly, 17/2 (Frühjahr 2010), S. 3–11.
Çileli, Serap: Eure Ehre – unser Leid. München 2008.
Cook, David: Martyrdom in Islam. New York 2007.
Dahlke, Matthias: Der Anschlag auf Olympia ’72. München 2006.
Dantschke, Claudia/Mansour, Ahmad/Müller, Jochen/ Serbest, Yasemin: »Ich lebe nur für Allah« – Argumente und Anziehungskraft des Salafismus. Eine Handreichung für Pädagogik, Jugend- und Sozialarbeit, Familien und Politik. Berlin 2011.
Deschner, Karlheinz: Kriminalgeschichte des Christentums, Bd. 1–10, Reinbek 1986 ff.
Donner, Fred M.: Mohammed and the Believers. Cambridge, MA 2010.
Durmaz, Betül: Döner, Machos und Migranten. Freiburg 2009.
Düzdağ, Mehmed E.: Şeyhülislam Ebussuud Efendi Fetvaları ışığında 16. Asır Türk Hayatı. Istanbul 1972, Nr. 478.
Fattal, Antoine: Le statut légal des non-musulmans en pays d’Islam. Beirut 1958.
Feldbauer, Peter/Hödl, Gerald/Lehners, Jean-Paul (Hg.): Rhythmen der Globalisierung. Wien 2009.

Fernandez-Morera, Dario: »The Myth of the Andalusian Paradise«, in: The Intercollegiate Review – Fall 2006, S. 23–31.
Frindte, Wolfgang u. a. (Hg.): Rechtsextremismus und »Nationalsozialistischer Untergrund«. Wiesbaden 2015.
Förstel, Karl (Hg.): Manuel II. Palaiologos. Dialog mit einem Muslim. (Corpus Islamo-Christianum, Series Graeca 4.1). Würzburg 1993, Bd. I, S. 240 ff.
Fraenkel, Carlos: Mit Platon in Palästina. München 2016.
Freely, John: Platon in Bagdad. Stuttgart 2013.
Frindte, Wolfgang/Boehnke, Klaus/Kreikenbom, Henry/Wagner, Wolfgang: Lebenswelten junger Muslime in Deutschland. Berlin 2012.
Gärtner, Karlheinz: Sie kennen keine Grenzen mehr. Zürich 2017.
Hage, Wolfgang: Das orientalische Christentum. Stuttgart 2007.
Halm, Dirk, u. a.: Pauschale Islamfeindlichkeit?, in: Jäger, Siegfried/Halm, Dirk (Hg.): Mediale Barrieren. Rassismus als Integrationshindernis. Münster 2007.
Hamid, Mohsin: The Reluctant Fundamentalist. New York 2007.
Haug, Sonja: Jugendliche Migranten – muslimische Jugendliche. Gewalttätigkeit und geschlechterspezifische Einstellungsmuster. Kurzexpertise für das BMFSFJ. Berlin 2010.
Dies. u. a.: Muslimisches Leben in Deutschland. Nürnberg 2009.
Heisig, Kirsten: Das Ende der Geduld. Freiburg 2010.
Hénin, Nicolas: Der IS und die Fehler des Westens. Zürich 2016.
Herbers, Klaus: Geschichte Spaniens im Mittelalter. Stuttgart 2006.
Hirsi Ali, Ayaan: Reformiert Euch! München 2015.
Hofmann, Murad W.: Koran. München 2002.
Höpp, Gerhard: Mufti-Papiere. Berlin 2001.
Hourani, Albert: Arabic Thought in the liberal Age. Oxford 1970.
Hoyland, Robert G.: In God's Path: The Arab Conquests and the Creation of an Islamic Empire. Oxford 2014.
Johnson, Ian: Die vierte Moschee. Nazis, CIA und der islamische Fundamentalismus. Stuttgart 2011.
Kaddor, Lamya: Muslimisch, weiblich, deutsch. München 2010.
Kahlweiss, Luzie/Salzborn, Samuel: »Islamophobie« als Kampfbegriff. Zur konzeptionellen und empirischen Kritik des Islamophobiebegriffs, in: Armin Pfahl-Traugheber(Hg.): Jahrbuch für Extremismus- und Terrorismusforschung. Brühl 2012, S. 248–263.
Kallfelz, Wolfgang: Nichtmuslimische Untertanen im Islam. Wiesbaden 1995.
Kemper, Michael: Herrschaft, Recht und Islam in Daghestan. Wiesbaden 2005.
Kennedy, Hugh: The Great Arab Conquests. Philadelphia, PA 2010.
Kepel, Gilles: Das Schwarzbuch des Dschihad. München 2002.
Al-Khalili, Jim: Im Haus der Weisheit. Frankfurt a. M. 2011.

Khamis, Hammed: Ansichten eines Banditen – Das Schicksal eines Migrantenjungen. Eschborn 2012.
Khorchide, Mouhanad: Scharia – der missverstandene Gott. Freiburg 2013.
Kissler, Alexander: Keine Toleranz den Intoleranten. Gütersloh 2015.
Kissling, Joachim: Rechtsproblematiken in den christlich-muslimischen Beziehungen, vorab im Zeitalter der Türkenkriege. Graz 1974.
Klausen, Jytte: The Cartoons that Shook the World. New Haven/London 2009.
Knortz, Heike: Diplomatische Tauschgeschäfte. Köln 2008.
Der Koran. Übersetzung von Rudi Paret. Stuttgart 2010.
Kraetzer, Ulrich: Salafisten: Bedrohung für Deutschland? Gütersloh 2014.
Krafft-Schöning, Beate: Blutsbande. Wie aus einer arabischen Großfamilie in Deutschland der berüchtigte »Miri-Clan« wurde. München 2013.
Lewis, Bernard: »The New Anti-Semitism«, in: The American Scholar. Essays. Winter 2006.
Luft, Stefan: Abschied von Multikulti. Gräfelfing 2006.
Mayer, Hans Eberhard: Geschichte der Kreuzzüge. Stuttgart 2005.
Motadel, David: Islam and Nazi Germany's War. Cambridge/MA 2014.
Muk, Yiğit: Muksmäuschenschlau. Köln 2015.
Müller, Andreas/Tergast, Carsten: Schluss mit der Sozialromantik. Freiburg 2013.
Nagel, Tilman: Angst vor Allah? Berlin 2014.
Nagel, Tilman: Mohammed. München 2008.
Neumann, Peter R.: Die neuen Dschihadisten. Berlin 2015.
Oehring, Otmar: Zur Lage der Christen in Syrien und im Irak, in: KAS Auslandsinformationen, Juni 2015, S. 67–82.
Özaktürk, Hülya: Ehrenmorde in der Türkei, in: Pera-Blätter, 22, 2012.
Paret, Rudi: Mohammed und der Koran. Stuttgart 2008 (11. Auflage).
Peters, Rudolph: Jihad in Classical and Modern Islam. Princeton 1996.
Pfahl-Traughber, Armin: Islamfeindlichkeit, Islamophobie, Islamkritik – ein Wegweiser durch den Begriffsdschungel, in: Bundeszentrale für politische Bildung »Dossier Rechtsextremismus«, 17.3.2014 (online).
Poya, Abbas u. a. (Hg.): Das Unbehagen in der Islamwissenschaft. Bielefeld 2008.
Al-Qaradawi, Jusuf: Erlaubtes und Verbotenes im Islam. München 1994.
Rashid, Ahmed: Am Abgrund. Pakistan, Afghanistan und der Westen. London 2012.
Ders. Taliban: Militant Islam, Oil and Fundamentalism in Central Asia. New Haven 2000.
Rohe, Mathias: Der Islam in Deutschland. München 2016.
Rohe, Mathias/Jaraba, Mahmoud: Paralleljustiz. Zusammenfassung einer Studie im Auftrag des Landes Berlin. Berlin 2015.
Said, Edward: Orientalism. New York 1978.
Sarrazin, Thilo: Wunschdenken. München 2016.

Schirmbeck, Samuel: Der islamische Kreuzzug und der ratlose Westen. Zürich 2016.

Schirrmacher, Christine/Spuler-Stegemann, Ursula: Frauen und die Scharia. München 2004.

Schlicht, Alfred: »Kriege, Krisen, Katastrophen – der Nahe Osten«, in: Helmut Konrad u. a. (Hg.): Die Welt im 20. Jahrhundert nach 1945. Wien 2010, S. 117–139.

Ders. Die Araber und Europa. Stuttgart 2008.

Ders. »Columbus und der Islam«, in: Thomas Beck u. a.(Hg.): Überseegeschichte. Beiträge der jüngeren Forschung. Stuttgart 1999, S. 200–205.

Schneiders, Thorsten G.: Islamfeindlichkeit. Wiesbaden 2009.

Schulze, Reinhard: Geschichte der islamischen Welt im 20. Jahrhundert. München 2002.

Schwarzer, Alice (Hg.): Der Schock – die Silvesternacht von Köln. Köln 2016.

Shooman, Yasemin: »... weil ihre Kultur so ist«: Narrative des antimuslimischen Rassismus. Bielefeld 2014.

Shooman, Yasemin: »Islamophobie, antimuslimischer Rassismus oder Muslimfeindlichkeit?«, in: Heinrich Böll Stiftung. Heimatkunde. Migrationspolitisches Portal. Juli 2011.

Smith, Mike: Boko Haram. Der Vormarsch des Terror-Kalifats. München 2015.

Spellberg, Denise: Politics, Gender and the Islamic Past. New York 1994.

Spenlen, Klaus (Hg.): Gehört der Islam zu Deutschland? Düsseldorf 2013.

Spuler-Stegemann, Ursula: Islam in Deutschland. Freiburg 2005.

Steinberg Guido: Kalifat des Schreckens. München 2015.

Ders. Der nahe und der ferne Feind. München 2005.

Sütcü, Filiz: Zwangsheirat und Zwangsehe. Frankfurt a. M. 2009.

Tibi, Bassam: »Syrien und Deutschland«, in: Schwarzer, Alice (Hg.): Der Schock – die Silvesternacht von Köln. Köln 2016, S. 91–97.

Ders. Europa ohne Identität? München 1998.

UNICEF: Ending Child Marriage – Progress and Prospects, New York 2014 (online-Version).

Wagner, Joachim: Richter ohne Gesetz: Islamische Paralleljustiz gefährdet unseren Rechtsstaat. Berlin 2012.

Watt, Montgomery: Mohammed at Medina. Oxford 1981 (reprint).

Ders. Muhammad – Prophet and Statesman. Oxford 1961.

Wildt, Carolin: Kann Morden Ehre sein? Hamburg 2014.

Wokoeck, Ursula: German Orientalism. London/New York 2009.

Wood, Graeme: »What ISIS really Wants«, in: The Atlantic, März 2015 (online).

Wright, Lawrence: The Looming Tower: Al-Qaeda and the Road to 9/11. New York 2006.